Hotelaria Internacional

Este livro tem o patrocínio do: Centro de Investigação, Desenvolvimento e Inovação em Turismo — CiTUR.
É financiado por Fundos Nacionais através da FCT — Fundação para a Ciência e a Tecnologia no âmbito do projeto ref.ª UIDB/04470/2020 CiTUR.

TÍTULO
Hotelaria Internacional

AUTOR
Helder Carrasqueira

CONJUNTURA ACTUAL EDITORA
Sede: Rua Fernandes Tomás, 76-80, 3000-167 Coimbra
Delegação: LEAP CENTER - Espaço Amoreiras
Rua D. João V, n.º 24, 1.03
1250-091 Lisboa - Portugal

REVISÃO
Maria João Fonseca

CAPA
Edições Almedina

DESIGN DE COLEÇÃO
FBA

PAGINAÇÃO
Aresta Criativa - Artes Gráficas

IMPRESSÃO E ACABAMENTO
????????
Dezembro 2021

DEPÓSITO LEGAL
????????

BIBLIOTECA NACIONAL DE PORTUGAL – CATALOGAÇÃO NA PUBLICAÇÃO

CARRASQUEIRA, Helder Manuel Brito

Hotelaria internacional. - (Gestão)
ISBN 978-989-694-669-2

CDU 640

Hotelaria Internacional

Helder Carrasqueira

ACTUAL

AGRADECIMENTOS

Este livro é o resultado de um percurso com mais de duas décadas em que fomos acompanhando a temática da internacionalização das empresas, nomeadamente as hoteleiras.

Tudo começou com o estudo «Internacionalização das empresas turísticas — Novas tendências» que coordenámos para o então ICEP (Investimentos, Comércio e Turismo de Portugal). No seguimento, a oportunidade de lecionar sobre a temática da internacionalização no curso de Especialização em Direção Hoteleira, no mestrado em Marketing Turístico e no mestrado em Direção e Gestão Hoteleira. Seguiu-se a unidade curricular (UC) de Marketing Internacional e a colaboração na UC de Gestão de Alojamento, nas licenciaturas de Marketing e Gestão Hoteleira, respetivamente. Todos estes sucessivos desafios mantiveram ativa a necessidade de continuar a investigar para preparação das aulas e acompanhamento dos trabalhos dos alunos. No seguimento, o primeiro agradecimento é necessariamente para os estudantes e para os desafios que em permanência nos vão colocando.

Num livro que se pretende pedagógico e de acessível leitura, mas que não pode dispensar o rigor científico, em muito agradecemos àqueles que connosco tiveram conversas e discussões, trocaram ideias e deram sugestões ou fizeram revisões e análise critica dos capítulos, pelo que queremos lembrar: o Professor Catedrático Alfonso Vargas da Universidade de Huelva; a Professora Coordenadora Fernanda Matias da Universidade do Algarve; o Professor Auxiliar Luís Coelho da Universidade do Algarve; o Professor Adjunto Luís Pereira da Universidade do Algarve; o Doutor Nuno António, CTO de empresas tecnológicas e Professor convidado na Universidade Nova de Lisboa; o Professor Especialista Carlos Monteiro da Universidade do Algarve (ex-*Controller* de uma multinacional de hotelaria); o Professor

Especialista Carimo Rassal da Universidade do Algarve e da Universidade Europeia; o Professor Adjunto Convidado Gonçalves Júnior da Universidade do Algarve; o Dr. Luís Catarino, *Resort Manager* em atividade. A todos o nosso agradecimento pelos seus contributos na melhoria do conteúdo e texto desta publicação.

Os agradecimentos são também extensíveis ao Professor Coordenador Fernando Perna, Diretor Nacional do Centro de Investigação, Desenvolvimento e Inovação em Turismo — CiTUR e à Professora Coordenadora Marisol Correia, Coordenadora Regional do CiTUR Algarve, pelo incentivo permanente e pela criação de condições de apoio à publicação. No seguimento: «Este livro é financiado por Fundos Nacionais através da FCT — Fundação para a Ciência e Tecnologia no âmbito do projeto ref.ª UIDB/04470/2020 CiTUR».

Um agradecimento especial para o apoio incondicional da família: Anabela, Margarida, Filipa e Maria Helena. Um destaque para a Margarida que com a sua *expertise* em Matemática Aplicada foi também um bom suporte em matérias técnicas. A todos o nosso obrigado.

Concluímos referindo que serão bem-vindos todos os comentários e sugestões que nos ajudem a melhorar este livro em futuras edições. Naturalmente que os eventuais erros por ora existentes, são da minha inteira responsabilidade.

ÍNDICE

1
Introdução

A hotelaria é uma área da atividade turística que conheceu na segunda década do século XXI um extraordinário desenvolvimento. Entre 2017 e 2019 o investimento global atingiu a excecional soma de 201,3 mil milhões de dólares[1]; no grande mercado dos EUA o número de reservas entre 2009 e 2017[2] passou de 116 para 185 mil milhões. Em 2018, cidades como Londres, Paris e Lisboa tinham, em conjunto, prevista a abertura de 120 novos hotéis nos cinco anos vindouros. O ritmo de consolidação do sector era elevado, tendo-se gerado significativas mudanças nos *rankings* do sector com a criação de cadeias globais de grande dimensão (pela primeira vez uma cadeia ultrapassou um milhão de quartos)[3]. Em 2017 o sector do alojamento/alimentação e bebidas, representava 8,1% do emprego total na União Europeia[4].

[1] JLL (2019). *Hotel Investment Outlook*, file:///C:/Users/Helder%20Carrasqueira/Documents/Helder/Projeto%20livro%20hot/cap%201%20A%20import%C3%A2ncia%20do%20setor%20hoteleiro/JLLassale%20HIO-2019-JLL-FINAL-web.pdf, acedido a 23-07-2020.

[2] Deloitte (2019). *2019 Travel and Hospitality Industry Outlook*, https://www2.deloitte.com/us/en/pages/consumer-business/articles/travel-hospitality-industry-outlook.html, acedido a 20-07-2020.

[3] *Statista* (2019). *Leading hotel companies worldwide as of June 2019, by number of guestrooms*, https://www.statista.com/statistics/197859/total-number-of-guestrooms-of-us-hotel-companies-worldwide/, acedido a 26-07-2020.

[4] Eurostat (2018). *Accommodation and food statistics*, https://ec.europa.eu/eurostat/statistics-explained/index.php/Accommodation_and_food_service_statistics_-_NACE_Rev._2, acedido a 26-07-2020.

Em simultâneo, a inovação imparável na área digital, tornada possível com a implementação das redes de comunicação (desde a 2G até à 5G), permitiu o aparecimento de propostas disruptivas como as empresas plataforma e a economia colaborativa, que desafiam os tradicionais *players* do sector. Acrescem as novas gerações, ávidas de viajar e conhecer o mundo, que com novos valores e posicionamentos originam novos segmentos de clientes, desafiando, também eles, a ordem tradicional estabelecida.

Para que os clientes cheguem aos hotéis, há toda uma cadeia de intermediários que se movimenta. Também aqui, o fenómeno digital se encarregou de colorir a intermediação, possibilitando uma emergente plêiade de novos atores que espicaçam o estabelecido e questionam o posicionamento da hotelaria, nomeadamente para os inúmeros hoteleiros independentes que continuam no mercado.

O combustível que alimentou esta dinâmica nas últimas duas décadas, até ao início de 2020, foi o crescimento do turismo internacional, com o impactante número de 1,5 mil milhões[5] de chegadas de turistas internacionais.

Para acompanharem as oportunidades de negócio, muitas empresas aceleraram o seu processo de internacionalização. Outras debutaram, entrando no exterior de forma clássica.

Porém, o turismo é uma atividade internacional por excelência e mesmo as empresas que apenas desenvolvem atividade interna têm naturalmente contactos com turistas e intermediários internacionais. Acresce a presença física das cadeias internacionais no espaço doméstico. Não há como escapar. O turismo é um fenómeno internacional e a hotelaria, em particular, não consegue evitá-lo.

Acresce que no espaço virtual todos estão no mercado e a concorrência é tremenda. Conseguir ter visibilidade e efetuar as vendas necessárias à viabilidade da empresa é o grande desafio.

Este cenário e outros aspectos que iremos referir de seguida motivaram a escrita deste livro.

Durante vários anos tive ocasião de lecionar, na universidade, unidades curriculares (UC) nas áreas do Marketing Internacional, Internacionalização de Empresas Turísticas ou Turismo Internacional e Estratégias de Internacionalização, em cursos de licenciatura, mestrados e até pós-graduações.

[5] World TOURISM BAROMETEr (2020). *Growth in international tourist arrivals continues to outpace the economy*, https://www.unwto.org/world-tourism-barometer-n18-january-2020, acedido em 26-07-2020.

Por gosto pessoal fomos desenvolvendo conhecimento à volta da temática da internacionalização das empresas turísticas e hoteleiras em particular, nomeadamente desde que coordenámos o estudo denominado «A Internacionalização das Empresas Turísticas — Novas Tendências» para o então ICEP — Investimentos, Comércio e Turismo de Portugal.

Nas referidas UC, contactámos com estudantes que estavam a iniciar os seus conhecimentos, com licenciados já no mercado de trabalho que buscavam melhorar as suas competências e com profissionais qualificados e com grande experiência, que procuravam atualização de conhecimentos em pós-graduação. Porém, entre todos identifiquei um traço comum: um défice de conhecimento sobre questões internacionais relacionadas com o sector da hotelaria, incluindo aquelas que eram protagonizadas por cadeias hoteleiras portuguesas.

Neste contexto, o presente livro tem por objetivo efetuar, de forma acessível e pedagógica, uma apresentação das questões que consideramos fundamentais para melhorar o conhecimento internacional do sector e motivar para a obtenção de competências e análise critica, no sentido duma maior participação de profissionais portugueses em cadeias internacionais, incentivar a internacionalização da indústria portuguesa no exterior e melhor enfrentar a concorrência no mercado doméstico face às empresas internacionais.

Propomos, pois, para leitura e reflexão, os seguintes capítulos:

- **A importância da indústria hoteleira** — apresentamos alguns dos grandes números do turismo e da hotelaria em particular. O alojamento é o principal gerador de riqueza no sector turístico, sendo ainda realizada uma breve caracterização do sector hoteleiro e seus formatos.
- **Hotelaria Internacional e seus protagonistas** — apresentamos a evolução das principais cadeias internacionais, suas vantagens e evolução até ao início da pandemia, quer em termos de dimensão, quer em termos de cobertura global.
- **Formas de expansão internacional** — são apresentados os principais formatos de presença da hotelaria no exterior, sustentados pelo enquadramento das teorias formuladas a propósito, em processos de internacionalização. Acrescem, nomeadamente, os formatos enquadrados pelas alianças de marketing. Concluímos com o desafio das empresas plataforma.
- **A importância das marcas** — apresentamos as principais famílias de marcas desenvolvidas pela hotelaria ao encontro de cada segmento

de mercado. As alianças com marcas complementares e ações de *rebranding*. Tão grande tem sido o desenvolvimento nesta área que as principais sete cadeias hoteleiras apresentam no mercado 154 marcas sob a sua gestão.

- **A distribuição em hotelaria** — a distribuição é o coração da indústria turística e da hotelaria em particular. Por melhor que seja um hotel, de pouco lhe valerá se não for conhecido e não tiver clientes que o reservem. Logo, é decisiva a escolha dos canais adequados para comunicar com o mercado. O cenário dos canais de distribuição, diretos e indiretos, é na atualidade verdadeiramente desafiante e complexo. Com o advento da rede Internet, o *puzzle* densificou-se e a inovação, com o aparecimento de novas propostas, é constante. Identificamos 23 canais principais que procuramos tornar compreensíveis.
- **O desempenho na indústria hoteleira** — incluímos este capítulo porque para estar no mercado com sucesso é preciso conseguir acrescentar valor. Logo, medir o desempenho numa organização significa verificar o cumprimento de metas, através de indicadores de medida. Começamos pelo desempenho de grandes regiões/países e descemos aos principais *Key Performe Indicators* da indústria. Completamos com outros aspectos cruciais para o sector na atualidade como o *Revenue Management, Costumer* Relationship *Management* e a política de sustentabilidade. Acrescem anexos em que procuramos justificar, com recurso aos métodos quantitativos, algumas das opções referidas.
- **A internacionalização das companhias hoteleiras ibéricas** — a Península Ibérica apresenta uma situação geográfica que a qualifica de forma excecional para o turismo, quer o de *sol e mar*, quer o urbano/cultural nas suas principais cidades. No seguimento, desenvolveu-se um conjunto importante de cadeias hoteleiras internacionais que procuramos apresentar e percecionar o seu posicionamento estratégico. Mostramos também a grande dinâmica da indústria hoteleira espanhola nos mercados internacionais. Posteriormente apresentamos o caso da internacionalização da principal cadeia portuguesa, que começou com um hotel e se transformou numa multinacional do sector.
- **O risco em negócios internacionais** — apresentamos os principais riscos inerentes aos negócios internacionais. Desenvolvemos, com foco na hotelaria, os de carácter económico, de segurança e os relacionados com fatores imprevisíveis, sejam da ordem dos fenómenos naturais ou de saúde pública. São fatores imprevisíveis que podem pôr

em causa a mais brilhante das estratégias. Acresce um anexo sobre a mais comum e previsível cobertura do risco cambial.

- **A competitividade do mercado** — neste capítulo procuramos um enquadramento final, percecionando a competitividade do mercado hoteleiro. Complementamos com algumas respostas para a questão do posicionamento do hoteleiro independente, num cenário de grandes empresas internacionais que estendem a sua presença a quase todos os países do globo.

Este livro é, pois, o partilhar do nosso estudo e reflexão sobre a temática. Em simultâneo, o nosso convite para um maior conhecimento sobre hotelaria internacional, desenvolvimento do sentido crítico e vontade de empreender. Um livro que espelha o resultado do desenvolvimento recente do sector, nomeadamente nas últimas duas décadas de significativo crescimento.

Entretanto um evento imprevisto e inédito para todos nós, denominada pandemia global, veio colocar em causa o pilar fundamental do turismo: a segurança. Sem ela não há turismo. Não sabemos qual será o seu impacto no sector e na indústria hoteleira em particular, nomeadamente no médio prazo. Acredito, todavia, que a resiliência já demonstrada em anteriores crises, embora de outra índole, irá prevalecer e o turismo acabará por voltar ao seu trajeto de crescimento, de preferência de forma sustentável. Afinal, os vários povos do globo poderem conhecer-se e visitar-se, fazendo turismo, é sempre um facto saudável e construtor de paz.

Espero que desfrutem deste livro.

Helder Manuel Brito Carrasqueira

2
A Importância da Indústria Hoteleira

2.1 O GRANDE CRESCIMENTO DA ATIVIDADE TURÍSTICA

O sector do turismo é uma atividade que até ao início de 2020 vinha a experimentar anos continuados de crescimento notável. De 952 milhões de turistas em 2005[6] em termos de chegadas internacionais, passou para 1,5 mil milhões em 2019[7].

O turismo está intrinsecamente ligado há existência de rendimento discricionário[8], ou seja, após a satisfação das necessidades básicas na vida das pessoas, a existência de rendimento disponível permite a sua alocação à satisfação de outras necessidades complementares, como o lazer, a cultura ou o entretenimento — componentes que integram o *puzzle* complexo das atividades turísticas.

A partir da década de sessenta do século XX, o crescimento da riqueza nos países industrializados e o pagamento de subsídio de férias aos trabalhadores possibilitaram o usufruto de tempo de lazer, assumindo particular importância as férias efetuadas no sul da Europa/costas do Mediterrâneo,

[6] UNWTO Barometer (2019) http://www2.unwto.org/publication/unwto-world-tourism-barometer-and-statistical-annex-january-2019, acedido a 21-11-2019.

[7] World Tourism Barometer (2020) *Growth in international tourist arrivals continues to outpace the economy,* https://www.unwto.org/world-tourism-barometer-n18-january-2020, acedido em 26-07-2020.

[8] Cunha, L. (1997) *Economia e Política de Turismo*, McGrawHill, Portugal.

tendo-se então desenvolvido de forma significativa o produto *Sun & Sea* (sol e mar).

Todavia, é a partir da queda do muro de Berlim em 1991, com a chegada da globalização e o livre comércio e serviços à escala global, que entramos numa fase decisiva de crescimento da economia, com particular ênfase para as denominadas economias emergentes como a China, a Rússia, o Brasil, a Índia, a Coreia do Sul, a Indonésia, o México, a África do Sul, a Turquia, entre outras.

A riqueza gerada medida pela evolução do produto mundial é muito significativa, tendo passado de 33,8 mil milhões de dólares no ano 2000 para 84,9 mil milhões em 2018, ou seja, em dezoito anos quase triplicou.

O gráfico seguinte, que ilustra esta situação, apresenta a evolução do Produto Interno Bruto e a chegada de turistas internacionais que, como se pode verificar, apresentam uma correlação positiva forte de 0,9. Ou seja, podemos afirmar que o crescimento do turismo[9] acompanha o aumento da riqueza a nível mundial[10].

Figura 2-1. A evolução do turismo a par do crescimento do produto

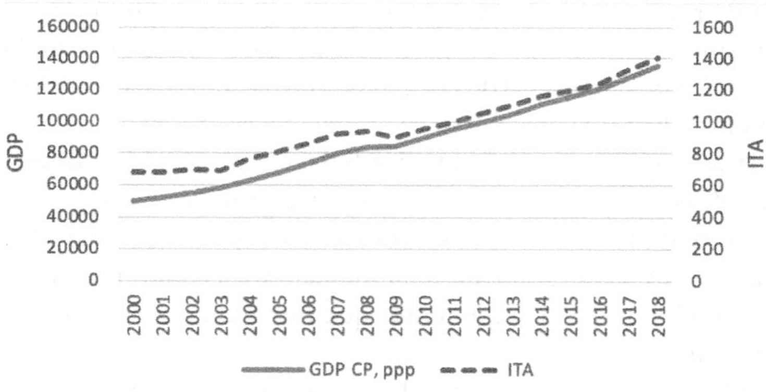

Fonte: Elaborado a partir de dados do World Bank - International Tourism e IMF - World Economic Outlook database.
Nota: ITA - International Tourism Arrivals. GDP - Gross Domestic Product, current prices, purchase power parity, billions of international dollars)

[9] World Bank, International Tourism, number of arrivals (WTO) https://data.worldbank.org/indicator/ST.INT.ARVL, acedido a 21-11-2019.

[10] IMF Database, World Economic Outlook Database, GDP, current prices (Purchasing power parity; billions of international dollars), IMF 20191202, https://www.imf.org/en/Publications/WEO/weo-database/2019/October/weoreport?a=1&c=001,110,163,119,123,998,200,505,511,903,205,400,603,&s=NGDPD,PPPGDP,&sy=2000&ey=2018&ssm=0&scsm=1&scc=0&ssd=1&ssc=0&sic=0&sort=country&ds=.&br=1, acedido a 18-12-2020.

Este crescimento significativo foi acompanhado de factos extraordinários como a livre circulação de pessoas e capitais à escala global e a generalização da rede Internet, tornando o mundo plano em termos de conhecimento e gerando uma uniformização de gostos e atitudes comuns. De repente, já não se estava a viajar para fazer férias tidas como padrão (de lazer no verão, na praia/campo ou para a neve, no inverno), mas para conhecer cidades, suas histórias e arquitetura, monumentos e museus, ou para assistir a eventos como festivais de música, atividades culturais ou desportivas. Do conceito de férias de uma semana ou mais, passamos à viagem de curta duração, o denominado *city break*, que tende a ocorrer mais do que uma vez durante o ano, para um número crescente de turistas.

Este movimento é ainda potenciado pela política de «céus abertos», que permitiu a concorrência entre as companhias de aviação, gerando uma significativa baixa no preço das viagens através da aplicação do conceito de *yield management*[11], ou seja, o ajustamento do preço das viagens em função da época do ano, o perfil de cada cliente e a respetiva apetência pela aquisição do bilhete face ao tempo em que a viagem acontece.

As viagens a preços acessíveis permitiram o acesso ao turismo por uma multidão de jovens em todo mundo, familiarizados com as novas tecnologias que permitem a reserva direta com os vários produtores turísticos, criando a sua própria experiência de viagem. E aos trabalhadores aposentados, que viajam tendencialmente em grupo, usufruindo de um rendimento que lhes permite o gozo da descoberta de novos destinos.

O novo turismo acrescentou à sua panóplia de propostas a descoberta da experiência dos usos e costumes locais dos povos que se visitam, permitindo a extensão do sector a locais e lugares até então à margem do turismo. É um fenómeno notável que fez do sector a indústria de maior desenvolvimento à escala global.

2.2 A DINÂMICA DE CRESCIMENTO DA HOTELARIA

Quem viaja precisa de recorrer a três atividades fundamentais do sector: o transporte para se deslocar; a restauração para se alimentar; e o alojamento para dormir/descansar. Atendendo ao crescimento verificado, todas estas

[11] Donovan, A. W. (2005) *Yield Management in the Airline Industry, Journal of Aviation/Aerospace Education & Research,* 14(3), *retrieved from* https://commons.erau.edu/jaaer/vol14/iss3/9, acedido a 18-10-2020.

atividades têm vindo também a experimentar anos sucessivos de bons resultados. No caso do alojamento, não é, pois, de estranhar que no período entre 2005 e 2017, o número de noites vendidas em estabelecimentos hoteleiros e similares na União Europeia tenha crescido 35% (sendo 49% da responsabilidade de não residentes na EU)[12].

O alojamento é uma atividade de primeiro nível no funcionamento do sector turístico. Se consultarmos a Conta Satélite do Turismo[13] elaborada pela Organização Mundial do Turismo (documento que efetua uma caracterização estatística e analítica do turismo, suas atividades e contributo para a economia dos países), podemos constatar que o alojamento tende a ser, na maioria dos Estados, a atividade mais relevante em termos do valor acrescentado que gera na economia.

Figura 2-2. Distribuição percentual do Valor Acrescentado Bruto gerado pelo turismo, por atividade, em 2017

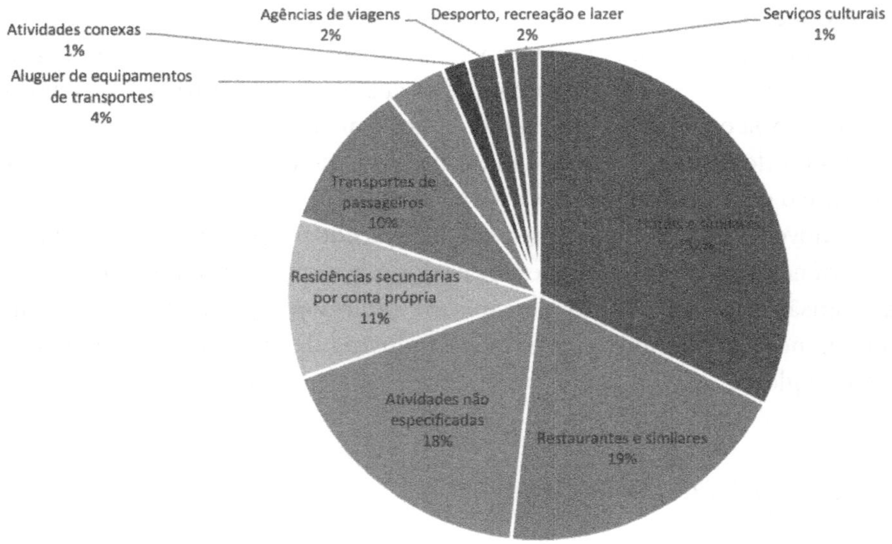

Fonte: INE, Conta satélite do turismo, 2019.

[12] Eurostat, Tourist accommodation establishment, https://ec.europa.eu/eurostat/statistics-explained/index.php?title=Glossary:Tourist_accommodation_establishment, acedido a 25-11-2019.

[13] UNWTO (2010) *TSA data around the world*, https://webunwto.s3.eu-west-1.amazonaws.com/s3fs-public/2020-01/tsa_data.pdf, acedido a 26-11-2019.

Recorrendo aos dados da Conta Satélite efetuada para Portugal[14], verifica-se que na distribuição percentual do valor acrescentado bruto, os hotéis e similares estão na liderança com 32,3% (se acrescentarmos as residências secundárias por conta própria, o contributo do alojamento passa para 42,9%); seguem-se a atividade dos restaurantes e similares, seguida das atividades não específicas (ver a propósito o gráfico apresentado). A repercussão no emprego abrangido pelas atividades turísticas é notória, cabendo 51,2% aos restaurantes e similares, 20,7% aos hotéis e similares, e 12,2% aos transportes de passageiros. O referido documento recorda que Portugal é o primeiro país europeu em que o peso do valor acrescentado bruto gerado pelo turismo na economia nacional é o mais elevado (7,7%), seguido da Espanha com 7,1%.

Neste contexto não é de estranhar que o alojamento e a hotelaria em particular sejam uma área de negócio da maior relevância no sector. Os bons resultados que se têm vindo a obter incentivaram o seu desenvolvimento.

Veja-se a propósito a evolução em três capitais europeias.

- Paris: a cidade das luzes, como também é conhecida, registou em 2018 37,8 milhões de dormidas (um crescimento de 6,4% relativamente a 2017), sendo a cidade que recebeu o maior número de grandes conferências (212 em 2018) de acordo com o ICCA[15]. A oferta hoteleira tem crescido significativamente, registando 1800 unidades e 82 500 quartos no final de 2018. Estava prevista a abertura de mais 23 hotéis até 2023[16].
- Londres: sendo considerada a capital financeira da Europa e apoiada na sua rica herança cultural, apresenta uma formidável oferta hoteleira composta por 1700 unidades e 143 000 quartos. Recebeu 150 conferências (ICCA) e teve uma taxa de ocupação de 83,3% em 2018[17]. Até 2022 tinha prevista a abertura de 90 unidades hoteleiras, o que acrescentava ao mercado uma oferta adicional de 18.000 quartos[18].

[14] INE (2019) *Conta satélite do turismo 2016-2018*, INE Destaque, 18 de dezembro de 2019.

[15] ICCA (2019) *Top 10 Countries & City rankings, 2018 ICCA Statistics*, https://www.iccaworld.org/newsarchives/archivedetails.cfm?id=935584, acedido a 26-11-2019.

[16] Perret, S. (2019) *Paris Hotel Market – A Rocky Start to the Year*, HVS, https://www.hvs.com/article/8579-paris-hotel-market-a-rocky-start-to-the-year, acedido a 26-11-2019.

[17] Statista, *Annual hotel occupancy rate in London (UK) from 2008 to 2019*, https://www.statista.com/statistics/323719/annual-hotel-occupancy-rate-in-london-uk/, acedido a 26-11-2019.

[18] Perret & Castells (2019) Europe – London, UK, HVS, https://hvi.hvs.com/market/europe/London, acedido a 26-11-2019.

- Lisboa: a capital de Portugal era, no início da segunda década do século XXI, uma das estrelas ascendentes do turismo internacional, tendo em 2018 sido distinguida com o galardão *World's Leading City Destination at the World Travel Awards 2018.* Recebeu 152 grandes conferências em 2017 (ICCA). A tipologia de hotéis de cinco, quatro e três estrelas, que registava 105 unidades em 2008, passou para 204 em 2017[19]. Nos últimos dez anos a taxa de ocupação hoteleira passou de 60% para 80% em 2017. Até 2021 tinha prevista a abertura de 13 novos hotéis[20].

Acresce que num contexto de taxas de juro baixas, de forte liquidez financeira fomentada pelas políticas de cedência de liquidez dos bancos centrais (*Quantitative Easing*) e de rentabilidades interessantes por parte do sector hoteleiro, assistiu-se a uma tomada de posição dos fundos de investimento (nomeadamente imobiliários) na propriedade hoteleira.

Através de operações denominadas de *sale & lease back,* as cadeias internacionais vendem a propriedade dos imóveis hoteleiros aos fundos e continuam a operá-la ao nível de gestão/marca. Os hoteleiros encaixam o produto da venda, reforçando os seus capitais, o que permite melhorar a posição financeira e/ou continuar a investir; os fundos, além de deterem a propriedade no seu ativo, recebem as rendas do operador durante a vigência do contrato (normalmente 15 a 20 anos). Este enquadramento contribuiu para um investimento no sector hoteleiro, numa base anual, superior a 60 mil milhões de dólares entre 2015 e 2019[21].

As grandes cadeias internacionais acompanham o movimento de crescimento da indústria hoteleira de forma proativa, aumentando o seu portfólio de unidades hoteleiras sob sua gestão/propriedade. A título de exemplo, refira-se:

[19] DN, https://www.dnoticias.pt/pais/numero-de-hoteis-em-lisboa-quase-duplica-em-10-anos-XD2984550, acedido a 26-11-2019.

[20] Perret, S. (2019) *Lisbon Hotel Market – Europe's miracle baby maturing,* HVS, https://www.hvs.com/article/8450-lisbon-hotel-market-europes-miracle-baby-maturing, acedido a 26-11-2019.

[21] JLL (2019) *Hotel Investment Outlook, JLLassale,* HIO-2019 Final web pdf, file:///C:/Users/Helder%20Carrasqueira/Documents/Helder/Projeto%20livro%20hot/cap%201%20A%20import%C3%A2ncia%20do%20setor%20hoteleiro/JLLassale%20HIO-2019-JLL-FINAL-web.pdf, acedido a 23-07-2020.

- A aquisição da cadeia *Starwood* pela Marriot, que em 2016 levou à constituição da maior cadeia hoteleira internacional.
- A aquisição das cadeias Tivoli em Portugal e New Hotels em Espanha pela cadeia tailandesa Minor.
- O aumento do número de hotéis das principais cadeias do ranking internacional entre 2017 e 2018: Accor acrescentou mais 497; IHG mais 255; Hilton mais 401; Marriot mais 573[22].
- O Pestana Hotel Group, maior cadeia portuguesa, acrescentou mais quatro hotéis no mesmo período e anunciava na *webpage* institucional o desenvolvimento do portfólio hoteleiro, com a intenção de criação de 19 novas unidades (nove das quais no exterior)[23].

Em síntese, aproveitando o aumento dos fluxos de turismo a nível internacional, o sector hoteleiro atravessou até ao início de 2020 um assinalável período de desenvolvimento, com valorização das propriedades, ampliação da oferta existente e obrigando a rearranjos de posições nos grandes grupos/ marcas internacionais. Este e outros aspectos serão desenvolvidos adiante neste trabalho.

Entretanto podemos reforçar esta atitude positiva do sector com dados de agosto de 2021, numa fase em que a pandemia do SARS-CoV-2 (que induz a doença covid 19) parece estar a abrandar e os fluxos turísticos a aumentar de novo, noticiando-se investimentos na hotelaria. Assim, estavam em construção na Europa 237 304 quartos, um aumento de 8% face ao ano anterior; na região Ásia-Pacífico estavam em construção 476 302 quartos, sendo que os que integram hotéis em planeamento representam um crescimento de 13,6%[24]. Acresce a aquisição do *Apple Leisure Group* (conglomerado de viagens cuja vertente hoteleira inclui 33 000 quartos e a prestigiada marca AM Resorts), pelo gigante hoteleiro Hyatt[25], o que prefigura confiança no futuro.

[22] Jeff Weinstein (2018) *Hotels 325 Special Report*, file:///C:/Users/Helder%20Carrasqueira/Downloads/H1807_SpecialReport_Intro.pdf, acedido a 27-11-2019.

[23] Pestana Hotel Group, https://www.pestanagroup.com/pt/business-development/growth-2/, acedido a 28-11-2019.

[24] Hinojosa, V. (2021) *Europa, única región del mundo donde aumenta la construcción de hoteles, Hosteltur — STR*, https://www.hosteltur.com/146037_europa-unica-region-del-mundo-donde-aumenta-la-construccion-de-hoteles.html, acedido a 23-08-2021.

[25] Marques, B. (2021) *Grupo hoteleiro Hyatt compra Apple Leisure Group por 2,3 mil milhões de euros*, JE, disponível em: https://jornaleconomico.sapo.pt/noticias/grupo-hoteleiro-hyatt-compra-apple-leisure-group-por-23-mil-milhoes-de-euros-774094, acedido a 23-08-2021.

2.3 BREVE CARACTERIZAÇÃO DO PRODUTO «HOTEL» E SEUS FORMATOS

Entendemos que não devíamos avançar na temática da hotelaria internacional sem nos determos, ainda que de forma breve, em algumas considerações sobre como pode ser definido o produto «hotel» e abordar alguns dos principais formatos em que é apresentado (ao abrigo da lógica pedagógica que preside a esta publicação).

Assim, de forma minimalista, um hotel tem quartos, com camas para os hóspedes poderem descansar e passar a noite, em troca de um pagamento financeiro. A estadia tende a ser de curta duração. Na atualidade, em regra, um quarto de hotel padrão é composto por: cama, WC, duche, guarda-roupa, secretária, cadeira, telefone, televisão, secador de cabelo, ar condicionado e janela para o exterior. Acresce a disponibilidade de *toiletries* que são os *amenities* da casa de banho (sabonete e *shampoo*/gel de banho) como oferta básica, e os *amenities* complementares que podem incluir: caneta, caderno de escrever, chinelos, garrafa de água, etc. São produtos de boas-vindas que visam ir de encontro às necessidades dos clientes e proporcionar uma boa experiência que fomente o retorno e a fidelização. Os quartos podem variar entre o *standard* e a suite de luxo.

O hotel é também composto pela área de receção, onde se efetua o registo do cliente e se dá oficialmente a entrada no hotel. Esta área tende a incluir um *hall* com sala de estar onde o cliente e seus acompanhantes podem descansar enquanto fazem a reserva ou quando vêm do exterior, ou mesmo socializar com outros clientes. Muitas vezes serve de apoio ao funcionamento do bar. Há hotéis que incluem restaurante e sala com serviço de refeições, que também é usada nos pequenos-almoços. O restaurante pode funcionar com pedidos «à carta» ou em regime de *buffet*.

Estes serviços são disponibilizados com diferentes níveis, desde o básico (em que o cliente é chamado a participar em regime de *self-service*) até ao luxo, seja em termos dos espaços, equipamentos ou apoio do pessoal.

Acrescem outras facilidades complementares como a existência de piscina, SPA, espaço de *fitness*, *roof top*, estacionamento privado, tratamento de roupa, *concierge*, carro com motorista, entre outras.

A localização do hotel é muito relevante pois tende a ser um fator de decisão na escolha do cliente. Cada hotel tende a definir um modelo de preço em função da sua procura/localização, estratégia comercial e tipo de cliente pretendido.

Para facilitar a adequação dos hotéis à procura e à escolha/decisão dos clientes, foram criadas várias tipologias de classificações. Talvez a mais conhecida seja as estrelas em função da qualidade/preço. Assim, as cinco estrelas estão conotadas com as unidades de luxo enquanto uma estrela é a classificação para as unidades de serviço básico, cujos quartos podem não ter wc incluído, ou seja, os clientes têm de utilizar um wc comum.

Posteriormente surgiram outras classificações, provindas de analistas de marketing que procuraram enquadrar as marcas que as grandes cadeias iam criando no sentido de facilitar a identificação dos seus hotéis com o segmento de clientes a que se destinavam e que para facilitar a perceção faremos uma equivalência à abordagem via estrelas (*). Assim: Budget (1*); Economy (2*); Mid Market (3*); Upper market (4*) e Luxury (5*).

Outra divisão comum é entre o hotel urbano/de cidade, de formato utilitário/prático e orientado para a estada breve, muito colado aos indivíduos em negócios; e o hotel de *resort*, geralmente localizado em estâncias balneares/praia, virado para o acolhimento em férias de lazer, com predomínio de estadas de uma semana e proporcionando o acesso a piscinas, áreas com jardim/relva, animação, salão de jogos, SPA, entre outras disponibilidades passiveis de ocupar o cliente a tempo inteiro no hotel. Neste contexto, é de referir ainda os hotéis em espaço rural, desde os tradicionais «hotéis termais», baseados no tratamento medicinal à volta das propriedades específicas das águas locais, até ao «hotel rural» ou o «eco resort», esta última uma designação que procura identificar unidades privilegiando a prática da sustentabilidade e responsabilidade social ambiental.

No entanto, esta tem sido uma área prolixa, pelo que outros formatos específicos foram surgindo, uns no seguimento da evolução económica e social da sociedade e outros procurando responder a tendências e modas.

Nos primeiros podemos referir os hotéis classificados como:

- *Business/Meeting*, normalmente *upper scale* ou luxo que desenvolveram as facilidades para acolher reuniões e conferências nacionais e internacionais de negócios, científicas, tecnológicas ou sociais.
- Os *Extended Stay Hotels*, normalmente em formato de apartamento no sentido de permitir estadias mais longas, com serviço de pequeno-almoço e jantar; ou o aparthotel, com serviço de receção e equipado com uma pequena cozinha, que também é usado para estadas maiores, normalmente por famílias.
- Os *Condohotels*, ou seja, um hotel situado num edifício em que o condomínio gere os apartamentos colocados na *pull* hoteleira quando não estão a ser utilizados pelos seus proprietários; exemplo desta situação

são as grandes empresas que têm frequentemente de deslocar colaboradores a centros de negócios em grandes cidades, adquiriram apartamentos nestes edifícios que são posteriormente rentabilizados a outros turistas quando não estão reservados para a empresa.

Nos segundos podemos referir conceitos hoteleiros relativamente recentes como:

- O hotel *Boutique*, unidade de pequena dimensão, preferencialmente de *design* específico, que se enquadra no segmento *upper scale*/luxo, oferecendo serviços de elevada qualidade. Tem a aspiração de conhecer os clientes e de lhes fornecer um serviço personalizado no sentido de se sentirem como em sua casa. Por vezes é-lhe atribuído um tema, como a música, a tecnologia ou o bem-estar e equilíbrio dos elementos, como o conceito *Feng Shui*.
- O *Life Style* é também dirigido ao segmento *upper scale*/luxo e desenvolvido em pequenas unidades que se pretendem únicas. Procura dinamizar um estilo de vida vanguardista, moderno e atrativo, em torno de ideias inspiradoras. Podem ser temáticos ou à volta de personalidades, caso da marca CR7 desenvolvida numa parceria entre a cadeia Pestana e o futebolista Cristiano Ronaldo, beneficiando da sua visibilidade enquanto detentor de vários troféus de melhor jogador de futebol do mundo, pela FIFA. São adequados à geração Y (*millennials*) ou à geração Z, familiares dos *gadgets* tecnológicos.
- O hotel *Pop-Up* é criado em instalações não permanentes e está relacionado com eventos como os festivais de música.

Veja-se a propósito a figura 2-3 em que se procura apresentar o posicionamento do hotel no mercado em função da sua categoria.

Muitos outros formatos podem ser referidos a propósito deste assunto. Não quisemos, todavia, avançar para outras matérias sem esta breve abordagem às formas de apresentação do produto «hotel» no mercado, até porque, como veremos adiante, há cadeias hoteleiras que têm no seu portefólio marcas ajustadas a todos os formatos hoteleiros apresentados. Acresce o anunciado contexto pedagógico de que este trabalho se arroga.

Figura 2-3. Ilustração do posicionamento dos hotéis no mercado

<table>
<tr><th>Categorias</th><th colspan="10"></th></tr>
<tr><td>Por estrelas</td><td colspan="2">1*</td><td colspan="2">2*</td><td colspan="2">3*</td><td colspan="2">4*</td><td colspan="2">5*</td></tr>
<tr><td rowspan="2">Por segmentos</td><td colspan="2" rowspan="2">Budget</td><td colspan="2" rowspan="2">Economy</td><td colspan="2" rowspan="2">Mid Market</td><td colspan="2">Upper Market</td><td colspan="2" rowspan="2">Luxury</td></tr>
<tr><td>Upscale</td><td>Upper Upscale</td></tr>
<tr><td rowspan="4">Para fins específicos</td><td></td><td></td><td></td><td></td><td></td><td colspan="5">Welness & SPA Hotels</td></tr>
<tr><td></td><td></td><td></td><td></td><td colspan="5">Resort Hotels</td><td></td></tr>
<tr><td></td><td></td><td></td><td colspan="4">Condo hotels</td><td></td><td></td><td></td></tr>
<tr><td colspan="2">Motel</td><td></td><td></td><td></td><td></td><td></td><td></td><td></td><td></td></tr>
<tr><td rowspan="4">Por conceitos</td><td></td><td></td><td></td><td colspan="4">Extended Stay</td><td></td><td></td><td></td></tr>
<tr><td></td><td></td><td></td><td></td><td></td><td></td><td></td><td colspan="3">Boutique</td></tr>
<tr><td></td><td></td><td></td><td></td><td></td><td></td><td colspan="3">Life style</td><td></td></tr>
<tr><td colspan="3">Pop-Up</td><td></td><td></td><td></td><td></td><td></td><td></td><td></td></tr>
</table>

Fonte: Elaboração própria.

Nota: O enquadramento no quadro dos hotéis para fins específicos/conceitos é essencialmente indicativo; todavia, procuramos seguir o posicionamento médio apresentado pelas principais cadeias internacionais.

3

A Hotelaria Internacional

O sector da hotelaria, como vimos no ponto anterior, tem experimentado um crescimento significativo, acompanhando o desenvolvimento do turismo nas últimas décadas a nível internacional. As grandes cadeias internacionais, tradicionalmente originárias da Europa e EUA, têm hoje a concorrência das cadeias asiáticas e das originárias das economias dos países considerados emergentes, ganhando terreno nos mercados e nos *rankings* do sector. Vejamos de seguida os principais protagonistas.

3.1 AS GRANDES CADEIAS INTERNACIONAIS

Durante décadas a internacionalização da indústria hoteleira foi protagonizada pelas cadeias norte-americanas que se expandiram pelo mundo acompanhando as necessidades dos representantes em negócios, de empresas com origem nos EUA.

Entretanto, um crescente número de cadeias tem vindo a marcar a sua presença na arena global, em regra devido aos seguintes motivos:

- A diversificação de mercados permite uma maior resiliência face a crises.
- A redução de problemas de sazonalidade.
- A escassez de oportunidades em mercados internos por vezes já saturados em termos de oferta hoteleira.

- O crescimento algo lento de muitas das economias industrializadas face às economias emergentes, que empurra as companhias para novas oportunidades no exterior.
- A rápida expansão de novos mercados, caracterizados pela emergência de novos centros de negócios, aumento dos fluxos de transações no seguimento de práticas de livre circulação de bens, serviços, pessoas e capitais, criando boas oportunidades para a expansão da hotelaria.
- A rentabilização de ativos intangíveis como a marca, o sistema de reservas e a base de dados de clientes, além do *know-how* de gestão acumulado.
- A existência de incentivos governamentais locais que complementam as condições de atração.

Neste contexto, outras companhias, primeiro as europeias e depois as asiáticas, optaram pelo caminho da internacionalização, sendo o «top 25» constituído por um conjunto de protagonistas que se tornaram ou se vêm afirmando como referências na indústria e que indicamos na tabela 3-1, perfazendo uma oferta de 9 347 690 quartos, distribuídos por 93 238 unidades hoteleiras.

Com base na análise à tabela 3-1, podemos extrair as seguintes notas:

- A cadeia Marriot é a única com mais de um milhão de quartos.
- Oito cadeias têm mais de meio milhão de quartos, sendo que a cadeia Jing Jiang e Hilton são as que estão mais próximas de chegar ao milhão.
- As primeiras 14 cadeias cresceram em número de quartos entre 2017 e 2018.
- A cadeia Oyo hotels, com origem na Índia, entra pela primeira vez no *ranking* em 2018, sendo a que apresenta maior número de hotéis; seguem-se as cadeias Wyndham, Jing Jiang e Choice (entre 9200 e 7021), a que não é estranha a sua capacidade de angariar novos hotéis através do modelo *franchise*.
- A cadeia Minor teve o maior ganho de posições: passou do lugar 68 em 2017 para 23.º em 2018 devido às aquisições que protagonizou, como veremos adiante.

Da tabela relativa ao top 25 em 2018 constata-se a existência de 12 cadeias *made in* USA; sete com origem na China; duas de Inglaterra e uma de cada um dos seguintes países: França, Índia, Espanha e Tailândia.

Tabela 3-1. Top das principais 25 companhias hoteleiras a nível internacional

Posição		Cadeia (localização da sede)	Quartos		Hotéis	
2018	2016		2018	2017	2018	2017
1	1	Marriot International (Bethesda, Maryland, USA)	1 317 368	1 195 141	6906	6333
2	5	Jing Jiang International Holdings. Co. Ltd. (Shanghai, China)	941 794	680 111	8715	6794
3	2	Hilton (Mclean, Virginia, USA)	912 960	856 113	5685	5284
4	3	Intercontinental Hotels Group (Denham, England)	836 541	798 075	5603	5348
5	4	Wyndham Hotels & Resort (Parsippany, New Jersey, USA)	809 900	753 161	9200	8643
6	6	AccorHotels (Paris, Françe)	703 806	616 181	4780	4283
7	7	Choice Hotels International (Rockville, Maryland, USA)	569 108	521 335	7021	6815
8	—	Oyo Hotels (Gurugram, India)	515 144		17 344	—
9	9	Huazhu Group Ltd. — formerly China Lodging Group (Beijing, China)	422 747	379 675	4230	3746
10	8	BTG Hotels Group Co. (Beijing, China)	397 561	384 746	4049	3712
11	10	Best Western Hotels & Resorts (Phoenix, Arizona, USA)	295 849	260 015	3618	3324
12	12	GreenTree Hospitality Group (Shanghai, China)	221 529	190 807	2757	2289
13	11	Hyatt Hotel Corp. (Chicago, Illinois, USA)	208 297	204 485	852	779
14	15	Dossen International Group (Guangzhou, China)	199 042	105 951	2247	1087
15	14	G6 Hospitality /Carrollton, Texas, USA)	123 162	124 739	1422	1417
16	19	Quingdao Summel Group Co. (Quingdao, China)	121 483	91 706	2352	1697
17	21	Aimbridge Hospitality (Plano, Texas, USA)	102 786	87 971	834	706
18	17	Magnuson Worldwide (Spokane, Washington, USA)	94 386	103 306	1119	1274
19	26	RLH Corp. (Spokane, Washington, USA)	85 700	64 308	1327	984
20	18	Meliá Hotels International (Palma de Mallorca, Spain)	83 253	96 956	329	382
21	16	Westmont Hospitality Group (Houston, Texas, USA)	82 617	105 000	731	507
22	22	Interstate Hotels & Resorts (Arlington, Virginia, USA)	80 172	67 958	481	390
23	68	Minor International (Bangkok, Thailand)	75 219	20 209	513	158
24	24	Whitebread (Dunstable, England)	74 624	71 283	793	770
25	23	New Century Hotels & Resorts (Hangzhou, China)	72 642	71 665	330	292

Fonte: Elaborado a partir da informação da *Hotels 325, Special report.*[26]

[26] Weinstein, J. (2019) *Hotels 325, Special report, Hotels Magazine,* Vol. 53, n.º 6, http://library.hotelsmag.com/publication, acedido a 05-12-2019.

Se olharmos para a tendência de evolução tendo por base os anos de 2007 e 2018, ambos organizados pela revista Hotels, verificamos que:

- A China é a potência emergente com mais seis cadeias.
- Os Estados Unidos ainda lideram, mas perderam três cadeias.
- Mais duas cadeias asiáticas entraram para o top 25; no global, a Ásia passou de uma para nove cadeias.
- A Europa é a grande perdedora pois de nove cadeias em 2007 passou para quatro. Países como a Alemanha, a Holanda e a Bélgica saíram do top 25; Espanha reduziu de quatro para uma e França de duas cadeias para uma.

Veja-se a propósito o gráfico seguinte em que esta evolução pode ser percecionada distribuindo a evolução das cadeias hoteleiras pelos três grandes blocos económicos onde se encontra o seu controlo de capital.

Figura 3-1. Evolução do número de cadeias por três grandes blocos económicos

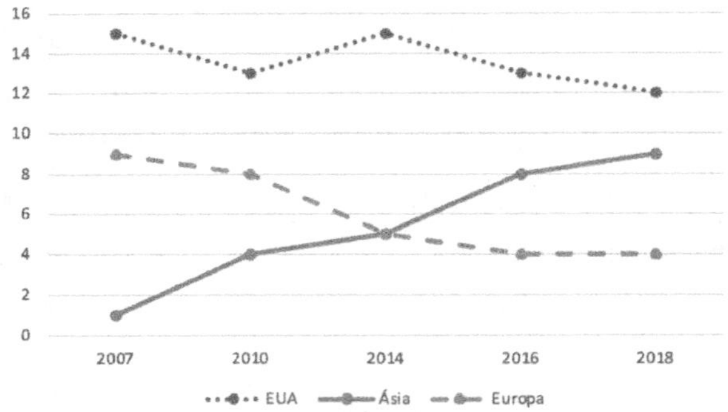

Fonte: Elaborado a partir de dados sobre a evolução das cadeias hoteleiras retirados dos *rankings* anuais da revista *Hotels Magazine*: 2008[27]; 2011[28]; 2015[29]; 2017[30]; 2019[31].
Nota: No bloco Ásia estão consideradas a China, a Índia e a Tailândia.

[27] Gale, D. (2008) *Hotels 325, Special report, Hotels Magazine*, july, pp. 38-54, www. Hotelsmag.com.
[28] Weinstein, J. (2011) *Hotels 325, Special report, Hotels Magazine*, Vol. 45, n.º 8, http://library. hotelsmag.com/publication, acedido a 05-12-2019.
[29] Weinstein, J. (2015) *Hotels 325, Special report, Hotels Magazine*, Vol. 50, n.º 6, http://library. hotelsmag.com/publication, acedido a 05-12-2019.
[30] Weinstein, J. (2017) *Hotels 325, Special report, Hotels Magazine*, Vol. 51, n.º 6, http://library. hotelsmag.com/publication, acedido a 05-12-2019.
[31] Weinstein, J. (2019) *Hotels 325, Special report, Hotels Magazine*, Vol. 53, n.º 6, http://library. hotelsmag.com/publication, acedido a 06-12-2019.

Note-se que referenciamos dois motivos principais relativos às cadeias que saíram do top 25: ou não acompanharam a dinâmica de crescimento, baixando para posições menos relevantes, ou foram adquiridas por outros *players* dominantes, provindos de economias em ascensão, como veremos adiante.

3.2 DIMENSÃO DAS CADEIAS POR NÚMERO MÉDIO DE QUARTOS

Voltando ao top 25 de 2018, podemos reorganizar a tabela através da dimensão média em termos de número de quartos (vide a tabela 3-2, apresentada por ordem decrescente). Assim:

- As cadeias Mélia, Hyatt e New Century têm mais de 200 quartos por hotel (média de 231), a que não será estranho a sua forte presença na área do *resort*, sujeito à sazonalidade e beneficiando da dimensão da propriedade para o máximo de rentabilidade na denominada época alta.
- Dez cadeias têm entre 100 e 200 quartos, sendo a média de 141. Neste intervalo situa-se a maioria da oferta de quartos com 60,4%.
- Com menos de 100 quartos temos 12 cadeias (média de 76), sendo que a Oyo apresenta a dimensão média mais reduzida com 30 quartos. Este grupo, com hotéis de menor dimensão (note-se que aqui se encontram cadeias de primeiro plano nos Estados Unidos como a Wyndham ou a Choice Hotels), concentra 35,8% da oferta de quartos.

Tabela 3-2. N.º médio de quartos por cadeia do top 25 em 2018

Posição no top 25	Cadeia (localização da sede)	Quartos	Hotéis	N.º médio de quartos
		Ano de 2018		
20	Meliá Hotels International (Palma de Mallorca, Spain)	83 253	329	253
13	Hyatt Hotel Corp. (Chicago, Illinois, USA)	208 297	852	244
25	New Century Hotels & Resorts (Hangzhou, China)	72 642	330	220
1	Marriot International (Bethesda, Maryland, USA)	1 317 368	6906	191
22	Interstate Hotels & Resorts (Arlington, Virginia, USA)	80 172	481	167
3	Hilton (Mclean, Virginia, USA)	912 960	5685	161
4	Intercontinental Hotels Group (Denham, England)	836 541	5603	149
6	AccorHotels (Paris, Françe)	703 806	4780	147
23	Minor International (Bangkok, Thailand)	75 219	513	147
17	Aimbridge Hospitality (Plano, Texas, USA)	102 786	834	123
21	Westmont Hospitality Group (Houston, Texas, USA)	82 617	731	113
2	Jing Jiang International Holdings. Co. Ltd. (Shanghai, China)	941 794	8715	108
9	Huazhu Group Ltd. — formerly China Lodging Group (Beijing, China)	422 747	4230	100
10	BTG Hotels Group Co. (Beijing, China)	397 561	4049	98
24	Whitebread (Dunstable, England)	74 624	793	94
14	Dossen International Group (Guangzhou, China)	199 042	2247	89
5	Wyndham Hotels & Resort (Parsippany, New Jersey, USA)	809 900	9200	88
15	G6 Hospitality /Carrollton, Texas, USA)	123 162	1422	87
18	Magnuson Worldwide (Spokane, Washington, USA)	94 386	1119	84
11	Best Western Hotels & Resorts (Phoenix, Arizona, USA)	295 849	3618	82
7	Choice Hotels International (Rockville, Maryland, USA)	569 108	7021	81
12	GreenTree Hospitality Group (Shanghai, China)	221 529	2757	80
19	RLH Corp. (Spokane, Washington, USA)	85 700	1327	65
16	Quingdao Summel Group Co. (Quingdao, China)	121 483	2352	52
8	Oyo Hotels (Gurugram, India)	515 144	17 344	30

Fonte: Elaborado a partir da informação da *Hotels 325, Special report.*[32]

[32] Weinstein, J. (2019) *Hotels 325, Special report, Hotels Magazine*, Vol. 53, n.º 6, http://library.hotelsmag.com/publication, acedido a 05-12-2019.

3.3 PRESENÇA EM MAIOR NÚMERO DE PAÍSES

Outra forma de caracterizar o peso da presença no exterior é verificarmos as dez companhias presentes em maior número de países. Tendo em atenção que estão registados na ONU 194 países, está longe o horizonte em que uma companhia possa dizer-se presente em todos os Estados soberanos do planeta.

Como se depreende da tabela seguinte, a Marriot lidera, logo seguida da Jing Jiang. De acordo com as posições no *ranking*, parece haver aqui uma disputa entre as duas principais companhias pela liderança em termos globais. No total, seis companhias registam presença em cem países ou mais.

Das restantes companhias, de salientar a presença de três consórcios que, como veremos adiante, são organizações que agregam pequenas cadeias e hotéis independentes no sentido de, em conjunto, poderem ter acesso a uma marca específica, dirigida a determinados segmentos de mercado, acedendo a economias de escala e de gama em aspectos como o marketing, tecnologias de informação, a formação, etc. Neste caso, a existência da marca comum que os agrega permite esta relevância em termos da abrangência quanto ao número de países.

Vejamos, pois, a tabela relativa às dez companhias presentes em maior número de países:

Tabela 3-3. Companhias hoteleiras presentes em maior número de países

Cadeia	N.º países em que estava presente em 2018
Marriot International	130
Jing Jiang International Holdings. Co. Ltd.	120
Hilton	113
Best Western Hotels & Resorts	101
AccorHotels	100
InterContinental Hotels Group - IHG	100
Preferred hotels & Resort (Consortium)	85
Small Luxury Hotels of The World (Consortium)	82
The Leading Hotels of The World (Consortium)	82
Wyndham Hotels & Resort	81

Fonte: Elaborado a partir da informação da *Hotels 325, Special report*[33].

[33] Weinstein, J. (2019) *Hotels 325, Special report, Hotels Magazine*, Vol. 53, n.º 6, http://library.hotelsmag.com/publication, acedido a 05-12-2019.

Neste contexto, podemos classificar as companhias presentes no maior número de países como globais, pois todas estão presentes em quatro ou cinco continentes. As primeiras seis, presentes em mais de 100 paísestambém podem ser classificadas, pela notoriedade que conseguiram, como grandes multinacionais[34] do sector.

3.4 VANTAGENS DAS GRANDES CADEIAS INTERNACIONAIS

Estas grandes empresas são naturalmente obrigadas a manter elevados padrões de eficiência de gestão e de serviço ao cliente, pois o efeito de cadeia e de fidelização não é compatível com amadorismo. Neste contexto, as principais características que podemos apontar são as seguintes:

- Previsão da alta qualidade dos serviços, incluindo atributos como *design*, conforto, *performance*, eficiência, profissionalismo e atitude, face ao tipo de clientes.
- Gestão e organização assente em tecnologias avançadas, o que permite obter elevados rácios de produção, controlo e manutenção dos hotéis.
- Capacidade para recrutar e investir no treino do *staff*, assim como meios para manter quadros/trabalhadores qualificados.
- Disponibilidade na distribuição *online*, percebida pelos clientes como uma facilidade no processo de reservas.
- Economias de escala com hotéis de dimensão e localizados nos principais mercados mundiais.
- Economia de *inputs* dadas as aquisições em quantidade aos fornecedores.
- Campanhas de marketing globais, que permitem negociar custos mais favoráveis.
- Capacidade negocial junto do poder político.

Acresce que, tradicionalmente, as companhias domiciliadas nos EUA, China, Europa e Japão, gozam tipicamente de uma vantagem competitiva face aos seus rivais dos mercados de acolhimento, devido ao acesso

[34] Dörrenbächer, C. (2000) Measuring corporate internationalisation. *Intereconomics* 35, 119–126.

privilegiado junto dos seus mercados emissores de origem, conhecimento detalhado/identificação das necessidades dos seus clientes e colaboração com companhias de aviação e operadores/agências com a mesma matriz da origem. Esta situação tenderá agora a verificar-se da mesma forma com as companhias originárias dos mercados emergentes, face aos crescentes fluxos emissores nos seus mercados de origem.

4
As Formas de Expansão Internacional

A decisão de ir para o mercado externo tem à partida um objetivo comum com o estar no mercado doméstico: obter rendimentos. Porém, no exterior espera-se um enquadramento económico, político, jurídico, social e cultural que tende a ser diferente do que é comum para a empresa a nível interno. No sentido de facilitar a compreensão sobre os processos de internacionalização das empresas, apoiar o planeamento estratégico e a decisão de ida para o exterior foram criadas, ao longo dos anos, várias teorias e modelos explicativos. Começamos, pois, por uma breve apresentação.

4.1 FORMATOS À VOLTA DO INVESTIMENTO DIRETO — BREVE ENQUADRAMENTO TEÓRICO

Os principais contributos tendem a estar separados entre dois grandes campos teóricos[35]: económicos e comportamentais. Nos económicos, as empresas orientam as suas decisões visando a eficiência e a procura da maximização dos seus retornos — posicionamento típico das grandes empresas; nos comportamentais assume particular relevo a redução do risco, postura que orienta as decisões e comportamentos — atitude que melhor se ajusta

[35] Anderson, e Buvic, (2002). *Firm's internationalization and alternative approaches to the international customer/market selection*, International Business Review, vol. 11, pp. 347-363.

às médias e pequenas empresas, quando enfrentam a necessidade ou opção de sair para o mercado internacional.

Vejamos primeiro algumas das principais teorias económicas[36] que em regra estão relacionadas com o Investimento Direto no Exterior (IDE ou FDI — *Foreign Direct Investment*)[37], modalidade que enquadra o que começou por ser protagonizado pelas grandes cadeias hoteleiras.

Na Teoria do Poder de Mercado[38] é admitido que as empresas, após o esgotamento das oportunidades no mercado interno, estariam dispostas a aceitar os custos e riscos da internacionalização face à perspetiva do aumento do poder de mercado e respetivos lucros associados. De facto, para as grandes empresas que conquistaram uma parte significativa do seu mercado interno, crescer no exterior parece ser a opção mais óbvia.

O processo tende nomeadamente a ocorrer com atividades onde o grau de fragmentação pudesse ser superado, no sentido de possibilitar a concentração. A forma de penetração referida como adequada era o IDE.

A denominada Teoria da Internalização[39] parte da ideia central de que a empresa, como estrutura organizativa, nasce para integrar, sob o mesmo princípio hierárquico, aquelas transações que o mercado realiza de uma maneira ineficiente ou mais dispendiosa para a empresa. Estão neste caso uma boa parte dos bens intermédios de carácter intangível — conhecimentos, tecnologia, capacidade gestora e de marketing. Quando essa internalização se processa através de fronteiras, estamos na presença de um processo de internacionalização. A empresa cresce internalizando mercados, até ao ponto em que os benefícios da internalização compensem os custos[40]. A título de exemplo, os processos de integração vertical dos Operadores Turísticos, na área da distribuição, protagonizados nos anos 90 e primeira década do século XXI são, em nossa opinião, um claro exemplo desta estratégia.

[36] Root (1994). *Entry Strategies for International Markets*, John Wiley & Sons.

[37] Nayak, e Choudhury (2014). *A selective review of foreign direct investment theories*, ARTNeT Working Paper n.º 143, Bangkok, ESCAP.

[38] Hymer, S. (1976). *The international operations of national firms: a study of direct foreign investment*, doctoral thesis, Cambridge, MA: The MIT Press.

[39] Letto-Gillies, G. (2005). *Transnational corporations and international productions*, Edward Elgar, London.

[40] Denisia, V. (2010). *Foreign Direct Investment Theories: An Overview of the Main FDI Theories*, European Journal of Interdisciplinary Studies, Volume 2, Issue 2.

Quadro 4-1. Estrutura vertical do Operador Turístico Thomson em 1998

Operador principal	Thomson Holidays
Operadores baseados no Reino Unido	Thomson Breakaway Cristal Holidays Ausbound /Austravel Agrupamento de Operadores Independentes: Magic Travel Group Something Special Chez Nous Holiday Cottage Group Blakes Bloating Simply travel (inc. Headwater)
Operador de venda direta	Portland Holidays
Cadeia de retalho (agências de viagens)	Lunn Poly (791 agências) Callers Pegasus (35 agências)
Companhia de aviação charter	Britannia

Fonte: ICEP Londres[41].

Na Teoria OLI ou Paradigma Eclético[42] propõe-se uma explicação para o investimento da empresa no exterior que teria lugar pelos seguintes motivos: busca de novos consumidores, busca de recursos, busca da eficiência e busca de ativos estratégicos. Por sua vez, a vantagem competitiva que permitia à empresa ter sucesso seria suportada em três pilares fundamentais: vantagens de propriedade (*ownership advantages*) face às empresas concorrentes dos outros países; vantagens de localização (*location advantages*) no país exterior face ao de origem; e vantagens de internalização (*internalization advantages*) procedentes de uma redução de custos de transação, diminuição das incertezas e internalização de externalidades. Ou seja, deve ter mais benefícios na utilização destas vantagens através da extensão das suas próprias atividades ao exterior[43], que através de transações de mercado com as empresas independentes.

41 Carrasqueira, H. (1999). *Internacionalização das empresas turísticas – Novas tendências*, Coleção estudos Turísticos, Edição ICEP, Lisboa.

42 Dunning, J. (1977). *Trade, location of economic activity and the multinational enterprise: a search for an eclectic approach*, in Ohlin, B. *et al* (eds) *The International Allocation of Economic Activity*, Ld, Macmillan.

43 Dunning, J. (2000). *The Eclectic Paradigm as an Envelope for Economic and Business Theories of MNE Activity*, International Business Review, 9, pp. 163-190.

Quadro 4-2. Pilares da teoria OLI

Vantagem de propriedade ou específica (O)	Vantagem de localização	Vantagem de internalização
• Propriedade tecnológica; • Dimensão e economia de escala; • Diferenciação; • Dotações específicas: RH, capitais, organização, ...; • Acesso aos mercados, fatores e produtos; • Multinacionalização anterior.	• Diferenças de preço nos *inputs*; • Qualidade nos *inputs*; • Custos de transporte e comunicação; • Distância física, língua e cultura; • Distribuição espacial dos mercados.	• Diminuição dos custos de câmbio; • Diminuição do volume do direito à propriedade; • Controlo da oferta em quantidade e qualidade; • Controlo dos mercados; • Possibilidade de acordos; • Internalização de externalidades; • Inexistência de mercados a prazo.

Fonte: Elaborado a partir de *OLI: Choosing the Right Entry-Mode Strategy*[44].

Muitas das opções que estão na base do investimento em hotelaria no exterior podem ser explicadas por estas teorias, nomeadamente pela OLI que integra as anteriores. Vejamos alguns aspectos.

- A busca de novos consumidores e mercados. As grandes empresas têm investidores que procuram retorno para o capital investido; os gestores da empresa têm por dever de ofício a obrigação de procurar rentabilizar a empresa e fazer crescer o seu património. Estando o mercado interno com um grau de maturidade elevado, provavelmente com um nível de concorrência que esmaga as margens do negócio, a alternativa pode passar pelo investimento no exterior, procurando novos mercados com novas oportunidades de negócio.
- A procura de países ou regiões com potencial de crescimento económico é importante.
- A localização das unidades hoteleiras é um ativo estratégico fundamental, seja nos grandes centros de negócios seja em áreas específicas de *resort*, onde uma cadeia com dimensão deve estar para disponibilizar alojamento aos seus clientes fidelizados.
- Estratégico é também um bom posicionamento ao nível das tecnologias de informação, possibilitando a correta inserção na distribuição dos fluxos turísticos, controlo da operação local e integração nas decisões centrais.

[44] B2U (2016). *OLI: Choosing the Right Entry-Mode Strategy*, https://www.business-to-you.com/choosing-the-right-entry-mode-strategy/, acedido a 27-04-2020.

Uma vantagem competitiva aportada pelas grandes cadeias é a inevitável qualidade do serviço. Sabendo-se que não há dois serviços iguais prestados ao cliente, a disponibilidade para apostar na formação de pessoal é da maior importância para minimizar falhas. Instalando-se num destino no exterior, os pioneiros do investimento direto em hotelaria ajudaram a cimentar os destinos turísticos com as suas marcas e com a qualidade dos seus serviços, estabelecendo um padrão para os restantes concorrentes e cadeias locais. Tinham poder de mercado e estabeleciam o referencial do preço.

À medida que a presença numa região se desenvolve, com a existência de várias unidades da cadeia, crescem as possibilidades de internalizar o negócio, reduzindo os custos de transação e as incertezas decorrentes da dependência de outrem, no mercado. Gerir o negócio com elevados padrões de eficiência é condição indispensável para a rentabilidade, sendo este o fator decisivo para viabilizar a presença no exterior no longo prazo. Note-se ainda que, a internacionalização é um fenómeno complexo pelo que não raras vezes um determinado processo é explicado por contributos de várias teorias[45].

Em síntese, estas teorias que selecionamos procuram justificar o processo de internacionalização, nomeadamente o Investimento Direto no Estrangeiro. Vejamos, de seguida, alguns exemplos e evolução aplicada nos modelos de negócio.

4.1.1 INVESTIMENTO DIRETO

A estratégia de internacionalização seguida na fase inicial assentou no estabelecimento de unidades nos principais mercados em expansão, no sentido de potenciar os ganhos inerentes ao efeito rede/cobertura do mercado, respondendo às necessidades específicas dos viajantes, nomeadamente indivíduos em negócios, que exigem um serviço adequado às suas necessidades pela companhia escolhida, retorno pela fidelização, localização nas principais cidades do mundo e marcas/serviços adaptadas às suas necessidades/disponibilidades financeiras.

[45] Haapanen, L., Hurmelinna-Laukkanen, P. and Puumalainen, K. (2020). *When strategic consensus matters: dynamic managerial capabilities and firm internationalization as seen by TMT*, Cross Cultural & Strategic Management, Vol. 27 N.º 3, pp. 285-315.

Neste contexto, a modalidade Investimento Direto mereceu a primazia, com a construção de novos hotéis, como protagonizado pela cadeia Intercontinental Hotels desde 1946 (processo mais caro e moroso), até meados da década de 1980, em que se começaram a generalizar as formas contratuais menos onerosas e mais flexíveis, que permitiam um crescimento mais rápido, tendo-se optado preferencialmente pelos contratos de gestão (*management*), *franchise,* desenvolvimento de consórcios e alianças de marketing, como veremos adiante. Revisitemos o principal pioneiro.

Criada a 4 de abril de 1946, a Intercontinental Hotels Corporation[46] nasceu como uma subsidiária da companhia de aviação Pan America World Airlines que se encontrava em expansão por toda a América latina e que constatava que não havia alojamento com a qualidade adequada, quer para os indivíduos em negócios quer para os turistas americanos.

Entre 1948 e 1951 a companhia construiu 11 hotéis, sendo o primeiro em Belém, no Brasil. No global do portefólio, a dimensão variava entre os 150 quartos na Guatemala até aos mil quartos na cidade do México. Todas as unidades se caracterizavam por um estilo de arquitetura distinto, que surpreendia pela personalidade própria dos edifícios e do luxo dos seus interiores, o que os tornava um produto turístico por si mesmo. Naturalmente que construir unidades hoteleiras de raiz tem um preço elevado e com estas condições tudo fica mais dispendioso. Nestas circunstâncias, prosseguiu com uma estratégia de reter apenas uma pequena parte do investimento, enquanto o restante pertencia a empresários locais ou mesmo a governos dos países de acolhimento do investimento, ficando naturalmente com a gestão do negócio. Ou seja, o IDE era completado com parcerias que permitiam minimizar custos e desenvolver colaborações locais que criavam um interesse recíproco pelo sucesso do negócio.

Na década de 50, com o aumento dos fluxos turísticos, expandiu para outras partes do mundo (tendo sido acompanhada pelas cadeias Hilton e Sheraton), e marcou presença em cidades como Bangkok ou Beirute, além das capitais europeias com incidência em Paris, Londres, Viena ou Frankfurt. Este género de expansão continuou e em 1964 tinha 34 hotéis (incluindo países como Paquistão, Indonésia e Gana); em 1969 passou para 60 e em 1971 tinha 74 hotéis em todos os continentes[47]. Podemos, pois, considerar

[46] *IHG, Intercontinental Hotels History*, http://www.ichotelsgroup.com/intercontinental/en/gb/about-us/our-history, acedido a 27-04-2012.

[47] *IHG, Intercontinental Hotels History*, https://www.companieshistory.com/intercontinental-hotels/, acedido a 27-04-2021.

que esta companhia histórica da indústria já era então uma companhia com perfil de multinacional[48].

De salientar ainda o facto de no seu portefólio de marcas estar a famosa marca Holiday inn, criada nos anos 50 nos EUA e posicionada no segmento médio, no sentido de possibilitar a estadia da classe média/famílias[49], tendo nos anos 60 iniciado a expansão da marca em formato *franchise*[50]. Hoje é uma das mais conhecidas marcas de hotel a nível mundial.

Atualmente a IHG, sediada em Londres, Inglaterra, é uma companhia multimarca que cobre os vários segmentos do mercado e em 2018 tinha 5603 hotéis. Destes, apenas uma parte é de propriedade própria pois as grandes companhias optaram por flexibilizar o negócio através dos modelos contratuais e venderam a propriedade recorrendo a operações de *sale & lease back.*

4.1.2 FUSÕES E AQUISIÇÕES

As fusões e aquisições têm sido um recurso usado pelas grandes companhias que pretendem rapidamente estender a sua presença a uma determinada região do mundo e/ou passar a deter uma ou várias marcas, nomeadamente em época de forte disponibilidade de liquidez. Como resultado desta necessidade de crescimento e poder, as fusões e aquisições têm vindo a alterar as características da indústria.

Por aquisição, e para o nosso fim, entende-se a compra de um ativo pertencente a outra empresa no exterior, neste caso, uma propriedade hoteleira. Pode ser um simples hotel. Ou uma parte do capital de uma cadeia hoteleira; ou a cadeia completa, o que tendo em atenção a dimensão pode projetar a operação para valores muito elevados do ponto de vista financeiro. A aquisição pode ser protagonizada por empresas do mesmo sector ou de sectores diferentes.

Por fusão entende-se a junção de duas empresas numa única entidade. É em regra um processo moroso, colocando todo um conjunto de desafios do ponto de vista jurídico, diferentes culturas de recursos humanos, entre outros. Note-se que numa aquisição, o adquirente pode continuar a respeitar

[48] *USA Today*, https://eu.usatoday.com/story/travel/hotels/2018/05/14/intercontinental-hotels-group-ihg-number-hotels-and-brands/606778002/, acedido a 12-06-2020.

[49] *USA Today*, https://traveltips.usatoday.com/history-holiday-inn-hotels-61884.html, acedido a 12-06-2020.

[50] *Holiday Inn History*, https://en.wikipedia.org/wiki/Holiday_Inn, acedido a 12-06-2020.

a autonomia de funcionamento do adquirido; porém, também pode optar por integrá-lo o que acaba por dar origem a uma fusão, pois a empresa adquirida irá então integrar-se nas regras de funcionamento do adquirente. Neste caso, e para empresas hoteleiras, é necessário resolver questões relacionadas com a gestão de operações, vendas, marketing, finanças, sistemas de informação e desenvolvimento hoteleiro[51].

Em termos históricos podemos referir as fusões entre as companhias Promus/DoubleTree (empresas de *franchise* e *management*) ou entre a Hospitality franchise System (HFS)/CUC de que emergiu a Cendant[52]; ou a aquisição das cadeias Renaissance e New World que passaram para o império Marriot no final do século XX. Em Portugal, no ano de 2012, os grupos Lágrimas e Alexandre Almeida anunciaram a fusão das suas cadeias hoteleiras com vista à obtenção de escala de operações e dimensão no mercado português[53].

Porém, é na primeira década do presente século que vamos encontrar uma atividade febril de aquisição entre as grandes cadeias hoteleiras, sem par até então, com predomínio das cadeias asiáticas. Vejamos exemplos elucidativos.

- A cadeia chinesa Jin Jiang estava em 2007 classificada no *ranking* global da revista Hotels na 17.ª posição; em 2018 é a segunda maior companhia do mundo com 941 794 quartos e 8715 hotéis. Tal foi possível através de um programa de aquisições, com recurso ao investimento direto. Assim:
    - Em fevereiro de 2015 adquiriu a companhia francesa Group Hotels Louvre, detentora de 1500 hotéis em 54 países e 10 marcas hoteleiras de 1 a 5 estrelas. Louvre já havia realizado uma fusão em 2009 com a companhia holandesa Golden Tulip Internacional. Agora é uma subsidiária da Jin Jiang, mas mantém a sua autonomia de funcionamento e as suas marcas[54];

[51] *Marriot 2018 Annual Report,* https://marriott.gcs-web.com/static-files/b82978a6-9d28-4e38-9855-fc4ae2cebe11, acedido a 11-12-2019.

[52] Todd, G. & Mather, S. (1998). *Building Global hotel brands,* TRI, Beaconsfield, UK.

[53] Antunes, C. (2012). *Fusão nos hotéis Alexandre Almeida e Lágrimas,* Expresso Economia 06-01-2012, https://expresso.pt/economia/economia_turismo/fusao-nos-hoteis-alexandre-de-almeida-e-lagrimas=f698296.

[54] *Louvre Hotels History,* https://www.louvrehotels.com/en/international-group, acedido a 11-12-2019.

- Outras aquisições foram o grupo Vienna Hotels e a companhia chinesa Plateno[55] em 2016.

  Com estas aquisições a cadeia chinesa, que já era líder na China continental, reforçou o seu posicionamento interno, mas essencialmente posicionou-se como um *player* de primeiro plano no mercado europeu. Acresce os outros continentes em que o Louvre e Plateno já haviam constituído uma presença interessante. As companhias europeias poderão ver as suas marcas expandirem-se para o mercado chinês.

  Note-se ainda que a Jin Jiang é um conglomerado empresarial que além dos hotéis também está presente na restauração, agências de viagens, transporte de passageiros e nas tecnologias de informação[56].

- A maior cadeia europeia, AccorHotels, adquiriu em 2016 o grupo FRHI Hotels & Resorts que detinha três marcas de prestígio na hotelaria dos EUA: Fairmont, Raffles and Swissôtel, do segmento *luxury*, reforçando a presença do grupo europeu naquele mercado hoteleiro de referência[57].
- O grupo tailandês Minor adquiriu em 2016 a cadeia portuguesa Tivoli Hotels & Resorts, com 14 propriedades em Portugal e no Brasil; em 2018 adquiriu a segunda maior companhia espanhola, NH Hotel Group, que detinha 549 hotéis, presentes em todos os continentes[58].

Entre estes exemplos elucidativos de grandes negócios hoteleiros, não podíamos deixar de referir (embora se trate de uma aquisição entre companhias do mesmo país, mas envolvendo propriedades à escala de todos os continentes), a aquisição da Starwood pela Marriott. A Starwood detinha 1270 hotéis em 100 países, 11 marcas próprias e 180 000 empregados; a Marriot, 1.ª companhia do *ranking* global em número de quartos, comprou a 7.ª, criando

[55] Elliott, J. (2015). *Jin Jiang acquires Plateno to create chinese hotel giant*, TD, https://www.traveldailymedia.com/jin-jiang-acquires-plateno-to-create-chinese-hotel-giant/, acedido a 11-12-2019.

[56] *Jin Jiang 2018 anual report*, http://www.jinjianghotels.com.cn/UploadFiles/E_JJ18_AR.pdf, acedido a 11-12-2019.

[57] *AccorHotels annual report*, https://www.companyreporting.com/sites/default/files/annual-report-index/accor-annual-report-2016.pdf, acedido a 11-12-2019.

[58] *Minor Hotels press releases*, https://www.minorhotels.com/en/media/press-releases/minor-hotels-completes-acquisition-of-tivoli-hotels-and-resorts, acedido a 11-12-2019.

a maior companhia hoteleira do mundo. Em conjunto perfaziam 5500 hotéis e mais de 1 000 000 de quartos. Naturalmente que uma operação desta envergadura envolve montantes financeiros colossais, tendo neste caso sido anunciado 79,88 mil milhões de dólares[59].

Apesar desta tendência de consolidação no mercado estamos longe de um cenário de domínio de mercado. De facto, se tivermos em atenção o número de quartos das dez maiores companhias a nível global, como apresentado no quadro 2-1, chegamos ao total de 7 426 929 quartos. Podemos avaliar o grau de concentração no mercado através do cálculo do índice de Herfindahl e Hirschman[60] ($IHH = \sum q_n^2$) que nos dá uma medida do grau de concentração do mercado (somatório dos quadrados da quota de mercado para as principais quatro empresas, tendo como referência uma amostra das primeiras dez do *ranking*). O resultado obtido é 557,7 ou seja, este problema não se coloca (valores inferiores a 1000 indicam um mercado não concentrado; e até 1800, mediamente concentrado).

Este valor não invalida que a nível do mercado interno, onde estas grandes companhias operam, esta questão não se possa colocar com outra acutilância.

4.1.2.1 Gestão de propriedade imobiliária — *Sale & lease back*

O cenário da consolidação através de fusões e aquisições tem levado a grandes mudanças no mercado hoteleiro internacional. Porém, há um outro movimento de aquisições que se vem generalizando nas grandes e médias companhias hoteleiras, que também deve ser referido: a separação entre a gestão hoteleira e a propriedade imobiliária.

Desde a abertura dos mercados após a queda do muro de Berlim, com a assunção da livre circulação de pessoas e capitais, acompanhado pelo crescimento económico nas várias regiões do mundo e a emergência de novos centros de negócios e de lazer, a expansão hoteleira e a presença em múltiplos mercados tornou-se mais atrativa. Porém, a expansão orgânica, construindo novas unidades é muito dispendiosa. Mesmo os formatos contratuais exigem

[59] *Marriot International news center*, https://news.marriott.com/news/2015/11/16/marriott-international-to-acquire-starwood-hotels-resorts-worldwide-creating-the-worlds-largest-hotel-company, acedido a 11-12-2019.

[60] Mateus, A & Margarida, M. (2002). *Microeconomia, Teoria e Aplicações*, Ed. Verbo, vol. II, Lisboa.

capital para acompanhar a indispensável atualização das tecnologias de informação, por exemplo. Acresce que mesmo nos hotéis consolidados não pode ser descurada a reforma periódica, evitando que tenham um aspecto gasto ou *démodé*. Para tudo isto é preciso capacidade para investir em contínuo, ou seja, novos fluxos de capital. A libertação de fundos próprios de uma cadeia bem gerida não é suficiente, pois os vários *stakeholdres* têm também expectativas de retorno para o seu investimento.

A lei económica da oferta e da procura no mercado concretiza uma situação de interesse comum, que conduzirá ao equilíbrio conveniente para esta situação: de um lado estão os fundos de investimento que têm milhões de dólares para gerir e rentabilizar e do outro as companhias hoteleiras que necessitam de capital.

Fundos de pensões, fundos geridos pela banca e sociedades parabancárias, fundos soberanos, seguradoras, grandes fortunas, entre outros, todos têm gestores cujo trabalho é aplicar os montantes à sua guarda (centenas ou milhares de milhões), rentabilizando-os, no sentido de remunerar os valores dos seus investidores. Nos EUA foi criado um tipo de fundo denominado *Real State Investment Trust* (REIT), cujo propósito é investir, deter e gerir propriedades a partir da captação de fundos que lhes permite o necessário músculo financeiro. Quando abertos, permitem até que pequenos investidores possam adquirir unidades de participação e beneficiem dos resultados do fundo, quer em termos de rendas, quer nas eventuais mais-valias quando acontecem transações com sucesso.

Cada gestor tem à partida as balizas para os seus investimentos definidos pelas regras de criação do fundo. Neste contexto, a título de exemplo, as aplicações poderão variar: entre ações (com maior risco), metais, *commodities*, obrigações de dívida pública dos Estados ou imobiliário. O imobiliário é tradicionalmente visto como um ativo de baixo risco.

Por sua vez, um hotel bem situado, bem gerido, pertencente a um grupo estável e operando sob uma marca conhecida, tem assegurada uma rentabilidade regular. Num contexto de previsão de crescimento dos fluxos turísticos, estamos perante um ativo de baixo risco, capaz de assegurar uma boa rentabilidade.

Surge então a proposta: um contrato em que o fundo adquire a parte imobiliária do hotel por um determinado valor, que a cadeia hoteleira irá receber. A cadeia passará a pagar uma renda ao fundo pela utilização da propriedade (fixa ou variável de acordo com a rentabilidade), obrigando-se a manter a operação e a marca, durante um determinado número de anos (15 ou 20).

Ou seja, a empresa hoteleira realiza um encaixe financeiro que pode utilizar na sua expansão, na restruturação do hotel ou na atualização tecnológica, enquanto o fundo passa a deter o ativo no seu portefólio e recebe as referidas rendas. Um verdadeiro negócio de ganhos recíprocos, que é correntemente designado por *Sale & Lease back*.

Num contexto de concorrência exponenciada pelo crescimento dos grandes *players* e de investimento acelerado para aproveitar a onda do crescimento turístico, as grandes cadeias optaram por vender uma parte dos seus ativos imobiliários e concentrarem-se na área da gestão. Normalmente retêm as suas propriedades mais emblemáticas ou em mercados em que o bem tem boas perspetivas de valorização (ou como forma de fugir à inflação).

Esta estratégia tornou-se a preferida das cadeias hoteleiras, adotando uma postura ativa de venda da parte imobiliária das suas propriedades. Mesmo os grupos de raiz patrimonial não lhe conseguiram escapar pela disponibilidade de capital que proporciona, assim como os hotéis não pertencentes a cadeias que também se incorporaram no movimento.

Neste contexto, em 2017 registou-se na Europa o segundo maior volume de transações de sempre com o estonteante valor de 21,7 mil milhões de euros; numa só transação foram vendidos 45 hotéis a um fundo dos EUA, sendo que o maior volume de transações envolveu hotéis não pertencentes a cadeias; os mercados onde se registou maior percentagem de transações foram o Reino Unido, Espanha e Alemanha. Numa só transação, a título de exemplo, um hotel situado no aeroporto de Amesterdão com 433 quartos, foi vendido por 148 milhões de euros[61].

A opção pela venda da propriedade tornou-se uma estratégia maior na indústria hoteleira. A título de exemplo, numa pesquisa relativa ao final de 2018, constata-se o seguinte perfil nas cadeias Accor[62] e Marriot[63], respetivamente:

- hotéis próprios e em *leasing*: 7% e 1%;
- hotéis em *management*: 60% e 42%;

[61] Szabo, P., Castells, M. e Rey, A. (2018). *2017 European hotel transaction*, HVS, file:///D:/H%20internacional%20projeto%202018/cap%203%20formas%20expansão%20int/HVS%20-%202017-European-Hotel-Transactions.pdf, acedido a 13-12-2019.

[62] *AccorHotels, 2018 Annual Financial Report,* file:///C:/Users/asus/Downloads/2018_RD_ACCOR_vdef.pdf , cedido a 13.12-2019.

[63] *Marriott International 2018 Annual Report,* https://marriott.gcs-web.com/static-files/8799734e-b9e0-4e53-b194-7bd24a381118, acedido a 06-01-2020;

- hotéis em *franchise*: 33% e 55%; (na Marriot encontravam-se ainda 2% referidos como *joint-ventures* não consolidadas).

Assim, a propriedade própria é remanescente, tendo este perfil das cadeias passado a designar-se *asset light*.

Quadro 4-3. Starwood's: um *Real State Investment Trust* (REIT) que foi uma cadeia hoteleira

Como referimos, os REIT são originários dos EUA e são organizações com o propósito de investir, deter e gerir propriedades, a partir da captação de fundos.

A Starwood, porém, evoluiu num dos seus ramos para empresa hoteleira através da aquisição das próprias marcas, tendo assumido enquanto operador uma estratégia de alienação da propriedade própria e de mudança para as formas contratuais, por oposição à detenção da propriedade, como podemos constatar no quadro seguinte relativo a dezembro de 2015.

Tabela 4-1. Formatos de propriedade das unidades da Starwood Hotels & Resorts

Formatos	Hotéis	Quartos
Em contrato de gestão e joint-venture não maioritárias	608	199 900
Em regime de Franchise	642	150 100
Propriedade própria (regime total, maioritário e em leasing)	32	12 300
Resorts de férias e propriedades stand alone	15	7 700
Total de propriedades	1 297	370 000

Fonte: *US, Securities Exchange Commission*, 2015[64].

Entre as suas marcas contavam-se nomes históricos da indústria como a Sheraton, Westin ou Le Méridien; participação em novos formatos como a cadeia W Hotels no lifestyle ou Aloft nos urbanos/hotéis boutique. Acrescia um programa de fidelidade com milhões de clientes e acordos de parceria com dezenas de bancos, de benefícios cruzados para os clientes fidelizados[65].

Como já foi referido, em 2016 a Starwood foi adquirida e fundida no universo da Marriot; tinha então um vasto número de marcas no seu portefólio. Dada a sua força de mercado, continuam no universo Marriot, embora algumas se apresentem como redundantes face à oferta de grande cobertura de mercado do adquirente.

Fonte: Elaboração própria a partir das referências assinaladas.

[64] *US Securities and Exchange Commission*, STARWOOD HOTELS & RESORTS WORLDWIDE, INC., https://www.sec.gov/Archives/edgar/data/316206/000156459016013371/hot-10k_20151231.htm, acedido a 23-12-2019.

[65] Ting D. (2016). *Starwood's hospitality legacy after the Marriott merger*, https://skift.com/2016/09/21/starwoods-hospitality-legacy-after-the-marriott-merger/, acedido a 12-06-2020.

Para terminar este ponto, podemos ainda salientar que o investimento realizado nomeadamente pela indústria de fundos na aquisição de propriedades hoteleiras, pode ser enquadrado no IDE, quando realizado a nível internacional.

4.1.3 *JOINT-VENTURES*

A *Joint-Venture* ou empresa conjunta (JV) é em regra identificada como a criação de uma nova empresa por duas empresas já existentes (*corporate* J.V.) para juntarem sinergias e repartirem risco. Muitas vezes são uma forma de abordar novos mercados no exterior ou de arriscar na criação de novos modelos ou formatos. As JV são bastante comuns na indústria podendo dar-se o exemplo da fábrica da Autoeuropa em Palmela, Portugal, uma JV entre a Ford e a Volkswagen. Neste caso, falamos de uma *equity* JV pois ambos os participantes entraram inicialmente com metade do capital. O objetivo foi desenvolver um novo modelo automóvel da classe monovolume, não sendo certo se o mercado iria aceitar esta nova proposta. Porém, com o sucesso obtido, todas as marcas passaram a ter este modelo na sua gama o que levou a que a Volkswagen acabasse por adquirir a maioria do capital da empresa, tornando-se proprietária a 100%.

A JV também pode ser apenas contratual (*Co-operative* JV), ou seja, as partes obrigam-se a cumprir determinados compromissos, mas sem criação de personalidade jurídica no sentido de não criar uma empresa. Se não houver associação de capitais diremos ser uma *non equity* JV[66].

Um exemplo da utilização do formato JV em hotelaria é a aquisição de uma cadeia hoteleira num país terceiro. Para minorar o risco e potenciar o sucesso da operação, juntam-se dois parceiros: um fundo de investimento imobiliário e uma companhia hoteleira com experiência de gestão. Ambos têm provas dadas e *expertise* nas respetivas áreas: um na área imobiliária, com capacidade de mobilização de capital; outro com a experiência em gestão hoteleira/operações e com os meios instalados para a inserção nas respetivas redes de negócio, nomeadamente a distribuição.

O formato também é usado por certos governos de perfil protecionista em termos de negócios, obrigando os investidores internacionais a formarem

[66] USCBC (2005). *Cooperative joint venture-CJV*, https://www.chinabusinessreview.com/cooperative-joint-ventures/, acedido a 01-01-2020.

uma JV com investidores internos ao país, por exemplo numa companhia a adquirir (incluindo maioria no capital, 51% *versus* 49%). Desta forma retêm algum poder nacional sobre o negócio e há um capital de aprendizagem que é adquirido pela empresa nacional ao relacionar-se com a internacional[67]. Como nota elucidativa, podemos referir que a Starwood Capital tem várias JV com empresas chinesas para desenvolvimento de oportunidades de negócios na pujante economia chinesa, com uma classe média em ascensão[68].

Do ponto de vista das teorias, em regra, estamos perante Investimento Direto no Exterior.

4.2 FORMATOS CONTRATUAIS — BREVE ENQUADRAMENTO TEÓRICO

Tal como vimos antes, as formas de internacionalização também se enquadram nas denominadas teorias comportamentais, onde assume particular relevo a redução do risco, nas decisões de sair para o mercado internacional. Isto não obsta a que alguns dos formatos tenham sido amplamente usados e adaptados pelas grandes companhias internacionais. Vejamos sucintamente uma apresentação dessas teorias.

Na teoria de Uppsala[69,70,71], de que investigadores da universidade dinamarquesa com o mesmo nome foram percursores, a internacionalização inicia-se como resposta a uma pressão pela procura de mercados, normalmente por esgotamento do mercado interno. Todavia, neste movimento a empresa confronta-se com dois problemas principais: a falta de conhecimentos necessários para empreender a ida para o exterior e a escassez de recursos. Para superar esta desvantagem, a empresa tenderá a optar inicialmente por

[67] Cateora, Gilly, Graham e Money (2016). *International Marketing*, 7.ª Ed., McGRAW-HILL, NY.

[68] Fox, J. e Mest, E. (2017). *Starwood Capital strikes joint venture with China's Shimao Property Holdings, Hotel Management*, https://www.hotelmanagement.net/development/starwood-capital-strikes-joint-venture-china-s-shimao-property-holdings, acedido a 02-01-2020.

[69] Johanson, J. e Vahlne, J. (1977). *The internationalization process of the firm: A model knowledge development and increasing foreign market commitments*, Journal of International Business Studies, Vol. 8, N.º 1, pp. 23-32.

[70] Johanson, J. e Vahlne, J. (2009). *The Uppsala internationalization process model revisited: From liability of foreignness to liability of outsidership*, Journal of International Business Studies, vol. 40 (9), pp. 1411-1431.

[71] Vahlne, J. e Johanson, J. (2013). *The Uppsala model on evolution of the multinational business enterprise–from internalization to coordination of networks*, International Marketing Review, Vol. 30, N.º 3, pp. 189-210.

mercados próximos, o que pode ser materializado em termos de distância física (países vizinhos) ou psíquica (língua comum, práticas empresariais homólogas, educação, costumes ou cultura semelhantes). A falta de conhecimentos e escassez de recursos[72, 73]. Há, pois, um crescente comprometimento à medida que vão diminuindo as incertezas.

Outros dois modelos também referidos a propósito das teorias comportamentais são a teoria das Redes e do Empreendedorismo Internacional.

Na teoria das Redes[74, 75], os mercados devem ser vistos como redes de empresas nos quais a firma se irá integrar. As decisões relativas à internacionalização são muitas vezes determinadas no interior destas redes que a empresa consegue ir estabelecendo[76]. Este é um caminho que será seguido por inúmeras pequenas e médias empresas, que através das mais variadas parcerias acabam por se integrar nas redes globais das grandes empresas (muitas vezes como fornecedoras de produtos ou serviços na cadeia de valor), participando na economia aberta em que vivemos.

A teoria do Empreendedorismo Internacional[77] procura explicar a internacionalização de novas empresas através da análise de como os empreendedores reconhecem e exploram as oportunidades[78]; sem o empreendedor não existem processos de estratégia nem de internacionalização. Saliente-se ainda, dentro da abordagem comportamentalista, que Barney (1991)[79] defendeu o efeito cultural como o elemento mais eficaz para a determinação

[72] Czinkota, M. (1982). *Export development strategies: US promotion policy*, Praeger.
[73] Vahlne, E. and Johanson, J. (2017). *From internationalization to evolution: the Uppsala model at 40 years*, Journal of International Business Studies, Vol. 48, N.º 9, pp. 1087-1102.
[74] Bjorkman e Forsgren (2000). *Nordic International Business Research. A Review of its Development*, International Studies of Management and Organization 30 (1), pp. 6-25.
[75] Ratajczak-Mrozek M. (2017). *The Network Theory of Companies' Internationalization—the Importance of Relationships for International Expansion*, In: *Network Embeddedness*, Palgrave Studies of Internationalization in Emerging Markets, Palgrave Macmillan, Cham.
[76] Breda, Z. (2010). *Network relationships and the internationalisation of the tourism economy: The case of portuguese overseas investment in the hotel sector*, Dissertação para a obtenção do grau de doutor, Universidade de Aveiro.
[77] Anderson, O. (2000). *The internationalization of the firm from an entrepreneurial perspective*, International Studies of Management & Organization, Vol. 30, n.º 1, pp. 63-92.
[78] Handrito, R., Slabbinck, H., e Vanderstraeten, J. (2020). *Enjoying or refraining from risk? The impact of implicit need for achievement and risk perception on SME internationalization*, Cross Cultural & Strategic Management.
[79] Barney, J. (1991). *Firm Resources and Sustained Competitive Advantage*, Journal of Management, Vol. 17 (1), pp. 99-120.

de correr o risco de empreender, mobilizando uma organização para o objetivo comum de ter sucesso no mercado[80].

Num breve exercício de aplicação destas teorias à hotelaria, podemos referir que a maior cadeia de Espanha (Mélia) e a de Portugal (Pestana) começaram o seu processo de internacionalização pela proximidade psicológica, como referido na teoria Uppsala, ou seja, a primeira pelos países da América Latina (com o espanhol como língua oficial) e a segunda por Moçambique e Brasil (com o português como língua oficial). Estes países tinham ainda afinidades com os estados ibéricos em termos jurídicos, administrativos ou culturais, o que, do ponto de vista do relacionamento histórico, facilitava o contacto inicial operacional dos projetos ao nível das equipas de abertura.

Nesta fase, o grupo Pestana assumiu-se como de raiz patrimonial, ou seja, assumia em regra a aquisição das unidades hoteleiras que juntava ao seu portefólio. Tal era explicável pela necessidade de manter um controlo total da qualidade do serviço, sua principal vantagem competitiva de afirmação face aos mercados em que se instalara. Naturalmente, este é um posicionamento de IDE, típico das teorias económicas, o que nos confirma que na internacionalização não há modelos estanques e que é normal acontecer a combinação de formatos diversos que melhor se adequem ao sucesso do negócio.

Este e outros aspectos serão referidos adiante quando abordarmos a internacionalização das companhias ibéricas.

É, porém, ao nível das redes que vamos encontrar a grande linha condutora dos principais formatos de internacionalização que foram desenhados e aplicados no crescimento e desenvolvimento da hotelaria internacional, com a interligação entre grandes e pequenas cadeias ou até hoteleiros independentes.

4.2.1 O *FRANCHISE*

Dos formatos contratuais, o *franchise* tem sido o veículo mais utilizado para a expansão das cadeias hoteleiras (nomeadamente na América do Norte e Ásia), pois estas não têm os custos de aquisição ou construção e ficam com

[80] Beugelsdijk, Kunst e Essen (2018). *Cultural Distance and Firm Internationalization: A Meta-Analytical Review and Theoretical Implications*, Journal of Management, Vol. 44, N.º 1, January 2018, pp. 89-130.

mais unidades operando sob a sua marca. O poder de uma marca de *franchise* está relacionado com a sua dimensão e a habilidade do franchisador para conduzir a procura para os seus hotéis.

Cada hotel adicional na cadeia significa a entrada de *royalties* e *fees* pelo que os custos fixos do franchisador vão ficando mais repartidos e menos onerosos. Uma massa crítica de franchisados permite ao franchisador manter os programas de marketing/publicidade, treino/formação e central de reservas, funções que os independentes só por si não estão em condições de garantir com a acuidade hoje exigida pelas mudanças contínuas dos mercados, da tecnologia e da concorrência acrescida. Além disso, cada hotel franchisado que expanda a marca do franchisador numa nova região cria apetência para novas adesões, senão para aquela marca, para as outras do sistema, dado o efeito demostração e aumento da capacidade concorrencial dos aderentes.

Num contexto de generalizada segmentação, criação de marcas e programas de fidelidade, o *franchise* representa um significativo potencial de afirmação, quer para os franchisadores quer para os franchisados, nomeadamente para as unidades independentes de pequena dimensão com fraca identidade no mercado.

Do ponto de vista do operador internacional, há dois fatores fundamentais na expansão:

- A capacidade para montar no exterior uma máquina que deve ter uma base local consolidada em termos de imagem, meios financeiros e humanos;
- A habilidade para encontrar os parceiros e demais franchisados nos países visados.

A expansão do sistema terá sido iniciada pela marca Holiday Inn em 1951[81]. Veja-se a propósito as companhias com mais hotéis sob *franchise* na tabela seguinte.

[81] Meyer, H (2018). *The origins and growth of franchising in the hotel industry*, LM, https://lodgingmagazine.com/the-origins-and-growth-of-franchising-in-the-hotel-industry/, acedido a 13-12-2019.

Tabela 4-2. Maiores franchisadores em 2018

Rank	Cadeia	Franchisados
1	Wyndham Hotels & resorts	8 717
2	Jin Jiang Int. Holdings Co. Ltd.	7 257
3	Choice Hotels International	7 021
4	Hilton	4 925
5	Marriot International	4 735
6	InterContinental Hotels Group	4 615
7	BTG Hotels Group Co.	3 124
8	GreenTree Hospitality Group	2 728
9	Quingdao Summel Group Co	2 349
10	AccorHotels	2 258

Fonte: *Hotels 325, Special report*[82].

Vantagens e desvantagens do *franchise* hoteleiro:

No que concerne às vantagens e desvantagens que o *franchise* hoteleiro proporciona, podemos elencar as seguintes, quer do ponto de vista do franchisador quer do franchisado[83]:

Para o franchisador — vantagens:

- Remunerações através de *fee* (inicial, anual, marketing e reservas).
- Crescimento da sua rede de hotéis/notoriedade da marca sem os riscos financeiros envolvidos no caso da aquisição.
- Oportunidade para fortalecer as vendas e o marketing a nível nacional e internacional sem despesas proibitivas.
- Forma de repartir, por um largo número de utilizadores, os custos de desenvolvimento e operacionais do sistema tecnológico de reservas/distribuição.

[82] Weinstein, J. (2019). *Hotels 325, Special report, Hotels Magazine*, Vol. 53, n.º 6, http://library.hotelsmag.com/publication, acedido a 13-12-2019.
[83] McGuffie, J. (1996). *Franchising Hotels in Europe*, EIU-T&T. Analyst, n.º 1.

Para o franchisador — desvantagens:

- Custos de arranque iniciais.
- Perigo de o franchisado não satisfazer as regras de qualidade necessárias e dessa forma lesar a reputação da cadeia pelo desleixo e declínio da sua propriedade.

Para o franchisado — vantagens:

- A segurança de um sistema operacional devidamente testado.
- Uma marca internacionalmente conhecida, dando ao hotel um posicionamento no mercado como membro de uma rede de reputação internacional.
- Conexão com um sistema internacional de reservas computadorizado.
- Vendas, marketing e relações-públicas suportadas a nível central por especialistas (por exemplo, participação em feiras e outros eventos promocionais).
- Apoio central ao nível do apoio de pessoal e *management* (por exemplo, manual operacional e seminários de orientação).
- Conselho avisado para a introdução e aplicação de novas tecnologias.
- Economia de escalas através de compras em grupo.
- Garantia de *standards* de qualidade e processos de controlo temporários.
- Apoio ao desenvolvimento do hotel.
- Assistência especializada a nível financeiro.
- Participação em programas de cliente frequente e de marketing relacional.
- Acesso aos estudos de mercado com o nível de satisfação e as necessidades dos clientes.

Para o franchisado — desvantagens:

- Custo elevado dos *fees* assim como o facto de o nível de ocupação dos quartos ter de subir significativamente para compensar. Entre os denominados custos de continuidade podemos referir:
  - O *royalty fee,* que é uma compensação pelo uso da marca e serviços associados;

  - Custos da publicidade nos media, de desenvolvimento da base de dados de contactos e distribuição de programas para grupos ou segmentos específicos;
  - Custos com o programa de recompensa para clientes frequentes, visando a lealdade à marca. O franchisado é chamado a contribuir para o custo do programa, em regra uma percentagem relativamente aos clientes que frequentem o hotel ao abrigo do programa.
  - O *fee* das reservas, dado o franchisador deter uma central de reservas pelo que é necessário contribuir para os custos da sua operação (espaço, telefones, computadores, sistemas e operadores).
  - O *fee* de itens variados, que inclui outros serviços como: programas de formação ou a conferência anual; consultadoria, equipamento informático, assistência à página web, campanhas de marketing local, entre outras.
- Investimento inicial para adaptar o hotel aos *standards* e requisitos do *franchise* e formação de pessoal.
  - No caso de um hotel existente, o *fee* inicial tende a ser menor (em regra implica mudar aspectos como as toalhas, brochuras, *amenities* ou outros aspectos em que o logo do franchisador tenha de estar presente). Não é, contudo, de descartar que seja exigida uma reformulação do hotel de acordo com as exigências de operação da marca.
- No caso de o *franchise* falhar, a dificuldade e os custos para readaptar o edifício para um *franchise* alternativo.
- Risco de falência do franchisador.
- Perda da identidade individual.

As desvantagens enunciadas têm sido superadas pelas vantagens pois esta modalidade contratual de filiação em rede tem vindo a crescer. Veja-se a propósito o rácio dos hotéis em regime de *franchise* face ao total dos hotéis, a partir do quadro anterior (maiores cadeias de *franchise*).

Tabela 4-3. Rácio do número de hotéis em *franchise* face ao total da cadeia

Rank	Cadeia	N.º de hotéis franchisados 2018	N.º de hotéis 2018	Rácio franchisados/total de hotéis
1	Wyndham Hotels & resorts (USA)	8717	9200	94,8
2	Jin Jiang Int. Holdings Co. Ltd. (China)	7257	8715	83,3
3	Choice Hotels International (USA)	7021	7021	100,0
4	Hilton (USA)	4925	5685	86,6
5	Marriot International (USA)	4735	6906	68,6
6	InterContinental Hotels Group (England)	4615	5603	82,4
7	BTG Hotels Group Co. (China)	3124	4049	77,2
8	GreenTree Hospitality Group (China)	2728	2757	98,9

Fonte: Elaborado a partir da informação da *Hotels 325, Special report*[84].

Da observação da tabela extrai-se que a modalidade *franchise* é o formato preferido pelas cadeias apresentadas. A Choice é uma cadeia inteiramente dedicada ao *franchise*, sendo que há mais duas cadeias acima dos 90%; três das cadeias têm mais de 80% do portefólio; os mercados dos EUA e China apresentam forte predominância da integração em cadeias, como se depreende do resultado apresentado. A primeira cadeia europeia, apesar de não estar listada na tabela anterior, é a Accor com 47,2% de hotéis em formato franchise, a que não será estranho a atomização do mercado europeu nos hotéis independentes.

Se tivermos em atenção as categorias, o *franchise* é mais predominante nos segmentos Midscale (três estrelas), Economy (duas estrelas) e Budget (uma); menos frequente no Luxury e Upper Upscale[85].

[84] Weinstein, J. (2019). *Hotels 325, Special report, Hotels Magazine*, Vol. 53, n.º 6, http://library.hotelsmag.com/publication, acedido a 13-12-2019.

[85] Collins, S. (2019). *Hotel franchising in Europe 2019 – The push continues for new ways to expand*, HVS, https://www.hvs.com/article/8505-hotel-franchising-in-europe-2019-the-push-continues-for-new-ways-to-expand, acedido a 17-12-2019.

4.2.2 O CONTRATO DE GESTÃO (*MANAGEMENT*)

Através de um contrato de gestão os proprietários de um hotel passam a gestão da sua unidade para uma companhia especializada que beneficia das suas competências, muitas vezes associada à imagem de marca, para rentabilizar a unidade. Esta é uma situação utilizada por muitos proprietários de hotéis (como fundos de investimento imobiliário ou *real state investment trust*), que não têm vocação operacional de gestão e se socorrem deliberadamente dos especializados em *management*. Porém, não tem sido das mais preferidas em termos de adesão da hotelaria independente pois implica a saída de cena do proprietário e da sua gestão, para dar lugar à gestão que vem de fora, da cadeia contratante.

Note-se que no caso do *franchise* o hoteleiro continua presente, pelo que a entidade franchisadora também beneficia da sua rede de contactos, do seu conhecimento local e do interesse em ter sucesso. O *management* pode ter desvantagens a este nível.

Num cenário de múltiplas combinações possíveis, podemos salientar o caso de algumas das grandes cadeias dos EUA que se expandiram durante os anos 1980 construindo hotéis, vendendo-os a investidores e colecionando *fees* da sua gestão ao abrigo das suas marcas de portfólio. Entretanto, como se pode constatar da tabela seguinte, esta é uma modalidade também fortemente usada no mercado chinês.

Tabela 4-4. Maiores cadeias no management hoteleiro em 2018 e rácio face ao total de hotéis detidos

Rank	Cadeia	N.º de hotéis em management	N.º total de hotéis	Rácio N.º hotéis em management/N.º total de hotéis
1	Huazhu Group Ltd. – (Beijing, China)	3 309	4230	78,2
2	Quingdao Summel Group Co. (Quingdao, China)	2352	2352	100,0
3	AccorHotels (Paris, França)	2275	4780	47,6
4	Dossen International Group (Guangzhou, China)	2247	2247	100,0
5	Marriot International (Bethesda, Maryland, USA)	2020	6906	29,2
6	Intercontinental Hotels Group	965	5603	17,2
7	BTG Hotels Group Co. (Beijing, China)	925	4049	22,8
8	Aimbridge Hospitality (Plano, Texas, USA)	834	834	100,0
9	Hilton (Mclean, Virginia, USA)	689	5685	12,1
10	Extended Stay Hotels Charlotte, Virginia, USA)	608	627	97,0

Fonte: Elaborado a partir da informação da *Hotels 325, Special report*[86].

[86] Weinstein, J. (2019). *Hotels 325, Special report, Hotels Magazine*, Vol. 53, n.º 6, http://library.hotelsmag.com/publication, acedido a 13-12-2019.

Das dez cadeias do quadro acima, quatro podem considerar-se totalmente especializadas em contratos de gestão; quatro das grandes cadeias apresentam valores inferiores a 30%; a Accor é a única que tem um valor semelhante, quer no *management*, quer no *franchise*. Excetuando a cadeia francesa, todos as demais são chinesas ou dos EUA.

4.2.3 O *LEASING*

O *leasing* hoteleiro também tem vindo a crescer pois, como atrás foi referido, muitas cadeias venderam as suas unidades na modalidade de *sale and lease-back*, pelo que se assistiu a um claro desenvolvimento desta modalidade. No final de 2010, a cadeia Accor reportava que o seu portefólio hoteleiro, em termos operativos, tinha a seguinte configuração: 17% próprio; 22% em contrato de gestão; 23% em regime de *franchise*; 19% em *leasing* fixo e 19% em *leasing* variável.

O *leasing* também é usado como forma de uma cadeia encontrar edifícios relevantes em localizações centrais, sem necessidade de despender o capital necessário à sua aquisição, que seria muito elevado. Assim, através de um contrato de duração variável a acordar com o proprietário, e em troca do pagamento de uma renda, a cadeia pode encontrar imóveis de elevado interesse, que recupera e de seguida procede à sua gestão operacional. No final do contrato e em função do investimento realizado, pode haver a opção de compra. Esta modalidade é também vista com interesse por parte das autarquias, não apenas no sentido da recuperação de edifícios, por vezes menos cuidados, mas também para trazer pessoas e animação para o centro das cidades.

4.2.4 O LICENCIAMENTO

De forma genérica, esta modalidade define-se pela obtenção de uma autorização para produzir, usar ou comercializar um determinado processo de fabrico, uma marca ou outro procedimento que tenha sido registado por outro, em troca do pagamento de um *royalty* (ou um *copyright* no uso de criações artísticas)[87]. Um exemplo conhecido foi o recurso a esta modalidade

[87] Bonfá, S. e Rabelo, A. (2009). *Licensing*, Ed. M.Books, S. Paulo.

que ocorreu nas décadas de oitenta e noventa do século xx, quando a Philips/ Sony licenciaram a produção mundial do *Compact Disc* e das suas variantes[88]. O CD, concebido inicialmente para gravação de música com uma qualidade de som superior, veio posteriormente a servir para armazenamento de dados. Tendo presente o objetivo de expandir a nova tecnologia a nível mundial, mas também a urgência da sua rentabilização face à possibilidade de aparecerem novos formatos de divulgação e armazenamento da informação, os detentores das patentes licenciaram a produção do invento a outras fábricas a nível global, em troca dos respetivos *royalties*. Biliões de pessoas puderam assim usufruir do produto enquanto os inventores ressarciam e rentabilizavam a investigação no mercado.

Sendo fácil dar exemplos deste género aplicados à indústria, também os podemos encontrar na hotelaria, nomeadamente através do licenciamento da marca. Este é o procedimento anunciado como tendo sido usado no acordo que possibilitou a nova designação da cadeia Tryp by Whindham, como veremos adiante.

Em síntese:

No geral, a adesão às formas contratuais diverge de acordo com a tradição e o grau de concorrência/internacionalização do mercado. Assim, enquanto na Europa Ocidental ainda persiste um número significativo de unidades como independentes não consolidados nos formatos *franchise, management* ou *leasing*, nos mercados dos EUA, Ásia e Europa do Leste a maioria das unidades está filiada nestas formas contratuais, beneficiando do efeito de rede com a sua inserção em cadeias.

4.3 ALIANÇAS DE MARKETING

Os vários formatos que podem ser identificados neste ponto são um exemplo da internacionalização das empresas hoteleiras através das redes em que se conseguem integrar. A crescente importância das marcas e o incremento da competição deixou os hoteleiros independentes e as pequenas cadeias perante a necessidade de encontrarem soluções que lhes permitissem ganhar dimensão e escala. Uma das soluções é a filiação em agrupamentos

[88] Kretschmer, T. e Muehlfeld, K. (2004). *Co-opetition in standard-setting: the case of the Compact Disc*, Working Paper, pp. 04-14, Net Institute revised Oct 2004.

designados como consórcios, modalidade que permite, em regra, ao consorte manter a sua identidade.

4.3.1 AGRUPAMENTOS EM CONSÓRCIO

Estes agrupamentos oferecem aos independentes a possibilidade de manter a autonomia de gestão e a personalidade jurídica, enquanto estão dentro de uma organização centralizada que lhes fornece o acesso a uma central de reservas computadorizada ligada aos centros de distribuição, *site* centralizado de Internet, serviços de marketing/vendas, central de compras e apoio à formação, entre outros. Acresce o cumprimento do regulamento de adesão e a manutenção das regras de qualidade do consórcio, podendo inclusive ocorrer a certificação do produto.

Além dos consórcios que podemos classificar como generalistas, ou seja, que têm como principal função aceder nomeadamente às funções de marketing, também foram criados consórcios temáticos ou especializados em nichos de mercado. O objetivo é identificar clubes de hotéis com características específicas que possam desta forma melhorar a sua comercialização face a determinados tipos de público.

Estes consórcios não são exclusivos para independentes pelo que há cadeias hoteleiras que integram unidades com características específicas nestes consórcios. São exemplo desta situação:

- The Leading Hotels of The World, que agrupa uma coleção de hotéis de luxo correspondendo a elevados padrões de qualidade, mas todos distintos pela sua individualidade;
- Small Luxury Hotels of the World, representando hotéis de luxo de pequena dimensão, tipo *boutique*, que pretendem oferecer serviço personalizado e experiências únicas;
- Relais & Chateaux, que representam os *heritage inns* de pequena escala com ligação à gastronomia e à cultura local.

É comum os maiores consórcios terem escritórios de vendas nos principais mercados emissores de turistas para as propriedades consortes.Os membros dos consórcios pagam um *fee* pela sua filiação e manutenção periódica.

Comparativamente com o *franchise,* os custos dos consórcios são menos elevados. Veja-se de seguida a tabela dos principais consórcios em 2018.

Tabela 4-5. Principais consórcios hoteleiros em 2018

Posição 2010	Designação	Hotéis	Quartos
1	Hotusa Hotels (Madrid, Espanha)	3032	267 760
2	Associated Luxury Hotels (Orlando, Florida, USA)	597	228 045
3	Preferred Hotel Group (Chicago, Illinois, USA)	751	150 349
4	Keytel S.A. (Madrid, Espanha)	1288	136 795
5	Global Hotel Alliance, Dubai, UEA)	591	124 161
6	HotelRez Hotels & Resorts (London, Inglaterra)	981	86 127
7	Historic Hotels Worldwide (Washington, D.C., USA)	330	65 000
8	Historic Hotels of America (Washington, D.C. USA)	310	60 000
9	Hotel Republic (Londres, Inglaterra)	270	58 544
10	The Leading Hotels of the World (New York, USA)	406	57 225

Fonte: *Hotels 325, Special report*[89].

No top 10 observa-se o predomínio das organizações com sede nos EUA (6), Espanha (2) e Inglaterra (2). Originárias da Península Ibérica a Hotusa e a Keytel (ambas com sede em Barcelona) alcançaram um lugar de primeiro plano na cena internacional.

Se procurarmos acompanhar a evolução dos consórcios a nível internacional, encontramos inúmeras propostas que não tiveram sucesso. A maioria destas situações pode ser compreendida ao referirmos os principais problemas dos consórcios:

- Muitos não atingem uma massa crítica de filiados que permitam o desenvolvimento das ferramentas necessárias para acompanhar a evolução crescente das novas tecnologias e demais serviços de apoio característicos;
- A inexistência de identidade em termos de marca forte que possa ser reconhecida pelo grande público.

[89] Weinstein, J. (2019). *Hotels 325, Special report, Hotels Magazine,* Vol. 53, n.º 6, http://library.hotelsmag.com/publication, acedido a 13-12-2019.

Também os consórcios hoteleiros estão, pois, perante o dilema de se adaptarem à voragem dos tempos correntes da globalização, com mudanças constantes e o consumidor no centro da inovação tecnológica. Quem não conseguir acrescentar valor aos consortes terá de repensar o seu futuro.

4.3.2 AGRUPAMENTOS EM *CO-BRAND*

Neste ponto, podemos referir as alianças de tipo comercial que algumas das principais companhias hoteleiras já estabelecidas em determinados mercados locais ou regionais têm vindo a firmar com grupos internacionais, nomeadamente dos EUA. Como enquadramento para o processo temos a crise económica que se instalou em 2008 a nível internacional, provocando uma queda dos fluxos turísticos e, por consequência, a diminuição de ocupação e preços médios. Acresciam então os problemas de liquidez sentidos por vários grupos hoteleiros, que anos consecutivos de expansão acumularam, refletidos num momento de aperto de crédito e a necessidade de reinventar novas formas para continuar a crescer e garantir/aumentar a rentabilidade.

Além do mais, ambas as partes das alianças têm para capitalizar ativos como o *know-how* da gestão, as marcas e as bases de dados (acesso a clientes/novos canais de distribuição), para além de poderem dar entrada de capital (ou o *fee* de assinatura de contrato). Vejamos os seguintes exemplos[90]:

- No início de 2011 as cadeias hoteleiras AC Hotels (Espanha) e Marriot (EUA) tornaram público a criação de uma aliança sob a marca AC Hotels *by* Marriot. A cadeia espanhola leva para a parceria o seu conceito e estilo de vida urbano, caracterizado pela junção de qualidade, conforto, *design* e tecnologia; a Marriot, por sua vez, entra com a sua estrutura global que inclui o sistema de distribuição, plataformas de vendas e o muito valioso programa de fidelização que contava então com mais de 30 milhões de membros.
- Em 2010, a Meliá Hotels International (antiga Sol Mélia, tendo a mudança para a nova designação o propósito de melhor posicionar a marca do ponto de vista global, descolando da sua matriz de origem ligada às estâncias de verão nos mercados de sol e praia), vendeu a marca comercial Tryp Hoteis ao grupo norte-americano Wyndham

[90] Publituris hotelaria (2011). *Diz que é uma espécie de code-share hoteleiro*, Set. 2011.

Worldwide por 32 milhões de euros. A nova designação de mercado passou a ser Tryp by Wyndham, tendo o grupo Mélia garantido a parceria por vinte anos e a continuação do uso da marca através de um contrato de licença[91].

Em ambas as situações as cadeias espanholas encontraram uma forma de ficarem no radar de bases de dados gigantescas e de sistemas de distribuição sofisticados, assim como acederam à notoriedade da marca americana e ao mercado de origem muito relevante em termos de turismo de negócios. Por sua vez, as companhias norte-americanas, empenhadas na luta pelo top mundial do sector, acrescentaram um número significativo de hotéis na Europa ao seu portefólio, nomeadamente no protegido mercado espanhol (recorde-se que antes do acordo a Marriot apenas dispunha de hotéis em Madrid, Barcelona e Valência).

Os dois exemplos acima referidos são exemplificativos da inserção em redes de negócios, em que as partes não perdem a sua personalidade jurídica, antes encontram formas colaborativas que permitem aumentar a rentabilidade através da junção de sinergias complementares. Designamos de *co-brand* por estarmos perante uma parceria que junta as duas marcas, que se mantêm no mercado. Note-se ainda que a marca Tryp pertencia à cadeia Mélia, que tem dimensão internacional como um dos grandes da hotelaria; porém, neste caso concorria no mercado espanhol e ibérico ao nível dos hotéis de cidade com a cadeia HC Hotels. Ora, a partir do momento que um dos competidores estabelece um acordo com uma cadeia do *podium* mundial que a coloca em destaque face ao mercado dos EUA, não fazer um acordo semelhante deixaria a concorrente numa posição desfavorável. Compreende-se, pois, as opções tomadas, que são exemplificativas de alianças em *co-brand*.

4.3.3 AGRUPAMENTOS EM *SOFTBRAND*

Para as grandes cadeias, rentabilizar os seus ativos de capacidade comercial e aumentar a rentabilidade são desafios permanentes. Para uma grande cadeia é difícil deter hotéis de pequena dimensão (pois a pequena escala da

[91] LDE, *Sol Melia vende la marca Tryp a Wyndham por 32 millones de euros*, https://www.libertaddigital.com/economia/sol-melia-vende-la-marca-tryp-a-wyndham-por-32-millones-de--euros-1276394622/, acedido a 11-06-2020.

operação torna mais difícil a sua rentabilidade) ou em locais afastados dos seus serviços de coordenação/escritórios. Há, todavia, hotéis de pequena escala com localizações privilegiadas, identidade própria e hoteleiros que os gerem com paixão e pretendem continuar. Enfrentam, todavia, todos os problemas já identificados no cenário de globalização em que vivemos.

Surge então a seguinte proposta: agrupar estes hotéis sob uma marca específica, garantindo-lhes a independência, mas dando-lhes acesso aos meios das grandes cadeias, nomeadamente ao programa de reservas, distribuição *online*, programa de fidelidade e apoio tecnológico[92]. Esta foi a proposta feita pela cadeia Choice Hotels ao criar a marca Ascend Hotel Collection, destinada a hotéis de perfil *upscale*, *boutique* e históricos[93].

Outras cadeias seguiram este exemplo sendo de registar a marca The Autograph Collection do grupo Marriott em 2009. Em 2014, a Hilton lançou a marca Curio by Hilton[94].

Este é um formato conhecido por *softbrand*, que permite aos hoteleiros serem independentes e únicos na sua oferta, beneficiando em simultâneo das vantagens, reconhecimento e distribuição de uma marca global. Mostra também a capacidade das grandes cadeias em encontrarem novas soluções para proverem ao seu crescimento, rentabilizando o seu *know-how* e a capacidade instalada.

Em síntese: as alianças são um formato que está amplamente a ser usado como forma de continuar a crescer com menos custos de capital, mantendo a identidade das cadeias, potenciando o acesso a mais cliente e mais oportunidades de negócio, aumentando a notoriedade das marcas, beneficiando do saber-fazer recíproco e diversificando o risco. Em suma, promovendo sinergias.

[92] Rauch, R. (2018). *What Is a Soft Brand and Is it of Real Value?*, CoStar, http://hotelnewsnow.com/Articles/290496/What-is-a-soft-brand-and-is-it-of-real-value, acedido a 03-01-2020.

[93] *Cision News, Ascend Hotel Collection Achieves Most Franchise Signings* In: *Brand History*, CH 23-01-2020, https://www.prnewswire.com/news-releases/ascend-hotel-collection-achieves-most-franchise-signings-in-brand-history-300992197.html, acedido a 11-06-2020.

[94] *STR Glossary, Soft Brand*, https://str.com/pt-br/resourcesglossary/soft-brand-soft-branding, acedido a 30-01-2019.

4.4 O ALOJAMENTO VIA EMPRESAS PLATAFORMA (O DESAFIADOR) — BREVE ENQUADRAMENTO TEÓRICO

Nas teorias da internacionalização de empresas foi identificada, em 1993, uma nova categoria disruptiva de empreender, na forma como aborda o mercado exterior: as designadas *Born Global*[95], termo destinado a classificar as empresas que já nascem internacionais, pois desde o seu início têm como objetivo de mercado o espaço global[96]. Ou seja, pretendem vender os seus produtos em muitos países em simultâneo. Isto é possível de operar sob a rede Internet, o que no início nos remetia para empresas de base tecnológica. Porém, à medida que a tecnologia avançava, apareceram as empresas plataforma e foi possível assistir à comercialização de sectores e empresas de produtos que operavam até então numa base local e que passaram para uma lógica de distribuição global. No caso da hotelaria são conhecidas as plataformas de distribuição de alojamento hoteleiro como, por exemplo, a Booking.com ou a Hotels.com.

Todavia, é no ano de 2008 em S. Francisco, na Califórnia, EUA que é apresentada uma nova e disruptiva empresa plataforma com enorme impacto no alojamento turístico: a Airbnb[97]. A empresa nasce a partir da possibilidade de disponibilizar uma parte da casa de habitação para alugar a quem estivesse em viagem e precisasse de alojamento no local.

A ideia tinha «pés para andar» e rapidamente se generalizou como plataforma de encontro entre quem tem uma casa, um quarto ou parte de casa, e se disponibiliza a receber quem procura alojar-se nos locais da oferta. Naturalmente que não tendo os custos inerentes a uma unidade hoteleira, os proprietários fazem preços mais em conta, encontrando desta forma um rendimento adicional; os clientes não usufruem das comunidades associadas a um hotel, mas encontram o essencial para passar a noite (ou uma estadia maior), a um preço acessível. A empresa cobra uma comissão sobre cada reserva concretizada. Reconhecendo o seu potencial, o projeto foi apoiado por investidores na área do capital de risco, proporcionando um

[95] Rennie, Michael (1993). *Global Competitiveness: Born Global*, McKinsey Quarterly, 4, pp. 45-52.

[96] Oviatt & McDougall (1994). *Toward a Theory of International New Ventures*, Journal of International Business Studies, vol. 25, pp. 45-64.

[97] Canalis, X (2017) Airbnb: el fenómeno de la década que pone en jaque a toda la industria, Hosteltur, https://www.hosteltur.com/125121_airbnb-fenomeno-decada-pone-jaque-toda-industria.html, acedido a 03-01-2019.

desenvolvimento exponencial, com particular aceitação pelo denominado segmento *millennials*.

Em maio de 2018 a empresa estava avaliada em 38 mil milhões dólares[98], disponibilizando mais de 4,5 milhões de alojamentos em 81 000 cidades em todo o mundo e tendo proporcionado alojamento a 300 milhões de clientes em dez anos[99]. A Airbnb está presente em 190 países,[100]. Nenhuma cadeia hoteleira clássica está presente num número tão grande de países. Além disso, ultrapassou o número[101]. Será que podemos repensar o conceito de transnacional? Ou será aqui devidamente aplicável o rótulo de cadeia global?

Assim, numa década, uma ideia transforma-se num modelo de negócio disruptivo, em que uma empresa plataforma, não proprietária de alojamentos físicos, se torna um operador de alojamento a nível global. Indubitavelmente, é um concorrente da hotelaria tradicional. Num cenário de crescimento dos fluxos turísticos, todo o alojamento disponível tem potencialmente clientes; num cenário de contração, com esta nova oferta, qual será o impacto sobre a indústria tradicional?

Ficamos com a questão, sendo que entretanto passaram a operar no mercado outras empresas plataforma de funcionamento semelhante.

Nota final ao capítulo:

Não queremos terminar este capítulo sem uma nota de reflexão sobre a extraordinária evolução do sector hoteleiro e dos formatos que encontrou, e encontra, para continuar a promover o seu desenvolvimento. De facto, vai longe, muito longe, o tempo em que internacionalização era sinónimo de Investimento Direto no Exterior. Até os modelos contratuais tradicionais como o *franchise* ou os contratos de gestão, apenas para citar os mais conhecidos, estão *démodés*. Com a entrada em força no sector de fundos de investimentos, as grandes companhias tornaram-se *asset light*; os independentes também viram o seu espaço flexibilizar-se com o trabalho dos consórcios ou

[98] *Statista, Company value of Airbnb worldwide from 2016 to 2020*, https://www.statista.com/statistics/339845/company-value-and-equity-funding-of-airbnb/, acedido a 03-01-2020.

[99] Jet, J. (2018). *What's new with Airbnb in 2018*, https://www.forbes.com/sites/johnnyjet/2018/03/05/whats-new-with-airbnb-in-2018/#398b5bcd44b8, acedido a 03-01-2020.

[100] Solomon, B. (2016) How Airbnb expanded to 190 countries by thinking glocal, https://www.forbes.com/sites/briansolomon/2016/05/03/how-airbnb-expanded-to-190-countries-by-thinking-glocal/#4493ad347e91, acedido a 03-01-2020.

[101] Hartmans, A. (2017). *Airbnb now has more listings worldwide than the top five hotel brands combined*, BI, https://www.businessinsider.com/airbnb-total-worldwide-listings-2017-8, acedido a 11-06-2020.

as novas modalidades de *softbrand*. Os progressos nas alianças de marketing são surpreendentese é estonteante o desafio das empresas plataforma. Não é nosso propósito repetir-nos ou aqui fazer uma síntese do capítulo, mas não queremos deixar de notar o concentrado de inovação e empreendedorismo que relatamos nestas páginas e que, estamos conscientes, muito mais podia ser dito se nos detivéssemos com mais detalhe. Entretanto, aqui fica uma nota de admiração para todos os que fazem deste sector e da sua internacionalização um notável campo de estudo.

Quadro 4-4. Principais formatos de «modos de entrada» em hotelaria identificados neste capítulo

- Investimento Direto no Exterior:
  - IDE;
  - Fusões e aquisições;
  - *Joint-ventures.*
- Formatos contratuais:
  - *Franchise;*
  - *Management;*
  - *Leasing;*
  - Licenciamento.
- Alianças de marketing:
  - Consórcios;
  - *Co-brand;*
  - *Softbrand.*
- *Born global:*
  - Economia da partilha (empresas plataforma).

5
A Importância das Marcas

5.1 AS MARCAS EM HOTELARIA

A emergência das marcas permitiu a diferenciação de produtos ao encontro de cada segmento de mercado. Através da marca (forma de cada empresa identificar e cimentar o nome dos seus produtos na mente do consumidor), as companhias hoteleiras internacionais induzem criar a lealdade dos clientes e quota de mercado.

Os viajantes de negócios procuram não ter de se preocupar, nas suas deslocações, em encontrar os hotéis com ambientes adequados às suas necessidades; preferem quem lhes forneça as facilidades que vão de encontro às suas expectativas e geralmente uma marca (ou família de marcas), suficientemente conhecida, previsível, bem estabelecida em termos de cobertura geográfica e que ofereça recompensas pela lealdade.

Também os viajantes de lazer procuram alguma forma de familiaridade, um conhecimento do que os espera quando chegam a um destino (muitas vezes pela primeira vez) e a segurança de que serão apropriadamente tratados. Tal como os consumidores de pacotes turísticos, esperam a segurança e previsibilidade de um operador conhecido para as férias que têm expectativa de concretizar, viajantes independentes ou em grupo, buscam um hotel de marca reconhecida, para obterem uma garantia extra de segurança e estabilidade.

Logo, é natural o esforço das companhias internacionais pela implantação de marcas, adequando os seus produtos e respetivos serviços às expectativas dos vários segmentos de mercado (vide quadro alusivo sobre segmentação) e ao seu poder de compra.

Quadro 5-1. Segmentação e exemplos de segmentos de mercado aplicados à hotelaria

Entende-se por segmetação a divisão dos clientes em subconjuntos de características homogéneas quanto aos seus comportamentos, necessidades, motivações, entre outras. Em hotelaria é comum procurar conhecer a capacidade aquisitiva, a situação familiar e fase da vida, interesses[102] e país de origem, idade/geração, entre outros. A identificação destas características justificará posteriormente políticas de marketing adequadas, no sentido de aumentar a satisfação do cliente e a rentabilidade do hotel[103].

Em regra, o processo de segmentação inclui quatro etapas[104]: a) escolha dos critérios e métodos de segmentação; b) descrição das características de cada segmento; c) escolha dos vários segmentos; d) definição das medidas de marketing para cada segmento. A decisão sobre os segmentos a escolher tende a estar relacionada com a sua rentabilidade e com as características do hotel para corresponder à satisfação da procura.

A título de exemplo, uma forma clássica de segmentar o mercado hoteleiro é ter em atenção o propósito da viagem. Surge assim a divisão generalista em:

Segmentação clássica agregada			
Turista de lazer	Turista de negócios	Turistas em grupo	Outros/diversos

Podemos também dividir os clientes tipo num hotel de cidade e de *resort*. Assim:

Exemplo de segmentação dos clientes de hotel de cidade							
Lazer	Negócios	Conferências	Incentivos	Eventos	Tripulações	Grupos	Outros

Nota: os clientes classificados como «outros» podem ter várias origens, mas também carecem de atenção e podem dividir-se em: *walk-in*, *overbooking* de outros hotéis, cortesia, *timeshare* ou permuta, por exemplo.

Exemplo de segmentação dos clientes de hotel de *resort*					
Famílias com filhos	Casais	*Empty nesters*	Reformados	Grupos	FIT[105]

Atualmente, a segmentação dos clientes é uma tarefa indispensável para a formação do preço, correta adequação à procura e desenvolvimento de estratégias de *revenue management*, como veremos adiante.

Naturalmente que quando uma marca hoteleira é criada já tem em vista um posicionamento específico junto de determinados segmentos de clientes afins; ou quando um determinado hotel se junta a uma marca já se pressupõe a sua capacidade para atrair os segmentos de clientes visados pela marca.

Fonte: Elaboração própria.

[102] Hafner, H. e Grabler, K. (2021). *Psychographic segmentation and its application in the hospitality industry*, disponível em: (PDF) Psychographic segmentation and its application in the hospitality industry (researchgate.net), acedido a 14-05-2021.

[103] Reid, R e Bojanic, D. (2010). *Hospitality Marketing Management*, Wiley & Sons, Columbia, USA.

[104] Lendrevie, J., Lindon, D., Dionisio, P. e Rodrigues, V. (1995). *Mercator, teoria e prática do marketing*, Ed. Dom Quixote, Lisboa.

[105] Go, F. e Pine, R. (1995). *Globalization Strategy in the Hotel Industry*, Routledge, Indiana, USA.

Todavia, enquanto nos EUA mais de 60% dos hotéis operam segundo uma determinada marca (estão afiliados em cadeias)[106], na Europa a tradição dos independentes faz com que uma percentagem significativa de propriedades continue à margem do processo. Em Itália e Espanha, o número de marcas hoteleiras internas supera as internacionais[107]. Este posicionamento do mercado europeu explica em parte a apetência das companhias americanas e chinesas pelas cadeias independentes do velho continente, como vimos em capítulos anteriores.

Entretanto, com a crescente internacionalização, as marcas internacionais vão fazendo o seu caminho e estendendo o seu domínio. Veja-se no quadro seguinte o posicionamento de algumas cadeias hoteleiras e respetivas marcas, sendo que estão apresentadas por:

- Cadeias que cobrem os principais segmentos de mercado, ou seja, que estão presentes no segmento budget/económico, médio, superior e de 1.ª classe/luxo;
- Cadeias que cobrem parcialmente o mercado;
- Cadeias de marca única.

Note-se que a apresentação respeita a segmentação/formato apresentado pelas respetivas cadeias.

Quadro 5-2. Exemplo de companhias hoteleiras nos vários segmentos de mercado e respetivas marcas

Companhias que cobrem os vários segmentos de mercado			
Luxury	***Premium***	***Midscale***	***Economy***
AccorHotels			
Raffles Sofitel	MGallery Pullman	Novotel Mercure	Ibis Greet
Wyndham			
Wyndham Grand Dolce	Tripp TM	La Quinta Ramada	Super 8 Days Inn

(cont.)

[106] Sanford, W. (2019). *The shifting scene of independent hotels in America*, HNN, http://www.hotelnewsnow.com/Articles/294761/The-shifting-scene-of-independent-hotels-in-America, acedido a 12-06-2020.

[107] Worwath (2018). *European Chains & Hotels Report 2018*, https://corporate.cms-horwath-htl.com/wp-content/uploads/sites/2/2018/11/HHTL_2018-EU-CHAINS-REPORT.pdf, acedido a 12-06-2020.

(cont.)

Companhias que cobrem parcialmente o mercado			
Mélia			
Gran Meliá H&R	Meliá H & R	—	—
Pestana			
Pestana Collection	Pestana H & R	—	—
Companhias de marca única			
Four Seasons	—	—	—
—	—	—	**Easyhotel**
—	—	—	**B&B Hotels**

Fonte: Elaborado a partir da informação disponibilizada nas respetivas webpages.

Nota: Referências não exaustivas para todas as marcas das respetivas cadeias.

5.2 MARCAS PARA SEGMENTOS ESPECÍFICOS (OU ESPECIAIS)

Da tabela anterior, extrai-se uma distribuição das marcas pelos segmentos gerais, correspondendo à hotelaria económica, média ou primeira classe/ luxo. Porém, à medida que se identificam segmentos de clientes com características específicas e potencial de rentabilidade elevada, as companhias têm desenvolvido unidades com marcas ajustadas aos seus anseios no sentido de o cliente poder reconhecer que elas lhe acrescentam valor e, dessa forma, predispor-se ao seu consumo por um preço elevado. Já tivemos ocasião de as referir, pelo que vamos recordar as seguintes:

- Marcas para *LifeStyle Hotels*;
- Marcas para *Boutique Hotels*;
- Marcas para *Welness & SPA Hotels*;
- Marcas para *Extended Stay Hotels*;
- Marcas para *Business & Conference Hotels*, entre outras.

Os hotéis *boutique* também podem ser referidos como *design hotels*. O conceito terá começado em 1984 com o denominado Morgans Hotel em Nova Iorque[108] como uma resposta à procura de unidades não estandardizadas. São, em regra: de 1.ª classe/luxo em termos de classificação tradicional, têm menos

[108] *OD Hotels, The origin of boutique hotels*, https://www.od-hotels.com/magazine/the-origin-of-boutique-hotels/, acedido a 07-01-2020.

de 100 quartos, tendem a situar-se em locais de primeiro plano das grandes cidades, fazem recurso ao *design* e apresentam conforto, intimidade e serviço personalizado. Dirigem-se a uma clientela de rendimentos elevados, pelo que não foi surpresa ver as grandes cadeias a desenvolverem este segmento.

Como marcas elucidativas podem referir-se: Andaz da Hyatt; Edition da Marriot; Hotel Missoni da Rezidor (agora no universo da Jing Jiang).

Os *lifestyle* hotéis são por vezes apresentados como tendo a mesma génese do *boutique* hotel. Porém, o formato tende a ajustar melhor com a nova *buzzword* que passou a ser considerada na indústria hoteleira: *millennials*. Esta geração tem, em 2020, entre 24 e 36 anos, sendo conhecida como altamente familiarizada com as novas tecnologias, sempre conectados à rede, operando em contínuo o *smartphone* e atenta às questões ambientais. Neste contexto, os hotéis *lifestyle* oferecem wi-fi permanente em toda a sua área; ambiente descontraído e cor vibrante; mobiliário e decoração com atenção ao design e surpresas criativas; espaços de convívio e trabalho conjunto; *staff* tendencialmente jovem; cozinha que oferece refeições rápidas, mas com atenção à inclusão de produtos locais; atenção à sustentabilidade ambiental; gestão da estadia a partir do *smartphone*.

Como marcas que encaixam no formato podemos referir: W Hotels da Starwwod (agora no universo Marriot); Hotel Indigo da IHG, Aloft Hotels ou Moxy da Marriot ou Canopy da Hilton[109].

Porém, sabemos que esta geração gosta de viajar, mas tem menos apego à propriedade, preferindo muitas vezes a partilha. Enfrenta um mercado com empregos menos estáveis, logo, haverá um vasto campo de público com menos possibilidades de pagar um alojamento de valor elevado. Surgem, pois, oportunidades para novos conceitos, que vão ao encontro das suas necessidades, desenhando-se uma hotelaria de carácter mais informal. Naturalmente que no mercado já existe a oferta do alojamento económico (Budget e Economy), muitas vezes denominado *low cost*, como o patrocinado pela companhia de aviação EasyJet que desenvolveu a marca Easyhotel ou o B&B Hotel, a que acrescem a oferta de milhares de *hostels*. Ou a miríade de propostas distribuídas pela Airbnb.

À medida que as cadeias vão tratando os dados que dispõem e identificando novos segmentos passíveis de rentabilidade, é provável o aparecimento de novos formatos no sentido que os clientes potenciais possam

[109] CN, 6 *Lifestyle hotel chains for millennials that you´ve never heard about*, https://www.citynomads.com/6-lifestyle-hotel-chains-millennials-youve-never-heard/, acedido a 08-01-2020.

experienciar satisfação na estada e ser fidelizados. As novas gerações são um verdadeiro desafio à hotelaria tradicional.

5.3 MARCAS CONCEITO DOS OPERADORES TURÍSTICOS

Também os principais operadores turísticos (OT) verticalmente integrados, ou seja, que além de conceberem pacotes turísticos detêm meios de transporte (companhias de aviação), agências de viagens para a comercialização ao público e alojamento nos destinos turísticos, têm vindo a desenvolver marcas hoteleiras especialmente direcionadas para determinados segmentos de clientes.

O caminho seguido tem duas vertentes: hotéis operados com marcas próprias e o estabelecimento de alianças/acordos de cooperação com pequenas cadeias ou hotéis independentes que satisfazem as exigências de qualidade, designados «conceitos hoteleiros». Assim, em termos de exemplo, o operador turístico TUI desenvolveu as seguintes marcas:

- Marcas próprias: Tui Blue e Club Robinson para o segmento *premium*; RIU Hotels & Resorts e TUI Magic Life para o segmento *Quality*.
- Conceitos hoteleiros: Tui Sensatori (anunciado como direcionado a segmentos de famílias e casais *lifestyle oriented*, em hotéis *upmarket*); Tui Sensimar (também hotéis *upmarket*, com serviço personalizado, localização junto ao mar, com conforto e espaço para os hóspedes, limitado a *adults only*); Tui Family Life (direcionado às famílias, incluindo animação, atividades desportivas e serviços de apoio a crianças).

Nota-se a preocupação de proporcionar ao cliente o ambiente mais adequado às suas preferências. As marcas são propostas a pequenas cadeias e a independentes que possuem unidades suscetíveis de se integrarem nos conceitos associados a cada uma destas marcas, que o OT se encarrega de promover e dinamizar junto dos clientes nos mercados emissores. A unidade recetora deve adotar a designação da marca proposta (podendo ser em conjunto com a designação tradicional do hotel). Note-se que, em 2019, a TUI anunciava operar 380 hotéis com as referidas marcas, como se pode constatar no quadro seguinte[110].

[110] *TH&R, The hotel is the key decision factor when a customer makes a booking*, https://www.tuigroup.com/en-en/about-us/about-tui-group/our-business/tui-hotels-resorts/hotel-scouting, acedido a 07-01-2020.

Quadro 5-3. Marcas da divisão hoteleira do Grupo TUI

Segmento	Marcas hoteleiras		Conceitos Hoteleiros
			TUI Sensatori
Premium	Robinson	TUI Blue	TUI Sensimar
Quality	TUI Magic Life	RIU H&R	TUI Family Life
	Club	Hotel	Hotel

Fonte: Elaborado a partir da tabela homóloga na *webpage* do grupo TUI.

5.4 PARCERIAS HOTELEIRAS COM MARCAS COMPLEMENTARES DE PRESTÍGIO

Como referimos, as marcas permitem acrescentar valor ao negócio e fidelizar clientes. Porém, se criar uma marca é relativamente fácil, dar-lhe notoriedade junto do consumidor é assaz difícil. Para além do negócio principal, por vezes há negócios secundários, complementares, como é o caso da restauração na hotelaria, a animação ou o bem-estar. Neste caso, é pouco provável que uma companhia hoteleira consiga dar notoriedade a uma marca específica nestes ramos menos visíveis no negócio, pelo que a solução pode passar por se associar a uma marca com prestígio.

Começamos pelo caso da restauração.

A cooperação entre hotéis e marcas (cadeias) de restaurantes exteriores é um fenómeno que tem vindo a desenvolver-se nas últimas duas décadas, nomeadamente por dois motivos: os rendimentos da alimentação e bebidas são em regra abaixo do negócio do alojamento; os consumidores têm vindo a ficar mais sofisticados e mais críticos em relação à denominada «comida de hotel», influenciados pela importância que a cozinha de *chef* tem vindo a ter em inúmeros programas de televisão. Em consequência, os hotéis, nomeadamente os de cidade, são forçados a subir o seu nível em que, não raras vezes, é expectável a existência de restaurante. Logo, uma opção possível é o estabelecimento de parcerias com marcas de restaurantes implantadas no mercado, sinónimo de boa comida e bom serviço. No quadro seguinte podemos constatar alguns destes exemplos no Reino Unido (UK), nos Estados Unidos (USA) e Portugal (PT):

Quadro 5-4. Parcerias entre hotéis e restaurantes

Hotel	País	Restaurante	Nota
Marriot, Londres Paris Las vegas	UK USA	Gordon Ramsey	Os restaurantes Gordon Ramsey estão presentes em várias partes do mundo.
MGM Grand Hotel & Casino, Las Vegas Four Seasons Hotel	USA	Joel Robuchon	A cadeia está presente em vários países.
Tivoli Hotels & Resots	PT	Brasserie Flo	Marca do grupo Flo (França).

Fonte: Elaborado a partir dos *websites* das empresas.

Este modelo de parcerias, em que cada um dos parceiros se centra nos seus negócios *core* procurando oferecer um melhor serviço com o máximo de eficiência possível, repartindo risco, também ocorre em Portugal. A cadeia Tivoli Hotels & Resorts tem no seu hotel da Avenida da Liberdade em Lisboa um restaurante do grupo francês Flo: a Brasserie Flo. O grupo francês está presente em vários países, gerindo três marcas de restauração.

Nas áreas da animação:

Podemos referir neste caso a marca Nikki Beach (ou a concorrente Purobeach) que na época de verão instalam em determinados hotéis o conceito de clube de praia exclusivo. Proporcionam restaurante *gourmet* e bar, com animação, festas temáticas e *merchandising* próprio, difundindo um estilo jovem e elegante (a marca está presente em destinos emblemáticos do turismo como St. Tropez, Miami Beach, Marbella ou Ibiza)[111]. Com esta associação promove-se a unidade hoteleira, chama-se clientela nova e, supostamente, obtém-se uma rentabilidade superior.

No âmbito dos Spas:

São conhecidas as parcerias com a conhecida e premiada marca tailandesa Banyan Tree, famosa pelo anunciado bem-estar e saúde em tratamentos com base na água, promovendo o equilíbrio espiritual, mental e físico[112].

Outros exemplos poderiam advir da parceria que a cadeia Mélia manteve com a Warner Bros, através da exploração do conceito de animação à volta

[111] *NB, About Us – the Nikki Beach story*, https://nikkibeach.com/about/, acedido a 07-01-2020.
[112] *BT, Brand Story*, https://www.banyantreespa.com/brand-story, acedido a 30-12-2019.

dos Flintstones nas suas unidades de *resort* vocacionadas para o turismo familiar (nomeadamente para famílias com crianças)[113].

5.5 *REBRANDING*

Esta designação é dada à alteração do nome e/ou identidade visual de uma marca, normalmente por necessidades de reposicionamento no mercado, face à concorrência. Criar uma marca e afirmá-la junto do segmento a que se destina não é fácil. Porém, manter a sua notoriedade implica uma gestão aturada, com os consequentes custos. Ora, cada segmento de mercado enfrenta em alguns casos uma floresta de marcas, quer das grandes companhias, quer das pequenas cadeias locais. Logo, não raras vezes surge dificuldade junto dos potenciais clientes em identificarem quem é quem e para que se destina.

Num cenário de crise, a junção de marcas afins para segmentos de mercado muito próximos pode trazer poupanças significativas ao nível do marketing e do *layout* das unidades (interno e externo), além da notoriedade acrescida pela nova dimensão no seguimento da junção das unidades num único *brand.*

Independente do motivo, este caminho foi seguido pela cadeia ACCOR, líder do mercado hoteleiro europeu, ao uniformizar toda a oferta económica sob a marca Ibis. Assim, os hotéis Ibis permaneceram como tal, os até então denominados All Seasons passaram a Ibis Styles e os denominados Etap Hotel para Ibis Budget[114].

5.6 MARCAS HOTELEIRAS COM MAIOR NÚMERO DE QUARTOS/HOTÉIS

Em termos de complemento, vejamos as marcas que a nível global apresentam maior número de hotéis afiliados.

113 Cai, L.; Gartner, W. e Munar, A. (2009). *Tourism Branding: Communities in action, (Bridging Tourism Theory and Practice,* Vol. 1), Emerald Group Publishing Limited, Bingley, p. iii. https://doi.org/10.1108/S2042-1443(2009)0000001023.

114 Ideas II, *Identity evolution of Accor's Ibis Brand,* https://ideasinspiringinnovation.wordpress.com/2013/02/12/hotel-branding-identity-evolution-of-accors-ibis-brand/, acedido a 30-12-2019.

Tabela 5-1. Ranking do número de quartos/hotéis por marca de filiação em 2018[115]

Posição	Cadeia hoteleira	Quartos	Hotéis	N.º médio de quartos
1	Holiday Inn Express	279 516	2 726	103
2	Hampton Inn by Hilton	250 310	2 433	103
3	Holiday in Hotels & Resorts	233 852	1 251	187
4	Homeinn	229 586	2 246	102
5	HanTing Hotel	220 646	2 283	97
6	Hilton Hotels & Resorts	215 623	586	368
7	Marriot Hotels	201 366	567	355
8	Courtyard by Marriot	178 438	1 199	149
9	Super 8 by Wyndham	178 028	2 889	62
10	7 Days Inn	163 325	1 946	84
11	GreenTree Inn	162 844	1 881	87
12	Sheraton	155 879	443	352
13	Ibis Hotels	150 748	1174	128
14	Best Western	146 548	1 994	73
15	Days Inn by Wyndham	137 678	1 728	80
16	DoubleTree by Hilton	130 714	559	234
17	Jin Jiang Inn	128 638	1 088	118
18	Quality	126 533	1 636	77
19	Ramada by Wyndham	124 785	871	143
20	Crowne Plaza Hotels & Resorts	120 168	429	280

Fonte: Elaborado a partir da informação da *Hotels 325, Special report.*

Da tabela se extrai que:

- as principais marcas em termos de número de quartos são grandes e populares sistemas de *franchise* hoteleiro;
- o maior número de hotéis por marca está ligado a unidades de média e pequena dimensão;
- as unidades com mais de 300 quartos (ou quase) são marcas bandeira das referidas companhias, muitas delas na base do nascimento e desenvolvimento da própria companhia.

115 Weinstein, J. (2019). *Hotels 325, Special report, Hotels Magazine*, Vol. 53, n.º 6, http://library.hotelsmag.com/publication, acedido a 05-12-2019.

Refira-se ainda que as principais 20 marcas listadas operam quase trinta mil unidades (29 929 hotéis) e mais de três milhões de quartos (concretamente 3 535 225).

5.7 O CLIENTE NUMA FLORESTA DE MARCAS

Aqui chegados, pensamos ser oportuno ter em atenção que:

- As principais sete cadeias do *ranking* global 325 Hotels oferecem no mercado 154 marcas, ou seja, 22 marcas cada, em média;
- As múltiplas aquisições de cadeias mais pequenas pelas grandes cadeias levaram a que se mantivessem as respetivas marcas, pois tinham notoriedade e público fidelizado, além de bases de dados de gestão.
- Não há uniformidade na apresentação das marcas pelas várias cadeias. Assim:
    - Umas apresentam-nas por segmentos de mercado (de *luxury* a *economy*);
    - Outras por tipos (*boutique, lifestyle, extended stay*); outras combinam os dois formatos.
    - Há quem prefira apresentar pelo propósito de cada hotel;
    - Há quem opte pela clássica classificação por estrelas;
    - Há também quem acrescente a classificação por *full service* ou *limited service*.

Neste contexto, as questões que se afiguram oportunas são as seguintes:

- Não estará o cliente perdido numa floresta de marcas com tendência para crescer? Haverá capacidade para as entender e reconhecer?
- Haverá condições para as manter, fazendo a sua gestão com os inerentes custos do *branding* num cenário de crise?
- Ou então assistiremos a um *rebranding* generalizado, com a sua diminuição, pois há cadeias em que os conteúdos parecem iguais para marcas diferentes?

Deixamos estas questões como reflexão. O tempo nos dirá qual a sua evolução.

6
A Distribuição em Hotelaria

6.1 BREVE ENQUADRAMENTO

A distribuição é o coração da indústria turística e da hotelaria em particular. Por melhor que seja um hotel, de pouco lhe valerá se não for conhecido e não tiver clientes que o reservem e adquiram estadias nos seus quartos e demais serviços. Logo, a escolha dos canais adequados para comunicar com o mercado é decisiva.

A distribuição, de forma genérica, é constituída pelos canais onde se movem as empresas (intermediários) que facilitam a aquisição dos serviços turísticos pelos consumidores. Estes canais podem ser classificados como diretos e indiretos.

No canal direto, o produtor contacta diretamente o cliente, exerce um maior controlo sobre o produto e não tem de partilhar o lucro (normalmente sob a forma de comissões), o que torna o serviço mais rentável. No passado, o funcionário da empresa contactava com o cliente de forma presencial ou através de correio postal, telefone, telex ou fax; com a evolução dos meios tecnológicos e dos canais da Internet acresceu o correio eletrónico (*e-mail*) e a página web (*webpage*), que se transformaram nos meios correntes de apresentação, reserva e forma de contacto das empresas, permitindo a ligação direta no espaço virtual.

O canal indireto era geralmente ocupado pelas agências de viagens, quer grossistas/operadores turísticos (OT), quer retalhistas — agências de rua ou em *shopping centers*. Os operadores tinham a seu cargo a contratação prévia dos produtos turísticos (nomeadamente no turismo de lazer), pelo que os disponibilizavam para comercialização nas agências de viagens (redes próprias ou outras). Dominavam em termos de grupos e nos compradores individuais em destinos de *resort*. Conseguiam controlar a maior parte dos lugares de avião para vários destinos onde eram dominantes, pelo que de certa forma dominavam o encontro entre a oferta de lugares nos aviões e as camas disponíveis. O mercado era operado desde há muito com descontos significativos atendendo à elevada concorrência e era opaco para o consumidor, dado que todos os produtos eram combinados no chamado pacote turístico (*package*), e frequentemente compravam o alojamento em blocos de quartos.

As agências de viagens (também conhecidas por agências de rua, dado que em regra se situavam em pontos estratégicos das cidades que permitiam capitalizar as vendas nos grandes fluxos de passantes e depois também nos *shopping center*), por sua vez, eram o intermediário com que o consumidor turístico mais contatava. Elas dominavam a complexidade dos produtos turísticos, faziam vendas em troca de comissões e efetuavam as reservas, tornando firme a compra do produto.

Para melhor gerir as disponibilidades da oferta criaram-se poderosas centrais de reservas que se transformaram em colossais empresas de intermediação, como os *Global Distribution System* (GDS) que veremos adiante.

A rede Internet e os múltiplos modelos de negócio que permite, vieram alterar o formato clássico de distribuição indireta, com o aparecimento de empresas como as *Online Travel Agencies* (OTA) que, operando no espaço virtual, vieram baixar preços e possibilitar a compra durante 24 horas a partir de qualquer periférico (PC, tablet, *smartphone*, etc.) e até a criação de *packages* dinâmicos em que o cliente constrói a sua viagem. Com o aparecimento da rede de gerações cada vez mais rápidas de transmissão/apresentação de dados (estamos na implementação da web 5.0), muitos outros modelos de negócio surgiram alterando profundamente os intermediários tradicionais do sector: metabuscadores, comparadores, motores de busca, redes sociais, novos consolidadores, especialistas de nicho, entre outros, fazem parte de um inimaginável *puzzle* desde há duas décadas.

De facto, se num primeiro momento houve a sensação de que a Internet seria a ferramenta que iria ser decisiva na ligação direta entre o produtor e o consumidor, à custa dos intermediários, o tempo encarregou-se de mostrar toda uma plêiade de novos intermediários, envoltos numa teia de elevada complexidade e com uma oferta em acelerada transformação.

Disto e de outros protagonistas falaremos adiante com mais detalhe. Uma nota mais para referir que hoje é comum ver os vários agentes do processo operarem nos vários canais à disposição, sejam diretos ou indiretos.

Quadro 6-1. Esquema de distribuição turística básica

Produtores		Distribuidores clássicos	Distribuidores online		Clientes
• Hotéis • Aviação • Rent-a-car • Parques temáticos • Museus • Eventos de animação • Outros	➡	• Agências de viagens: (*Corporate*; generalistas; especializadas) • Operadores turísticos/grossistas • Outros	• *Online travel agencies* • Metabuscadores • Motores de busca • Redes sociais • Novos consolidadores • Outros	➡	• Turistas de negócios/empresas • Turistas de lazer *City break* Praia, neve, natureza • Outros turistas Cultural, desportivo, conferências, religioso, nichos vários

Fonte: Elaboração própria.

Nas últimas décadas ocorreram grandes mudanças ao nível do canal de distribuição. Na sua génese estiveram a generalização do uso de computadores com capacidade de processar grandes quantidades de informação e as comunicações em rede que possibilitam a transmissão de dados à distância, a consulta de bases de dados e a troca de mensagens. Neste novo enquadramento podemos começar por verificar como se distribuía a cota de mercado dos principais canais de reserva de alojamento na Europa, de acordo com o estudo do Institute of Tourism, HES.SO.

De acordo com este estudo, o canal direto ainda mantinha a prevalência com mais de 50%; porém, a tendência de evolução entre 2013 e 2017 mostrava um crescimento das reservas online via OTA/GDS na ordem dos +7,5% e um decréscimo das reservas diretas de −4,3%. Ou seja, é previsível a inversão do canal de reserva no curto prazo, com prevalência das reservas online.

Tabela 6-1. Quota de mercado dos canais de reserva de alojamento na Europa em 2017

Canais	Canal direto	Canais indiretos			
		OTA/GDS	TO/Grossistas	DMO/NTO	Outros
% do total	55,1%	29,3%	12,7%	1,3%	1,6%

Fonte: *Institute of Tourism*, HES.SO[116].
Nota: OTA — Online Travel Agency; GDS — Global Distribution System; DNO — Destination Marketing organization; NTO — National Tourism Organization.

[116] Institute of Tourism (2018). *European Hotel Distribution Study*, Maio 2018, https://www.hotrec.eu/wp-content/customer-area/storage/2a67daccb0e9486218e1a53b48494ab8/European-hotel-distribution-study-final-results-revsl18.pdf, acedido a 01-02-2020.

6.1.1 GRANDES FERRAMENTAS DA HOTELARIA NA DISTRIBUIÇÃO

Para melhor caracterizarmos os atores da distribuição, optaremos pela divisão entre os canais diretos e indiretos. Entretanto, começamos por duas ferramentas da maior importância para os hotéis na distribuição.

O PMS (*Property Management Software*) é a ferramenta base de gestão do hotel sendo a interface de *front-office* presencial com o cliente. Esta ferramenta gere as reservas a partir do inventário da propriedade, efetua as operações de *check-in* e *check-out*, atribui os quartos e efetua faturação, entre outras. A realização de todas estas tarefas de forma integrada, conectando com bases de dados e gerindo a informação, aumentou claramente a eficiência de gestão quando comparado com os procedimentos anteriores em papel. Entretanto, acompanhando a evolução da tecnologia, as funcionalidades do PMS evoluíram para lá das tarefas de receção, passando a incorporar ações como as operações de alimentação, de bebidas, gestão da arrumação de quartos e manutenção, gestão de eventos, da receita e inclusive a interação com os vários canais de distribuição. Ou seja, juntou às tarefas de controlo operacional a possibilidade da gestão integrada da experiência do cliente e a ligação ativa com o exterior.

A CRS (*Computer Reservation System*) é um sistema computorizado de grande capacidade, normalmente usado pelas cadeias hoteleiras, que liga aos PMS dos vários hotéis permitindo dispor do inventário das disponibilidades de alojamento em permanência. Interconecta com toda uma série de canais de distribuição, pelo que podemos referir que os CRS possibilitam a comunicação com/entre[117]:

- A página web de cada hotel (correntemente designada de *brand.com*);
- Agências de viagens (*corporate*; retalhistas e Operadores Turísticos);
- Grossistas/*bed bank* (por exemplo, Hotelbeds);
- Outras centrais de reservas hoteleiras (por exemplo, Transhotel) ou companhias de representação — consórcios (por exemplo, Leading Hotels of The World);
- Os GDS (por exemplo, Sabre ou Galileu);
- Canais de distribuição na Internet (IDS) (por exemplo, OTA Expedia ou Booking.com e redes sociais);

[117] Truitt,Teye e Farris (1991). *The role of computer reservations systems: International implications for the travel industry*, Tourism Management, Vol. 12, Issue 1, pp. 21-36.

- Canais de distribuição de destinos na Internet — DMS/DMO (por exemplo, www.Andalucia.org);
- Os *call center* das companhias hoteleiras;
- Os vários hotéis da cadeia como intranet;
- Outros.

O sistema é, pois, da maior importância pois disponibiliza a venda dos alojamentos numa multiplicidade de canais em tempo real. Logo, é necessário acompanhar o nível de reservas no sentido de gerir as disponibilidades existentes, os preços a praticar e efetuar as políticas de marketing consideradas adequadas a cada canal.

Não raras vezes, esta gestão implica soluções complementares específicas ao nível do *software* como os denominados:

- Gestor de Canais (*Chanel Manager* — CM) que permite melhor gerir os canais de distribuição e comercialização (disponibilidades/preço), atuando em sincronia com todos os canais e os PMS. A evolução em termos de inteligência artificial permite ao programa tomar decisões, como encerrar as vendas para um determinado canal, ou colocar ofertas e promoções. Estas decisões também podem acontecer no seguimento da parametrização pelos hoteleiros, o que tende a acontecer com regularidade (por exemplo quando só existirem três quartos duplos para venda, encerram as vendas nos canais indiretos).
- Motor de Reservas (*Booking Engine*), que oferece aos visitantes do site a reserva em linha (tarifas e disponibilidade em tempo real, permitindo que os clientes escolham datas e efetuem a reserva), atualiza o inventário e tem capacidade para enviar o questionário de satisfação pós estadia, contribuindo para a gestão da satisfação. Além disso, retém os dados do cliente, constituindo a base de dados sobre a qual se desenvolverá o programa de fidelidade e as políticas de CRM (*Customer Relationship Management*), assim como as de *Revenue Management*, que são da maior importância para uma correta rentabilidade. O tratamento e a análise dos dados são a «fonte de ouro» que as companhias detêm para estabelecer o preço adequado a cada cliente, gerando valor acrescentado recíproco.

As grandes companhias deram inclusive nomes às suas CRS como: TARS na Accor; Sirius na Mélia; Hiltro na Hilton ou Marsha na Marriot. Também os consórcios/agrupamentos de cadeias voluntárias têm em regra uma CRS que interconecta os vários canais do mercado, disponibilizando o inventário dos afiliados para reserva/venda.

Quadro 6-2. Esquema de iteração do PMS/CM/CRS de uma companhia hoteleira com os diversos canais de reservas

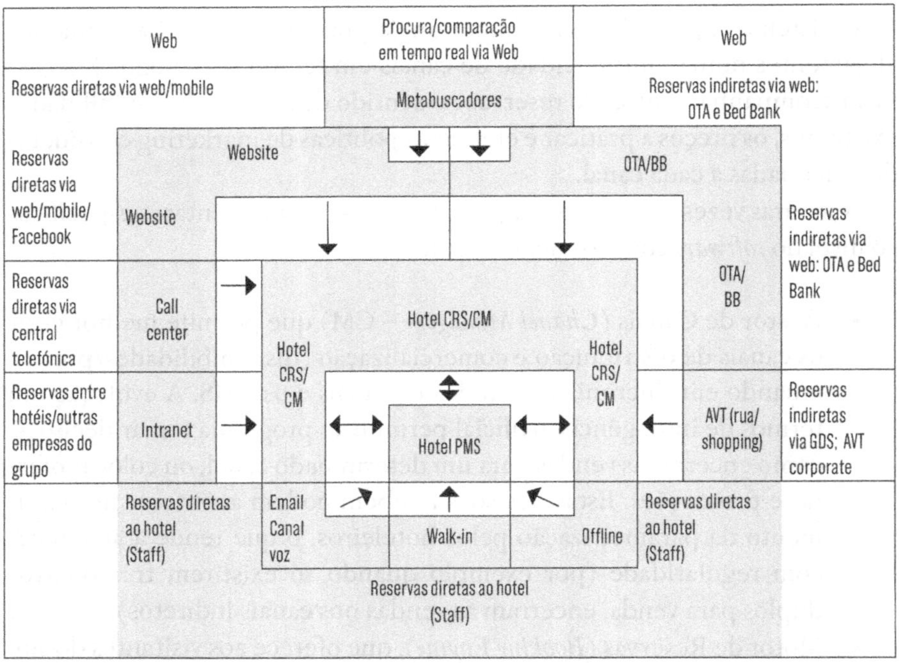

Fonte: Elaboração própria.

Nota: A existência de CRS é típica de cadeias com alguma dimensão. Atualmente a maior parte das unidades hoteleiras dispõe de *Channel Manager* (CM), sendo este que faz a ponte com o PMS.

6.2 CANAIS DE DISTRIBUIÇÃO DIRETA

Como referimos, no canal direto o produtor contata diretamente o cliente (ou o recíproco), pelo que exerce um maior controlo sobre o produto e é em regra mais rentável pois não têm de pagar comissões. Vejamos alguns exemplos.

- Contacto via mensagem de fax ou e-mail como forma de reserva (não fará hoje sentido referir canais desatualizados como o correio postal ou esse meio eletrónico primitivo como foi o telex).

- Aquisição ao balcão do alojamento, sem reserva prévia, também conhecida por *walk in*.
- O canal voz. Este é um meio que, embora pouco referido, não poderíamos deixar de mencionar. Muitas vezes é associado aos *call centers* e não raras vezes relacionado com grupos ou contratos específicos (por exemplo, reuniões e congressos), o que justifica o facto das grandes companhias hoteleiras terem os seus *call center* e até as principais OTA também não dispensarem esta modalidade como reforço de última instância para esclarecer os potenciais clientes (ou os que não estão suficientemente confiantes apenas com a informação *online*).

  No sector da hotelaria urbana (e nos hotéis do segmento alto/luxo), o canal voz é mesmo da maior importância. Logo, se um hotel pode ter uma taxa de reservas significativa a partir dos meios tradicionais, então terá uma maior margem de receitas. As reservas obtidas por este meio continuam a existir e devem ser acarinhadas.
- Acordos com empresas/instituições de referência. Cadeias hoteleiras e hotéis de prestígio procuram garantir uma tarifa com desconto especial a grandes empresas, cujos colaboradores (muitas vezes quadros superiores da área dos serviços) se caracterizam por ter elevado poder de compra. Logo, são clientes cuja despesa posterior no hotel justifica o desconto contratado na reserva. Têm ainda capacidade de influência nas redes sociais, promovendo o hotel.
- O *website* tem vindo em crescendo como meio direto de contacto com o cliente. Uma vez criado, com os inerentes custos, apenas há que proceder à manutenção. É um excelente veículo para apresentar os produtos do hotel, aumentando a sua visibilidade, devendo ser atualizado com frequência. É também o único veículo *online* que permite a reserva direta sem comissões a terceiros. Logo, é do maior interesse incrementar as vendas por este canal pelo que é comum haver uma tarifa especial com desconto na reserva (5% ou 10%) para os clientes que aceitem entregar os dados pessoais, entrando para o clube de fidelização. O *website* ou o Facebook, via CRS ou CM, também disponibilizam a reserva através de dispositivos móveis pelo que posicionam bem a propriedade neste canal que tende a crescer. Acresce a possibilidade de apresentação das condições do produto e de reserva face a pesquisas de planeamento de viagens/estadias, o que reforça o seu valor enquanto estratégia de marketing.

6.3 CANAIS DE DISTRIBUIÇÃO INDIRETA (TRADICIONAIS)

Na distribuição indireta iremos separar os intervenientes em dois grupos: os tradicionais, onde incluímos as Agências de Viagens (AVT) e os *Global Distribution Systems* (GDS), pela relação de proximidade que têm com as AVT; e os Operadores Turísticos (OT) e os grossistas, conhecidos por *Bed Bank*. Depois entramos nos canais online que envolvem toda uma nova área de protagonistas de onde têm surgido inúmeras inovações face à distribuição tradicional.

6.3.1 AGÊNCIAS DE VIAGENS

As agências de viagens têm assumido um papel importante na distribuição//comercialização dos produtos turísticos (função retalhista), assumindo-se como facilitadores no acesso dos consumidores aos produtores de serviços turísticos como transportes, alojamento, aluguer de viaturas ou todo o tipo de bilhetes. Organizam também viagens à medida e acrescem serviços subsidiários como os câmbios, seguros ou o tratamento de vistos.

Na sua função de intermediação entre produtores e consumidores, desempenham três tipos de funções principais[118]:

- Função de assessoria: muito relevante dada a complexidade das viagens e a necessidade de se obterem informações seguras sobres elas;
- Função mediadora: representação dos produtores de serviços face ao cliente;
- Função produtora: preparação e organização técnica das viagens, adquirindo serviços distintos e combinando-os num produto final.

As agências podem ser divididas em: agências de viagens focadas essencialmente para o turismo de lazer; agências concentradas no turismo de negócios, ambas com formato presencial (existência física); ou visando os mesmos segmentos de mercado, mas no formato *online*, operando na rede Internet.

[118] Silva, J. (2009). *A distribuição turística e as redes de agências de viagens em Portugal*, tese de mestrado, repositório da Universidade de Aveiro.

As agências de negócios (ou *corporate*) são particularmente relevantes para hotéis do segmento superior/luxo, dado tratarem das viagens de clientes com elevada disponibilidade financeira, muitas vezes com despesas suportadas pelas empresas. Algumas destas agências têm a designada «conta» da empresa «Z», ou seja, foram escolhidas para tratarem de todas as viagens da organização. Muitas vezes, pelo volume de tráfego que algumas grandes empresas geram, funcionam dentro das mesmas, sob o formato de *implant*. Algumas das mais conhecidas a nível internacional são: American Express; Carlson Wagonlit Travel ou BCD Travel;

As AVT na área do lazer dividem-se, em regra, como:

- emissoras (*outgoing*): podem assumir um papel importante na venda de alojamento em hotéis, recebendo em troca uma comissão sobre as vendas. Durante muitos anos, as brochuras dos operadores turísticos com os *packages* de viagens eram disponibilizadas em papel nas agências, que os forneciam aos clientes no apoio ao planeamento e posterior reserva.
- recetoras (*incoming*): trazem ou recebem os turistas que vêm de outras áreas geográficas, não raras vezes através de OT. A agência efetua o *transfer* do aeroporto para o hotel e o retorno, dando assistência aos turistas no *package* e serviços locais (como por exemplo: gestão das reservas, transportes e *transfers*, excursões, apoio em imprevistos ou avaliação de satisfação). É comum, nas unidades com maior dimensão, um representante da agência apresentar-se diariamente no hotel para efetivar este apoio. O hotel disponibiliza um local, em regra no *lobby*, para o efeito.

Existem ainda agências especializadas em determinados nichos de mercado (golfe, cultura, *surf*, *birdwatching*, natureza, etc.), pelo que nestes casos é do particular interesse dos hotéis que entendem estar posicionados para receber estes clientes, terem relações privilegiadas com estas AVT.

O aparecimento da distribuição online e a possibilidade de os clientes reservarem diretamente junto dos produtores parecia vir pôr em causa as AVT e o seu papel de intermediários. Porém, tal não veio a verificar-se, uma vez que encontraram formas de se reposicionarem no negócio e de continuarem a ter um vasto grupo de clientes, reconhecidos pelo valor que acrescentam. Para a continuação do seu trabalho é muito relevante a existência dos GDS, que a dado passo foram considerados como o «Santo Graal» da distribuição, pelo que os abordaremos de seguida.

6.3.2 *GLOBAL DISTRIBUTION SISTEMS*

Os *Global Distribution Sistems* (GDS) podem ser definidos como grandes bases de dados que são acedidas através de terminais de computadores. Foram inicialmente criados nos EUA nos anos 70 pelas companhias aéreas que, no seguimento da desregulamentação do espaço aéreo, sentiam necessidade de dispor de um inventário permanente sobre os lugares disponíveis e sua gestão, numa época de grande crescimento da aviação. Da colaboração entre a American Airlines e IBM nasceu o primeiro GDS que se designou por Sabre[119].

O modelo foi seguido pelas outras companhias aéreas, pelo que a nova tecnologia proporcionava aos seus utilizadores informação diária sobre as disponibilidades de lugares, horários, tarifas aéreas e respetivos serviços, permitindo aos usuários reservar, trocar e cancelar reservas, assim como emitir bilhetes. As agências de viagens eram os seus principais subscritores e as companhias aéreas os seus criadores e principais vendedores[120]. Em 1997 a eficácia do modelo era tal que 95% das AVT dos EUA estavam conectadas a estes sistemas, sendo o mercado dominado por Sabre e Apolo — este último da United Airlines[121].

A partir de 1987, os produtos disponíveis nos sistemas automatizados passaram a incluir outro tipo de produtos turísticos, nomeadamente quartos de hotéis, aluguer de carros, cruzeiros ou bilhetes de espetáculos, a que acresciam a possibilidade de emitir cheques de viagens, trocar moeda, aceitar cartões de crédito ou realizar apólices de seguros[122].

A sua expansão em termos internacionais, a significativa dimensão das bases de dados de informação que disponibilizavam e a consulta por milhares de AVT em todo o mundo, cimentou a designação *Global Distribution Systems.* A sua importância era de tal forma relevante que nos anos 90 foram classificados como a ferramenta estratégica mais poderosa dentro da

[119] O'Connor, P. (2001). *Eletronic information distribution in tourism and hospitality*, Tourism Management, Vol. 22, pp. 203-212.

[120] Poon, A. (1993). *Tourism, techology and competitive strategies,* CABI publisher.

[121] Vialle, O. (1995). *Los sistemas mundiales de distribuición en la indústria turística,* OMT, Madrid.

[122] Martinez, B. (2002). *Los Canales de Distribuccíon en el sector turístico,* Madrid, ESIC.

indústria turística, com um potencial quase ilimitado de aplicações[123], tendo acrescido valor às AVT ao nível das ferramentas de gestão de *backoffice*, o que lhes permitiu aumentarem a produtividade (de que são exemplo as crescentes e detalhadas bases de dados de clientes que permitem uma postura ativa de *Customer Relationship Management*) e conexões de vária ordem, como no controlo de custos e aumento da eficiência.

Na Europa, os GDS apareceram mais tarde, no seguimento dos primeiros passos na liberalização do espaço aéreo, tendo surgido então o Galileu e o Amadeus.

Neste contexto, um GDS pode ser definido como um sistema de informação que permite o acesso online a extensas bases de dados de produtores de serviços turísticos, em conexão com a rede de utilizadores profissionais de venda a retalho, nomeadamente AVT[124]. A abertura operacional sobre a rede Internet também os iria mais tarde disponibilizar diretamente aos consumidores. São, pois, uma evolução das CRS tornando-se num «supermercado eletrónico de viagens»[125].

A relevância dos GDS na cadeia de distribuição turística, nomeadamente nas décadas de 80 e 90, os custos relacionados com a sua manutenção e implementação em termos de pontos de acesso, o necessário investimento permanente em tecnologia/inovação e a posterior ameaça da Internet, levou a uma consolidação dos GDS à volta das três grandes companhias atrás mencionadas: Sabre, Amadeus e Travelport (inclui Galileo, Apollo e Worldspan).

A principal vantagem dos GDS é o valor que criam em termos de baixo custo de transação e a alta eficiência para as AVT, e a rede de externalidades positivas que geram para as companhias de aviação. Ou seja, quanto maior for a rede de AVT, com a correspondente base de clientes, maior será o potencial de a companhia aérea ser distribuída junto de milhões de clientes. Em consequência, aumenta o valor para as companhias aéreas em serem distribuídas nessa plataforma GDS. As AVT, por sua vez, beneficiam de uma redução dos custos de transação, tornando as pesquisas mais efetivas e menos consumidoras de tempo, quando comparadas com

[123] Truitt, J; Teye, B.; Farris, M. (1991). *The role of computer reservation systems*, Tourism Management, vol. 12, n.º 1, pp. 21-36.

[124] Rodriguez, A. (1997). *La comercialización de servicios turísticos: nuevas herramientas de actuación*, Revista Asturiana de Economia, n.º 9, pp. 79-23.

[125] Hopper, M. (1990). *Rattling Sabre — New ways to compete on information*, Harvard Business Review, vol. 68, n.º 3, pp. 118-125.

as pesquisas que têm de ser realizadas com consultas a vários sites diretos das transportadoras[126].

Quadro 6-3. Esquema clássico da distribuição turística via GDS

	Produtores				Ponto de vendas			
Inventário/ Preços (PMS/CRS)	Companhias aéreas	→	GDS Serviço global	→	AVT — Agências de Viagens	→	Clientes	Viagens negócios
	Hotéis	→						↗
	Rent-a-car	→						↘
	Cruzeiros	→						
	Operadores turísticos	→						Viagens lazer

Fonte: Elaboração própria.

O aparecimento da Internet como novo canal de distribuição foi então encarado como uma via alternativa de escapar à sua dominância. A rede Internet veio introduzir a possibilidade de relacionamento direto entre o consumidor e os fornecedores de serviços turísticos. A possibilidade de se evitarem comissões ou prescindir de alguns dos intermediários da cadeia de valor foi desde logo vista como muito promissora. As agências online começaram a proliferar e os bilhetes de avião estavam entre os mais vendidos; as companhias *low-cost* também escolhiam a rede como veículo prioritário para a sua comercialização. As AVT tradicionais perdiam assim comissões e clientes, e os GDS, no seguimento, viam que um novo adversário estava em campo. As grandes companhias de aviação também viram aqui uma oportunidade para diversificar a sua posição na distribuição, laçando em meados dos anos 90 os seus próprios *sites*.

Contudo, os GDS não deixaram de reagir. O seu maior trunfo era o domínio da tecnologia ligada a todas as operações de reserva no canal eletrónico: disponibilidade do inventário do fornecedor, informação, preços, etc. A venda direta ao consumidor também não foi descurada, pois há grupos empresariais ligados aos GDS que também incluem OTA e outras empresas de venda de viagens com acesso direto pelo turista.

[126] *Siteminder, Tudo que deveria saber sobre o GDS no sector hoteleiro*, https://www.siteminder.com/pt/r/distribuicao-hoteleira/gds-sistema-de-distribuicao-global/, acedido a 03-01-2020.

Quadro 6-4. Esquema da distribuição turística via GDS, incluindo a evolução de canais através da rede Internet

	Produtores				Ponto de vendas			
Inventário/ Preços (PMS/CRS)	Companhias aéreas	→	GDS Serviço global	→	AVT – Agências de viagens	→	Clientes	Viagens negócios
	Hotéis	→						Viagens lazer
	Rent-a-car	→						
	Cruzeiros	→		→	Internet/acessos online	→	B2B	Grossistas
	Operadores turísticos	→				→	B2C	Aplicações clientes

Fonte: Elaboração própria.

A batalha da desintermediação proporcionada pela rede Internet não foi perdida no primeiro embate, tendo-se assistido a um reposicionamento dos GDS no mercado da distribuição. Para a maioria dos hotéis, a via GDS não tem hoje a força de outros tempos, não estando na primeira linha do fluxo das reservas. Porém, não deve ser ignorada pois posiciona a propriedade do ponto de vista global e mantém o relacionamento com as AVT. De um modo geral, o GDS exige que seja paga uma pequena taxa de instalação inicial, seguida de taxas de transação para cada reserva efetuada. Como nos demais sítios online, deve manter as informações atualizadas, para que as taxas continuem competitivas.

Na atualidade os GDS assumem-se como empresas tecnológicas que desenvolvem soluções de conexão (para AVT e OTA, provedores de produtos turísticos, empresas/*corporate* e soluções para o viajante/turista), no sentido de facilitar a intermediação turística (durante anos esta foi uma designação corrente).

6.3.3 OPERADORES TURÍSTICOS

Os operadores turísticos (OT) são empresas comerciais especializadas na criação e venda de *packages* (pacotes) turísticos. Distinguem-se das agências de viagens porque estas comercializam os *packages* diretamente aos clientes no mercado, pelo que se podem considerar como retalhistas e os OT como grossistas.

O seu sucesso comercial depende da capacidade de conceber produtos adaptados às necessidades dos clientes e vendê-los a preços competitivos.

Isto implica um conhecimento detalhado dos mercados, combinação adequada dos produtos no *package* e habilidade na comercialização, a que se deve juntar a boa reputação e imagem de qualidade junto dos consumidores.

Os OT assumem ainda um carácter de empresas nacionais de ampla cobertura, sendo na maioria das vezes internacionais.

Quanto ao *package*, principal produto comercializado, uma definição conduz-nos a viagens organizadas de acordo com um programa pré-determinado e detalhado, envolvendo vários serviços turísticos. Os *packages* disponibilizados pelos operadores são tradicionalmente apresentados em brochuras (em papel ou formato online), vários meses antes da época de férias a que se destinam, e são comercializados através das agências de viagens (retalhistas), mediante uma comissão ou (cada vez mais) diretamente pelo próprio OT, através da sua rede própria de distribuição (pode incluir uma rede de agências de viagens, Internet, telefone, etc.).

Quanto às características, podem salientar-se:

- Organização prévia — os produtos turísticos são desenvolvidos para se adequarem o melhor possível à procura turística. O OT escolhe o destino, os meios de transporte, o alojamento e o nível de acompanhamento/assistência no *package* antes deste ser colocado no mercado.
- Serviços fornecidos — ao nível mais elementar, o serviço fornecido cinge-se à estada. Produtos mais completos incluem o transporte (ida e volta), *transfers*, acompanhamento, alojamento, fornecimento de refeições, entretenimento e seguro.

  Packages de férias específicos, como turismo cultural ou de saúde, incluem naturalmente serviços adequados.
- O preço é definido à priori e o pagamento é feito antes do início da viagem.

Em termos de classificação, podemos considerar dois tipos dominantes:

- *All-inclusive package* — é o mais tradicional, no qual o OT inclui todos os serviços e compreende:
  - Férias *full-board*, incluindo transporte (ida e volta), *transfers*, acomodação e refeições. Por vezes incluem entretenimento e a possibilidade de práticas desportivas; são típicas dos destinos de *resort*.
  - Viagens organizadas, que combinam o alojamento com excursões envolvendo guias de apoio.

Quadro 6-5. Esquema de operações de um Operador Turístico

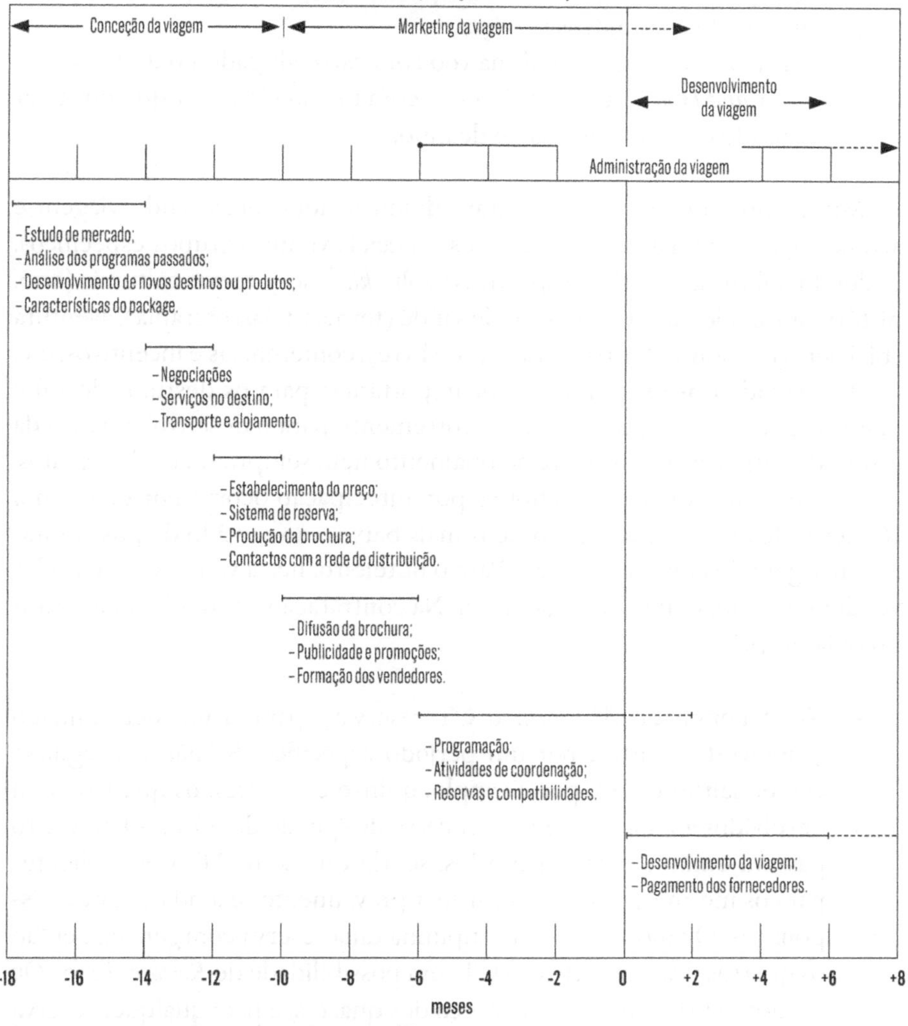

Fonte: Touche, R., *Tour Wholesaler Industry Study*[127].

- Cruzeiros, que incluem todos os serviços. Operam durante todo o ano, seguindo as estações turísticas mais movimentadas em cada continente (em regra Caraíbas e Mediterrâneo).

[127] Touche Ross e Co. (1976). *Tour wholesaler industry study*, Dallas: Braniff International.

- *Mixed formula* — oferecem transporte de ida e volta para o destino, combinado com outros serviços:
  - *Fly and Drive*, que combina voo com carro alugado no destino.
  - *Fly and Hotel*, que combina voo com um *hotel voucher* que pode ser usado em vários locais do destino.

Muitos produtos inovadores foram desenvolvidos, oferecendo viagem e acomodação combinados com serviços especiais visando grupos específicos, podendo referir-se as férias desportivas (golf, *ski*, pesca), temas culturais (arte, história, arqueologia), tratamentos de saúde (termas, talassoterapia), aventura (bicicletas de montanha, trilhos a pé, voo livre), conferências e incentivos, etc.

A atividade dos OT foi da maior importância para os destinos de sol e mar no sul da Europa, contribuindo fortemente para o desenvolvimento da atividade turística. Todavia o relacionamento nem sempre foi fácil. Vejamos.

A reserva dos quartos dos hotéis por antecipação ocorre por vezes com 16 meses de antecedência e a preços mais baixos, no sentido de possibilitarem margem de comercialização. Para o hoteleiro, fica a vantagem de poder vender desde logo uma parte do hotel. Na contratação era usada uma terminologia própria:

- No denominado *Allotment* o OT reservava para si um determinado número de quartos, por um período específico. Se não conseguisse comercializá-los até, por exemplo, quinze dias antes, os quartos eram devolvidos ao hoteleiro num processo designado de *release*. O hoteleiro passava então a comercializá-los, sendo que se o OT tivesse clientes para os mesmos, tinha de confirmar previamente se ainda estavam disponíveis. Quando o contrato supunha uma reserva com *garantia*, então os quartos ficavam afetos ao OT sem possibilidade de *Release*. Se for *On Request*, o OT tem acesso ao preço dos quartos, e para qualquer reserva que efetue tem de ser confirmada previamente a disponibilidade junto do hotel. Ou seja, não há uma afetação prévia do quarto ao OT.
- Outra modalidade muito conveniente era a *Exclusivity* de um hotel face a um OT, o que pressupõe grande interesse e confiança recíproca entre as partes. Por exemplo, quando um operador trabalha a solo para um hotel ou em exclusivo para um determinado mercado; ou para um segmento de mercado (*surf*; *birdwatching*; golfe); ou quando existe a reserva total do hotel para uma determinada atividade (apresentação de marca automóvel).

Como o operador se encarrega de vender os produtos contratados, para muitos hotéis este era um formato conveniente, mas logo entraram num sistema de dependência dos OT. Neste contexto, como as margens no *package* eram curtas, o hoteleiro via-se nas mãos do OT e, consequentemente, as suas também eram esmagadas, o que era uma limitação para o negócio. Esta situação originou momentos de tensão entre OT, hoteleiros e gestores dos destinos turísticos.

Dadas as margens apertadas de comercialização nos *packages* este era um negócio de volume, ou seja, pressupunha a venda de grandes quantidades de *packages*. No sentido de aumentar a rentabilidade, os OT entraram nos vários componentes do *package*, tornando-se estruturas verticais. Ou seja, tornaram-se proprietários de empresas de aviação para transportar os clientes; de redes de AVT para comercializar o produto; de agências de *incoming* (DMC) para rececionar e apoiar os clientes nos destinos; de hotéis nos destinos turísticos. Neste caso, tornaram-se concorrentes da hotelaria local, podendo gerir o fluxo de clientes que consideravam mais conveniente para as suas propriedades. Porém, detendo ou gerindo hotéis, aumentam o seu engajamento com o destino, pelo que lhes é mais difícil não o programarem se algo correr menos bem.

Quadro 6-6. Vantagens da integração vertical dos Operadores Turísticos

- Economias de escala (ex: marketing, vendas e aprovisionamento);
- Apropriação das margens ao longo da cadeia de valor;
- Aumento do poder negocial, nomeadamente junto de fornecedores de serviços e decisores;
- Aumento da quota de mercado para fazer face a margens de lucro restritas em produtos em regra semelhantes;
- Conceder ao cliente a credibilidade associada a uma grande organização (muito importante, pois o turista vai geralmente para um destino que desconhece);
- Uso de cartões de acumulação de pontos que usados no grupo acrescentam valor ao cliente;
- Rentabilização do know-how, melhor eficiência no controlo e coordenação operacional (e na qualidade do serviço oferecido e imediatamente apreendido pelo cliente);
- Elevação de barreiras à entrada de novos concorrentes;
- Garantia dos abastecimentos/escoamentos (mercados cativos);
- Melhor adequação entre as aptidões da empresa e os fatores de sucesso no mercado (para a integração a jusante);
- Melhor gestão de proveitos face à fiscalidade.

Fonte: Carrasqueira, H., *Internacionalização das empresas turísticas: novas tendências*[128].

[128] Carrasqueira, H. (1999). *Internacionalização das empresas turísticas: novas tendências*, Coleção Estudos Turísticos, Ed. ICEP, Lisboa.

Sendo a hotelaria a parcela mais rentável do *package* turístico, os grandes OT vieram em crescendo afirmando a sua presença no sector. O operador alemão TUI é o maior operador na bacia do mediterrâneo onde no início de 2019 anunciava deter 380 hotéis (e também 150 aviões e 1600 AVT)[129]. Durante muitos anos foi secundado pelo britânico Thomas Cook como segundo OT com maior número de *package* comercializados.

O desenvolvimento da Internet veio interferir fortemente com o negócio dos *packages*, que eram opacos para os clientes. Agora estes têm disponíveis na *net* os preços dos vários componentes e a possibilidade de aquisição individual, criando o seu *package*. Apareceram as *Low Cost carrier* que vieram concorrer com os lugares disponíveis nos aviões dos OT; muitos turistas têm residência no destino ou são *repeters* (visitantes habituais), pelo que não lhes interessa um *package*, mas apenas o *seat only* no avião. Acresceu o novo hábito de muitos clientes reservarem no *last minute*, beneficiando de saldos dos OT que viam os lugares reservados em vias de não serem vendidos. Isto levou à perda de importância da estratégia de verticalidade no negócio.

Num mercado altamente concorrencial entre OT, estes experimentaram dificuldades e muitas foram as fusões e aquisições no sector visando a sua racionalização (por exemplo, a fusão do OT First Choice, líder do mercado britânico, com a TUI em 2007, no seguimento do movimento semelhante entre a Thomas Cook e o OT MyTravel)[130]; várias falências aconteceram, sendo a última muito significativa, em 2019, pois envolveu o então considerado segundo maior OT, a Thomas Cook. Na altura, detinha acordos com mais de cem hotéis no Sul da Europa e Norte de África.

A falência de um operador tem impacto negativo nos destinos em que está presente pois há quartos contratados nos hotéis que não vão ser ocupados como previsto; perde-se a capacidade do parceiro no canal de distribuição o que obriga a procurar alternativas; há verbas que não vão ser recebidas, gerando prejuízos (o pagamento ao hoteleiro ocorre normalmente entre um a dois meses após a estadia do cliente); há um impacto imediato nos clientes, pois a partir do momento em que a falência é declarada e o hotel tem a perspetiva de não vir a receber dos turistas que tem alojados, convidando-os

[129] TUI Group, *About TUI Group*, https://www.tuigroup.com/en-en/about-us/about-tui-group, acedido a 17-01-2020.

[130] Financial Times, *Tui and First Choice agree merger*, https://www.ft.com/content/815b3cce-d583-11db-a5c6-000b5df10621, acedido a 27-01-2020.

a pagarem a estadia do seu bolso ou a saírem de imediato. Também aqueles que adquiriram *packages* e ainda não os usufruíram tenderão a perder o dinheiro investido. Esta situação pode ser suavizada por existir no Reino Unido o ATOL — *Air Travel Organiser's Licence*, um mecanismo financeiro que prevê apoiar os turistas de voos *charter* e *pacakage holidays* que estejam de férias no exterior e sejam apanhados por uma falência.

A falência da Thomas Cook questionou se não estaríamos perante o fim de um modelo na distribuição turística. Tudo leva a crer que não. De facto, apesar das vicissitudes por que têm passado os OT e a relação por vezes difícil com os hotéis, estes continuam ativos no mercado e desempenham um papel importante nas férias de verão de sol e mar no Mediterrâneo.

A título de exemplo, no grande mercado turístico de Espanha, que recebeu em 2018 mais de 82 milhões de turistas, cerca de 29,4%, ou seja, 24 297 571 milhões de turistas, chegaram através de *packages* de viagens.

Figura 6-1. Evolução das chegadas de turistas a Espanha

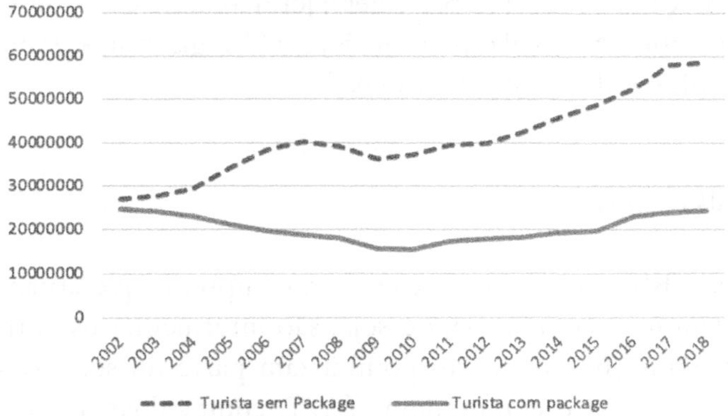

Fonte: Elaborado a partir de dados do INE/Fontur[131].

É um volume impressionante e decisivo para inúmeros hotéis do denominado turismo de *resort*, nas costas espanholas. De facto, no seguimento de um levantamento efetuado junto de turistas nestes hotéis, concluiu-se que a distribuição dos clientes ocorria por dois canais principais: 51,5% através de operadores convencionais e 39,7% via agências de viagens online[132].

[131] INE, *Movimientos turísticos sen fronteras*, https://www.ine.es/jaxiT3/Datos.htm?t=23986, acedido a 17-01-2020.

[132] Canalis, X (2020). *La turoperacion entre en una nueva era*, Hosteltur, https://www.hosteltur.com/132600_la-turoperacion-entra-en-una-nueva-era.html, acedido a 17-01-2020.

Os OT assumem na atualidade uma postura diferente face aos hoteleiros. Não os vêm como fornecedores, mas como parceiros. E uma parceria tem de ser rentável para ambas as partes. Por outro lado, os OT tendem a estar comprometidos com os destinos, dadas as características do planeamento e operacionalização dos *packages* (ao contrário dos fornecedores online, claramente menos engajados). O hoteleiro, por sua vez, tem de ser dinâmico, não depender de um único operador em exclusivo e acionar os vários canais, com preferência pela venda direta, em regra mais rentável.

Os OT agilizaram o seu produto principal. Os *packages* já não são apenas estáticos, mas dinâmicos. O cliente tem-nos disponíveis no formato digital e pode escolher, construindo o *package*. Numa época em que a imagem é tão importante, fornece excelentes fotografias para visualizar os locais onde a estada vai decorrer, incluindo a realidade virtual. O *package* deixou de ser opaco.

Um mercado tradicional como o britânico, face ao produto *package*, assinalava as seguintes vendas até outubro de 2019, nos três principais operadores: TUI UK Ltd (5 555 145 packages); Jet2Holidays (3 915 000); On the Beach (1 646 800). No total dos dez maiores OT registavam-se vendas superiores a 16 milhões de *packages* turísticos[133].

6.3.4 GROSSISTAS (*BED BANK*)

Os *Bed Bank* (BB) ou bancos de camas são empresas que atuam no mercado B2B (*Business to Business*), ou seja, são intermediários entre empresas fornecedoras (hotéis que disponibilizam parte do seu inventário de quartos disponíveis) e compradoras (AVT, companhias aéreas ou Operadores Turísticos). Os quartos são disponibilizados a preços com desconto para permitirem margem de intermediação ao BB e à outra empresa intermediária.

É uma operação que exige confiança entre as partes, ou seja, o hoteleiro tem de disponibilizar quartos com um preço adequado à qualidade oferecida pois o BB atua em seu nome na colocação no outro distribuidor, face ao cliente. É indispensável que este fique satisfeito para que os outros intermediários continuem a recorrer ao BB quando precisam.

[133] ATOL, *Proteting holidaymakers since 1973*, https://www.caa.co.uk/ATOL-protection/Consumers/About-ATOL/, acedido a 23-01-2020.

Um BB é simultaneamente uma empresa tecnológica pois o inventário é disponibilizado a nível global aos inúmeros potenciais parceiros. Para muitos hoteleiros, esta é uma oportunidade de verem parte do seu inventário distribuído a um nível que por si só não conseguiriam atingir através do seu marketing de vendas próprio.

Vejamos alguns exemplos da sua utilidade.

- Um turista pretende viajar para um local que lhe é menos familiar ou mesmo desconhecido, pelo que recorre aos serviços de uma AVT. Esta prepara-lhe a viagem e tem de encontrar alojamento. Podia fazer pesquisas e procurar hotéis na área, mas isso leva tempo, requer análise de preços, etc.; é mais fácil recorrer ao BB que de imediato lhe fornece as hipóteses de alojamento que tem disponíveis para o local, ao preço justo. O hotel em causa ganha um cliente que, vindo de longe, tende a ter mais capacidade financeira para gerar outras vendas.
- Uma companhia de aviação *low cost* oferece no seu *website* a possibilidade de o cliente reservar avião e hotel para os inúmeros locais para onde voa. Pode contactar os hotéis do destino e negociar acordos, mas isso implicaria uma estrutura dedicada a uma operação que não é o seu *core business*. Então é mais adequado recorrer ao BB quando o cliente requer alojamento complementar ao voo. O hotel adequado ganha uma reserva.
- Uma OTA disponibiliza aos clientes que pretendam viajar para determinada cidade alojamento opaco, ou seja, o cliente diz qual o preço que está disposto a pagar para um determinado tipo de alojamento. Então, a OTA recorre ao BB e encontra o local pretendido. O cliente poupa, a OTA recebe a comissão e o hoteleiro ganhou uma reserva para um dos seus quartos.
- Um OT esgotou os quartos que tem contratados para um determinado destino, mas tem procura adicional. Então, pode recorrer ao BB para encontrar alojamento para os clientes adicionais.

Estes breves exemplos mostram o interesse dos hotéis em disponibilizarem parte dos seus quartos para reserva no BB. Entretanto, os BB avançaram para a comercialização de outro tipo de produtos, como bilhetes de eventos. Vejamos:

- Imagine alguns parques temáticos que recebem milhões de clientes ou jogos de futebol dos maiores clubes da *premier legue* britânica. Não raras vezes, chegam clientes às AVT e solicitam visitar ou assistir a estes espetáculos. Para facilitar o trabalho da AVT, basta aceder ao BB e efetuar a compra. Desta forma, estes promotores de eventos podem diversificar os seus espectadores, recebendo clientes de todo o mundo, que não sendo clientes habituais tendem a visitar a loja do clube e efetuar compras como *souvenir*.

Os BB tendem a apresentar a oferta de forma segmentada para facilitar o acesso ao inventário. O maior BB da atualidade é Hotelbeds que no início de 2020 anunciava distribuir 180 000 hotéis, presentes em 185 países de destino[134].

Refira-se ainda, para terminar este ponto, que entre BB também se verificam trocas na distribuição. Assim, digamos que o BB-A faz um contrato com um hotel sobre a comercialização de 10 quartos. Na posse desses quartos, avança para a «cedência» de quatro ao BB-C e quatro ao BB-D. Estes por sua vez, podem fazer a mesma operação, cedendo metade dos quartos ao BB-E e BB-F. Ou seja, a reserva pode passar por três intermediários até chegar ao cliente final. Note-se, entretanto, que o BB-A pode vender os dois quartos que reservou para si, mas pode continuar a vender o hotel online a outros BB ou clientes finais, recomprando os quartos que «vendeu» aos BB-C e BB-D. Depende das ligações online existentes que permitem a agilização do processo e a exploração do máximo de flexibilização, face aos pontos de venda na rede. É, todavia, elucidativo da sofisticação que o sistema de distribuição tem na atualidade.

6.4 CANAIS DE DISTRIBUIÇÃO INDIRETA (TOTALMENTE VIA *INTERNET DISTRIBUTION SYSTEM* — IDS)

A Internet afirmou-se como a plataforma ideal de distribuição dos produtos turísticos dado que estes assentam na gestão de informação e esse ser o ponto forte da rede.

A então denominada *web 2.0*, referenciada a 2004, representou um marco na evolução da rede. Não porque tenha havido um salto tecnológico súbito, mas uma evolução que abriu as portas ao conceito de *web* como plataforma, permitindo a interação com o consumidor, o despoletar das redes sociais e a Internet no bolso, via *smartphones* e *tablets*, a chamada mobilidade

[134] Hotelbeds, *Connecting the world's travel trade*, https://corporate.hotelbeds.com/, acedido a 21-01-2020.

ou portabilidade. As novas funções de interação que se iriam rapidamente generalizar, potenciaram o aparecimento de novas comunidades e serviços, nomeadamente empresas no espaço online, com grande relevo para a indústria turística. Vejamos abaixo algumas das mais marcantes.

Os sistemas que a utilizam passaram a denominar-se de IDS (*Internet distribution system*) e apresentam-se como um canal direto com o turista onde é possível reservar e comprar serviços turísticos diretamente ao fornecedor[135]. Os principais podem ser referidos como:

- Agências de viagens virtuais (*Online Travel Agencies* — OTA);
- Informadores/comparadores;
- Metabuscadores;
- *Websites* de destinos turísticos (*Destination Management Systems* — DMS).

Note-se que poderíamos incluir nesta categoria os websites de empresas turísticas e dos hotéis em particular, que representam a forma de apresentação e contacto da empresa com o público em geral, incluindo a possibilidade de efetuar reserva, o que normalmente se designa de B2C — *Business to Consumer*. Todavia, estes já foram apresentados quando se fez referência à venda direta.

6.4.1 AS *ONLINE TRAVEL AGENCIES* — OTA

As OTA são um tipo de agências que apenas existem no formato online, sem presença física, e conheceram um desenvolvimento notável desde o início do século XXI. São particularmente adaptadas à comercialização de produtos turísticos, não têm os custos da agência de rua e podem, por conseguinte, oferecer preços muito competitivos. Acresce que, em termos comportamentais, antes de efetuar uma reserva, o cliente/turista tende a fazer todo um conjunto de pesquisas no sentido de se informar sobre o destino turístico, o hotel, o preço, a localização, etc., antes de tomar a decisão de reservar/ /adquirir. As OTA têm vindo a fazer o *matcinhg* perfeito com esta necessidade dos turistas.

[135] Ramos, C. (2010). *Sistemas de informação para a gestão turística, Encontros Científicos,* Tourism Management Studies, n.º 6, pp. 107-116.

Assim, numa pesquisa sobre alojamento para um determinado destino, são apresentados (referindo apenas os mais relevantes):

- Os vários alojamentos disponíveis e inúmeros filtros que permitem refinar a pesquisa;
- Para cada hotel, uma breve descrição informativa, preços e descontos;
- Fotos do hotel, quartos, comunidades e afins;
- Mapa de localização da propriedade;
- Marca da cadeia hoteleira e programa de fidelidade;
- *Baners* e informações úteis de apoio à decisão de compra;
- Informações adicionais relativas a *ancilliary services* (SPA, golf, experiências de visita ou gastronómicas, *parking*, *wi-fi*, *dog friendly*, etc.);
- Horário de *check-in* e *check-out* e condições de pagamento;
- Perguntas frequentes sobre o hotel e atrações nos arredores.

Acresce se constituírem como uma poderosa ferramenta de marketing ao exibirem para cada hotel:

- Opiniões dos clientes e classificação do hotel (em regra de 0 a 10), recolhida junto dos clientes já utilizadores.

Esta informação adicional, decisiva para gerar confiança no espaço virtual, condiciona desde logo o preço do hotel, o que requer uma gestão atenta em termos de resposta e justificações. Para apoio ao cliente existe ainda a disponibilidade de um *call center*, através do qual se pode esclarecer dúvidas que surjam ou outros assuntos.

É também permitida a possibilidade de reserva e da sua desistência até um determinado período; ou de efetuar o pagamento próximo da data da viagem. Em regra, há um cartão de crédito adicionado à reserva que é uma garantia da cobrança. Existem, contudo, outras modalidades, onde se inclui a possibilidade de pagamento no próprio hotel à chegada.

Se a tudo isto somarmos a disponibilidade desta informação e a possibilidade de reserva/aquisição durante as 24 horas do dia, seja em casa, no trabalho ou em qualquer outro lugar, a partir de um qualquer terminal informático, incluindo o *smartphone*, é fácil concluir que as OTA se posicionam como um intermediário que se ajusta na perfeição entre a oferta e a procura.

As OTA não vendem apenas alojamento (desde luxo até ao *hostel* ou B&B) mas também atrações (parques temáticos ou museus), transportes (aluguer de automóveis ou cruzeiros), *packages* dos Operadores Turísticos, entre outros.

As OTA podem ser genericamente classificadas como:

- Não opacas — quando o cliente tem desde logo acesso ao nome do fornecedor do serviço (hotel, companhia de aviação, *rent-a-car*, etc.) — como é o caso da Expedia.com.
- Opacas — quando durante o processo de reserva não se dá previamente a conhecer ao cliente o nome do provedor do serviço turístico, modalidade disponível na Priceline.com.
- Especializadas (como a Booking.com ou Hotels.com) em alojamento.
- Generalistas como a Expedia.

Veja-se de seguida algumas das principais empresas de viagens de base tecnológica que integram dois grandes grupos viagens online: o grupo Expedia e Booking.com, posições em 2017.

Quadro 6-7. Grandes grupos de empresas de viagens online

Área de negócio	Expedia	Booking.com
OTA	Expedia Orbitz Worldwide Travelocity Hotwire Wotif Group Classic Vacations.	Priceline.com Agoda
Hotéis	Hotels.com	Booking.com
Metabuscadores	Trivago	
Apartamentos	HomeAway	
Corporate	Egencia	
Rent-a-car	CarRentals.com	Rentalcars.com
Cruzeiros	Expedia CruizeShipCenters	
Restaurantes		OpenTable

Fonte: Altexsoft, Largest Travel Technology Market Players.[136]

136 Altexsoft, *Largest travel technology market players*, https://www.altexsoft.com/infographics/largest-travel-technology-market-players/, acedido a 24-01-2020.

Atuando no espaço virtual, as OTA apresentam-se em plataforma informática, respetivo *website* e aplicações, o que as obriga a estarem na vanguarda da tecnologia para acompanharem a evolução tecnológica. Têm também consciência que na atualidade é comum aparecerem propostas disruptivas, que podem a todo o momento questionar os modelos de negócio existentes.

A sua relação com os motores de busca na *net* pode considerar-se boa pois em regra aparecem como primeira proposta (ou próximo) nas pesquisas efetuadas pelos interessados em viagens/alojamento. Já com os provedores, nomeadamente hoteleiros, a relação por vezes pode ser difícil, tendo em atenção que todos procuram maximizar os seus retornos.

Quando o cliente efetua uma pesquisa de alojamento, por exemplo, são-lhe apresentadas as várias ofertas disponíveis de acordo com um *ranking* que é gerado através de um complexo algoritmo, no sentido de ajustar da melhor forma os interesses da procura com a oferta. De facto, a apresentação muda em função do histórico de navegação do cliente e do posicionamento das propriedades disponíveis na oferta da plataforma. Assim, um hotel que tenha mais procura, um histórico de boas pontuações pelos clientes, disponibilidade do inventário, boa taxa de conversão das reservas, pagamento atempado das comissões e, nomeadamente, percentagens mais elevadas das comissões, tende a ser privilegiado no «*ranking*-padrão» de apresentação, face às pesquisas relacionadas. A gestão do algoritmo é uma forma de inteligência artificial de otimização do resultado da pesquisa.

Vivendo das comissões que cobram aos provedores, as OTA capitalizam a sua posição charneira para a visibilidade das propriedades e reserva pelos clientes em valores que podem ser altos, nomeadamente para hoteleiros independentes que geram pouco tráfego. De facto, uma comissão elevada pode ser vista com desânimo pelo hoteleiro pois desta forma vê esfumar-se no intermediário uma parte substancial da sua margem de lucro. Acresce a possibilidade de haver desistência da reserva efetuada, uma possibilidade concedida pelas OTA que torna difícil prever a efetiva taxa de ocupação, além de não ser fácil colmatar as desistências com novas reservas.

Entretanto, é um facto que as OTA têm vindo a experimentar um enorme sucesso no mercado das viagens de turismo e do alojamento em particular, a par do incremento do uso de dispositivos online. Como se pode verificar no gráfico seguinte relativo aos canais mais preponderantes no alojamento hoteleiro em 2018, na Europa, as OTA lideram e aumentaram a sua quota de mercado face a 2017 (+3%). As reservas diretas para o *website* do hotel registam um recuo (−8%); as reservas provindas dos canais tradicionais como o *offline*, Operadores Turísticos (OT) e Agências de Viagens e Turismo (AVT) apresentam um crescimento (+2%). Acresce que a designada geração *millennials* (no presente com idades entre os 16 e 34 anos) efetua 60% das reservas através das OTA[137].

Figura 6-2. Principais canais de reserva de alojamento hoteleiro na Europa em 2018/2017

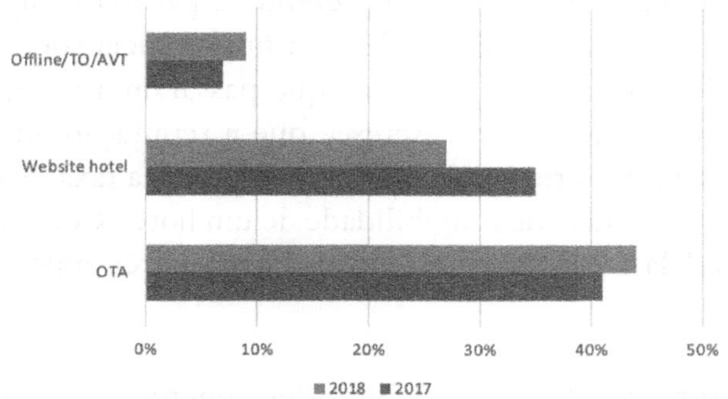

Fonte: STR, *Traveller journey overview report*[138].

6.4.2 INFORMADORES/COMPARADORES E METABUSCADORES

a) Informadores/comparadores

A venda online coloca à partida um problema de confiança ao nível do passo final, ou seja, a efetivação da compra. A potencial desconfiança coloca-se ao nível da fiabilidade do mecanismo (não há um interlocutor que dê a cara pelo processo como nas agências de viagens de rua) e do fornecedor (por exemplo o hotel). Naturalmente que as gerações mais novas não terão à partida tantas reticências pois estão familiarizadas com a tecnologia, informadas sobre o seu potencial e mais dispostas a correr riscos. Porém, como o objetivo de qualquer negócio é progredir e aumentar a sua rentabilidade, criaram-se outras empresas online cujo objetivo é recolher a opinião dos consumidores sobre a sua experiência de consumo e partilhá-la com os futuros clientes.

[137] STR, *Consumer Travel Insights by STR Traveller Journey Overview Report*, https://str.com/sites/default/files/2019-07/traveller-journey-overview-report.pdf, acedido a 28-01-2020.
[138] STR, *Consumer Travel Insights by STR Traveller Journey Overview Report*, https://str.com/sites/default/files/2019-07/traveller-journey-overview-report.pdf, acedido a 27-01-2020.

Tornaram-se, pois, da maior importância empresas como a TripAdvisor ou Trustyou. A TripAdvisor é uma empresa focada na recolha de opiniões e uma referência nas decisões de compra. Inclui hotéis, companhias aéreas, destinos, restaurantes, entre outros, apresentando-se como uma grande rede social de viajantes a nível mundial.

Desta forma presta um serviço inestimável de apoio à compra e cria um canal de informação que é de toda a utilidade ao nível da formação da decisão (mesmo para quem não pretende à partida comprar online). Na atualidade estas empresas são de uma importância soberana no *puzzle* do mercado online e não é em vão que passaram a integrar os grandes conglomerados de viagens. Acresce que a reputação online é muito valiosa para os empresários, pois influencia o preço, a taxa de ocupação e, por consequência, a taxa de rentabilidade de um hotel. Como referido por um responsável da TripAvisor[139], a empresa fornece três importantes coisas ao hoteleiro:

- A oportunidade de detetar debilidades e pontos fortes do seu serviço, medir a satisfação dos seus clientes e compará-la com os competidores diretos;
- A oportunidade de reforçar a reputação e a confiança dos clientes, estabelecendo um diálogo direto com os internautas, pois todos os hotéis são convidados a pronunciarem-se sobre as apreciações que recebem;
- Aumenta a visibilidade do negócio pois permite dar-se a conhecer a novos clientes.

A principal fonte de receitas costuma ser a publicidade baseada em *clicks*, que inclui a funcionalidade de mostrar preços, o que permite aos utilizadores compará-los e verificar a disponibilidade para um dado hotel nas OTA ou nos *websites*.

Note-se que a fronteira que delimita informadores/comparadores e metabuscadores é muito ténue, pelo que é possível ver protagonistas (por exemplo o TripAdvisor) serem também classificados como um metabuscadores.

[139] Vargas, A (2013). *Quiénes son los nuevos intermediários online*, Hosteltur, https://www.hosteltur.com/131390_quienes-son-nuevos-intermediarios-online.html, acedido a 17-12-2019.

b) Os metabuscadores

Todos os utilizadores da Internet conhecem os motores de busca que facilitam a pesquisa e o acesso à informação útil que procuramos. Porém, na área do turismo foram criados outros mecanismos semelhantes com a particularidade específica de padronizar a pesquisa à volta de um determinado tema, organizando-a de forma comparativa para uma melhor perceção do consumidor. É o caso da hotelaria em que operam metabuscadores como o Kayak ou a Trivago. A partir de uma ordem de pesquisa para indicação de hotel numa determinada localidade, é-nos apresentada a oferta local presente nas várias OTA, com indicação do preço e em destaque o valor mais económico. Os metabuscadores têm poder de influência na busca e reserva. A crescente relevância destes motores de busca dedicados é dada pelo facto da Trivago (alemã, realizando mais de 100 milhões de buscas anuais[140]) ter sido comprada (maioria do capital) pelo gigante americano Expedia; também a Priceline comprou o metabuscador Kayak (com particular implantação no mercado da América do Norte), o que pode ser visto como uma concentração dos concorrentes no mercado global das viagens online. Os metabuscadores recebem uma comissão dos produtores pelas vendas feitas a partir do seu *website*.

c) Metabuscadores de motores de busca

O principal motor de busca a nível mundial é o conhecido Google com um *share* de mercado claramente maioritário. Quando esta grande companhia, classificada como «o maior influenciador da Terra»[141] decidiu entrar no sector das empresas virtuais online em 2011 com os metabuscadores Hotel Finder (hotelaria) e o Google Flight (companhias aéreas), a concorrência ficou inquieta. A preocupação advém desde logo da posição predominante no mercado a que acresce a possibilidade de a empresa utilizar os seus próprios serviços face à concorrência. A proposta oferecia as disponibilidades, preço e localização, e a reserva tinha lugar no próprio *website* do fornecedor.

[140] Canalis, X. (2013). *El turismo del siglo XXI: del idealismo 2.0 a la guerra online*, https://issuu.com/lovefortourism/docs/hosteltur__2013__internet_y_turismo, acedido a 27-01-2020.
[141] Canalis, X. (2013). *La red Google toma el turismo*, Hosteltur, https://www.hosteltur.com/149080_red-google-toma-turismo.html, acedido a 27-01-2020.

A vantagem estava também na redução do tempo/número de *clicks* até às *webpages* dos fornecedores onde se dava a venda. Estávamos, pois, perante dois metabuscadores que não permitiam fazer reserva, redirecionando o tráfego para os fornecedores.

Porém, em 2018 foi lançada a funcionalidade Book on Google, que permite chegar até à reserva, em troca de comissão, sem sair do *website* da Google[142]. Outros intermediários como as OTA receiam que o motor de busca possa evoluir para a sua área de negócio e dessa forma destronar as posições que alcançaram. Para os atuais comparadores a concorrência já é uma realidade.

Convém ainda ter presente que a Google é detentora do sistema operativo Android para telemóveis/*smartphones*, que introduziu o Google Maps possibilitando a busca geo-localizada de todo o tipo de recursos turísticos, que o Google Stret View incorpora a possibilidade da visão a 360 graus, com amplas possibilidades de aplicação à atividade turística, nomeadamente na planificação da viagem com um maior detalhe de conhecimento sobre o destino. Como irá evoluir a relação da companhia Google com o sector turístico é uma incógnita. Porém, quer o seu poder de mercado, quer a capacidade de nos surpreender com a sua capacidade de inovação, convida-nos a seguir a evolução com atenção redobrada.

6.4.3 CONSOLIDADORES — OFERTAS, VENDAS *FLASH*, OPACAS E LEILÕES

Por consolidador na distribuição turística entende-se as empresas que conseguem colocar grandes quantidades de produto no mercado e, em virtude do volume transacionado, conseguem descontos significativos dos produtores que viabilizam o negócio. Funcionam também como um consultor ao fornecer informação sobre detalhes do produto, apoio tecnológico e de comercialização, assim como descontos aos retalhistas que intermediarem a venda ao público. Neste contexto, um operador pode ser visto como um consolidador. Porém, o desenvolvimento tecnológico e as potencialidades da rede desde a *web 2.0* fizeram aparecer no mercado um novo grupo de empresas que revolucionaram esta interface da distribuição turística.

[142] Marvel, M. (2016). *The hotel distribution report 2016*, Hotelanalyst, http://hotelanalyst.co.uk/wp-content/uploads/sites/2/2016/10/2016-HA-Hotel-Distribution-report-final-sample.pdf, acedido a 27-01-2020.

Empresas precursoras deste modelo começaram com uma lista de *e-mails* de consumidores que procuravam ser notificados sobre negócios especiais durante a crise 2008/2010. Devido à falta de vendas, muitos provedores acederam a facultar uma parte dos seus produtos com um desconto significativo. Procuravam assim aceder a novos clientes que corriam atrás de um desconto surpreendente para, na convicção da qualidade do seu produto, os fidelizarem. Para a empresa intermediária, o seu poder negocial depende da quantidade de potenciais clientes que mantiver em carteira. Neste contexto, os potenciais clientes devem previamente inscrever-se e referir que tipo de produtos estariam interessados em receber com grandes descontos. Esta ficha prévia de inscrição permite ao consolidador a segmentação da base de dados de clientes e surpreender regularmente o potencial cliente com as suas propostas.

Outros protagonistas recuperaram a matriz das vendas em grupo. A empresa propõe um determinado produto (por exemplo um quarto de hotel) com um desconto de 50% sobre o preço habitual; se um determinado número mínimo de clientes manifestarem a sua disposição de compra o negócio faz-se. Suponhamos que o quarto é normalmente comercializado por 80 €; neste caso a empresa coloca-o no mercado por 40 € (dividindo em partes iguais — 20/20 — com o fornecedor). Normalmente o fornecedor não terá interesse em vender todo o hotel nestas condições. Porém, pode vender uma parte para:

- atingir um volume que beneficie de economias de escala;
- anunciar/manter uma determinada taxa de ocupação;
- angariar clientes para uma propriedade já com algum peso da idade;
- ou simplesmente encher um hotel novo, junto de um segmento de clientes que possam voltar em condições normais, fidelizando-os.

Estamos perante vendas rápidas, tipo *flash*. Estas empresas gerem bases de dados de dezenas de milhões de clientes tornando-as poderosas máquinas de marketing online. Os seus negócios não se restringem à atividade turística.

As vendas são denominadas «opacas» quando o consumidor que quer comprar assume um compromisso de compra baseado na localização geral e no preço, mas não sabe a marca ou o nome do hotel até a compra se consumar (estas vendas não são, em regra, reembolsáveis). Por vezes o consumidor apenas sabe o intervalo do preço pelo que até o preço é opaco. O consumidor indica quanto está disposto a gastar e o vendedor «casa» o pedido com um hotel no destino que aceite aquele preço e a venda é feita. Naturalmente estamos perante viajantes sensíveis ao preço, que não estão preocupados com a marca do alojamento onde se irão instalar[143]. Os mais conhecidos protagonistas de *sites* com vendas opacas são a Priceline, a Hotwire, a Travelocity ou Lasminute.com.

Para os hotéis este pode ser um recurso interessante, inclusive para unidades de grandes cadeias. Assim, inventário considerado como não vendido ou previsivelmente nestas condições, pode ser colocado para vendas opacas (provavelmente em quantidades moderadas, no sentido de aproveitar a capacidade instalada e custos fixos). Este formato evita a canibalização do preço das vendas do próprio hotel pois os outros clientes desconhecem estas vendas a preços mais baixos (e otimiza-se a taxa de ocupação).

Outra modalidade será perguntar ao consumidor quanto espera pagar por determinado hotel num destino (mesmo quando já tem uma reserva) e o site torna-se um fórum para os hotéis disputarem o cliente. Outros tornaram-se especialistas em reservas para grupos (e segmentos específicos de clientes), para os quais garantem o preço mais baixo.

Assim, é notável e surpreendente a capacidade de inovação destas propostas de novos consolidadores, possíveis pela disponibilidade da intermediação online. Estes modelos terão de se afirmar (ou não) nos próximos anos; será o mercado a decidir pois os grandes intermediários online também exercerão o seu poder de mercado, quer sobre os concorrentes independentes, quer sobre a posição que este modelo terá no seu portefólio de negócios.

6.4.4 CANAIS DE DISTRIBUIÇÃO DE DESTINOS

As organizações que gerem destinos turísticos e que têm em vista a promoção de uma determinada região/oferta turística, também desenvolveram os denominados *websites* de destinos turísticos (*Destination Management Systems* — DMS), que disponibilizam informação sobre a região, os produtos turísticos e a respetiva oferta (por exemplo, hotelaria, restauração, golfe, rotas, eventos, entre outros). Permitem a ligação ao fornecedor do produto,

143 Green, C e Lomanno, M. (2012). *Distribution Channel Analysis: a Guide for Hotels*, AH&LA, https://clients.theygsgroup.com/hsmai-uploads/DCAbook_Full.pdf, acedido a 12-01-2020.

podendo todos os produtores legalmente existentes fazerem parte da rede. Acresce a possibilidade de o visitante criar/organizar a sua própria viagem a partir da oferta existente.

6.5 AS REDES SOCIAIS E A MOBILIDADE

As redes sociais têm adquirido importância crescente na sociedade moderna. Um ponto em comum dos diversos tipos de rede social é a partilha de informações, conhecimentos, interesses e esforços em busca de objetivos comuns[144]. No turismo, a influência das redes sociais extensivas a milhões de utilizadores não tem parado de ganhar importância, dada a sua utilidade em viagem. Através de redes como os conhecidos *Facebook, Twitter* ou *My Space* é possível, por exemplo, partilhar fotos das férias com os amigos de forma quase instantânea, informar os familiares a um custo reduzido, conhecer o estado do voo evitando aborrecidas esperas.

O potencial das redes sociais aumenta com a mobilidade proporcionada pelos dispositivos móveis como os *smartphones* ou os *tablets* que geram o acesso a conteúdos em tempo real.

Porém, como afetarão os produtores de serviços turísticos? Independente da evolução, o crescimento imparável da mobilidade torna necessário estar disponível para estes aparelhos da mesma forma que se deve estar presente na rede com a *webpage* tradicional. A aplicação móvel já permite ao usuário aceder a informação e fotografias de um estabelecimento hoteleiro; ver os preços em tempo real; fazer reservas e oferecer a possibilidade de as modificar ou cancelar desde qualquer lugar; servir como guia dos principais atrativos próximos do hotel; ou para indicar a direção a seguir para voltar ao hotel desde qualquer ponto da cidade. Acresce a possibilidade de fazer o *check-in* ou usar o telefone como chave do hotel a partir de um código que faculta o acesso ao cliente[145]. Perante estas facilidades e o valor acrescentado que todas estas aplicações representam para os clientes, os provedores de serviços não podem deixar de se posicionar nas redes sociais.

Outro exemplo elucidativo é a possibilidade de acompanhar as opiniões dos clientes na rede, podendo tentar resolver desde logo as críticas justas

[144] Wikipédia, *A rede social*, http://pt.wikipedia.org/wiki/Rede_social, acedido a 17-06-2013.
[145] Canalis, X. (2011). *Móviles, la nueva revolución del turismo*, https://www.hosteltur.com/121580_moviles-nueva-revolucion-turismo.html, acedido a 27-01-2020.

(que constituem uma fonte de melhoria) ou contradizer as injustas. A própria disponibilidade de *wi-fi* gratuito no hotel é uma forma, hoje indispensável, de agradar aos clientes (seja para os que estão em trabalho e não deixarão de valorizar o facto, seja para os de lazer que ao partilharem a sua experiência no hotel estão desde logo a contribuir gratuitamente para o seu marketing).

Também no transporte aéreo se prevê a possibilidade de efetuar a reserva através do *smartphone*, comprovar a hora de saída e usar o telefone como bilhete de embarque (o cliente recebe o bilhete de embarque no dispositivo móvel e pode dirigir-se diretamente para o controlo de segurança da porta de embarque — logo não existirá a parte física impressa, comum no modo *offline*). Acresce a possibilidade de seguir em tempo real a localização da bagagem, o que permite reduzir substancialmente o transtorno de viajar sem ela.

Os dispositivos móveis têm ainda a possibilidade de consultar (e reservar/adquirir quando necessário) catálogos de operadores turísticos, guias de destinos, cartas de restaurantes, entre todas as restantes propostas que os fornecedores ou operadores de destino queiram propor.

Aparte o imparável caminho de afirmação que parecem traçar, a questão é mesmo de se saber exatamente o tipo de posicionamento que se deve adotar face aos recursos disponíveis. É que o avanço da tecnologia é de tal forma avassalador que o desafio é mesmo conseguir compreender como se posicionar.

6.6 OUTROS INTERMEDIÁRIOS DA DISTRIBUIÇÃO

Podemos ainda referir outros participantes na distribuição turística, ainda que numa posição menos relevante que os anteriormente mencionados. Vejamos:

a) Especialistas de nicho — Há *sites* que se apresentam como especialistas em produtos como golfe, *ski*, pesca, caça, desportos *outdoor*, entre outros. Fornecem ao consumidor informação detalhada e oferecem planeamento de viagens relacionadas com as áreas do respetivo nicho. Acrescem a possibilidade de reservar com empresas nos destinos e em hotéis que se especializaram nos respetivos produtos.

   Ainda nos especialistas de nicho, refira-se os sites dirigidos a clubes de qualidade que procuram captar segmentos de clientes de elevado poder de compra para hotéis de luxo/*boutique*. Por exemplo, Kiwi collection ou Mr. and Mrs. Smith, oferecem aos clientes um grupo seleto de hotéis boutique.

b) Corretores de viagens — vendem excursões em autocarro para visitar locais de interesse turístico, eventos desportivos ou religiosos, entre outros. No seguimento das rotas a percorrer, funcionam como intermediários de alojamento, restauração e outros produtos de lazer. Muitas vezes aparecem associados a empresas de promoções de produtos vários que em troca da oportunidade de os promover/vender aos turistas, conseguem descontos no alojamento do hotel onde decorre a ação e onde os turistas ficam alojados, numa parceria que acrescenta valor entre todos.

c) Representantes hoteleiros — são indivíduos ou empresas que se encarregam de promover as vendas e gerir as reservas, mas que não competem entre si. É uma alternativa a manter uma rede própria de vendedores, sendo uma via mais rentável do que manter uma rede própria no exterior[146]. Fazem negociações com agências de viagens, organizadores de congressos e empresas de incentivos, assim como com clientes particularmente interessantes como empresas, organismos oficiais, instituições e coletividades[147]. Os «Rep» são habituais em hotéis do segmento alto/luxo, recebendo retribuições fixas ou variáveis, de acordo com as vendas. Estas funções podem ser exercidas por um indivíduo ou por consórcios com filiados como o The Leading Hotels of the World ou o Relais et Chateaux.

d) Viagens de incentivo — empresas que se dedicam à planificação e venda de serviços profissionais encarregando-se do desenho, promoção e execução de programas de incentivo para os profissionais, seus compradores.

e) Organizadores de convenções e congressos — empresas com as mesmas funções anteriormente referidas que se dedicam à organização de convenções e congressos. Tendo em atenção que há eventos com mais de 10 000 participantes, induzem um impacte muito positivo no alojamento, restauração, transportes, entretenimento, etc.

[146] Mcintosh, W; Goeldner, R.; Ritchie, B. (1995). *Tourism: principals, practises, philosophies*, Wiley & Sons, 7.ª ed, NY.

[147] Martinez, B. (2002). *Los Canales de Distribuccíon en el sector turístico*, Madrid, ESIC.

f) Clubes de férias — união de grupos de turistas no sentido de conseguirem negociar descontos com os produtores.
g) Canais telemáticos de vendas na televisão digital — são uma via alternativa da distribuição turística.

Acresce ainda, numa dimensão diferente, atividades como o *timeshare* (aquisição do direito a férias durante um determinado tempo — por exemplo, uma semana por ano) junto de uma determinada organização, que distribuem os clientes pela sua oferta de férias, sendo que os acordos existentes na atualidade entre companhias desta modalidade ampliam o número de clientes distribuídos ao abrigo destes circuitos.

Todas estes intermediários e atividades colaboram na distribuição turística, ainda que numa escala reduzida quando comparados com os grandes *players*.

6.7 HOTELARIA — EVOLUÇÃO DA COTA DE MERCADO NA DISTRIBUIÇÃO NA EUROPA

O estudo efetuado pela Instituto de Turismo da Haute Ecole de Gestion & Tourisme (Hes.So, Valais Wallis)[148] em colaboração com a HOTREC — Association of Hotels, Restaurants, Bars and Cafes and similar establishments in Europe, desde 2013 até 2017 permite verificar a evolução das reservas pelos vários canais de distribuição na hotelaria da Europa, como se pode ver no quadro 6-8.

Assim, começando pelos resultados de 2017, obtidos a partir de uma amostra de 2593 hotéis que responderam ao inquérito que serviu de base para o estudo, verificamos que as reservas diretas ainda predominavam, com destaque para o telefone e e-mail. Nas indiretas, as OTA eram predominantes, seguidas dos Operadores Turísticos/Agências de Viagens.

Se nos ativermos às tendências de evolução, verifica-se que as reservas diretas estão a perder terreno para as indiretas, sendo expectável uma inversão da tendência, e que este último formato venha a dominar num futuro próximo.

[148] Institute of Tourism, HES.SO, *European Hotel Distribution Study*, https://www.hevs.ch/media/document/3/schegg_2018_european_hotel_distribution_survey_hotrec.pdf, acedido a 23-01-2020.

Quadro 6-8. Evolução da cota de mercado nos canais de distribuição na Europa

<table>
<tr><th></th><th colspan="2">Market share 2017 (n = 2593)</th><th colspan="2">Market share 2015 (n = 2188)</th><th colspan="2">Market share 2013 (n = 2221)</th><th colspan="2">Δ (2017-2013)</th></tr>
<tr><td>Direct — Phone</td><td>18,5</td><td rowspan="6">55,1</td><td>18,7</td><td rowspan="6">55,2</td><td>21,1</td><td rowspan="6">59,4</td><td>-2,6</td><td rowspan="6">-4-3</td></tr>
<tr><td>Direct — Mail/Fax</td><td>2,0</td><td>2,3</td><td>3,1</td><td>-1,2</td></tr>
<tr><td>Direct — Walk-in (persons without reservation)</td><td>4,4</td><td>4,8</td><td>6,0</td><td>-1,6</td></tr>
<tr><td>Direct — contact from on own website (without available check)</td><td>6,0</td><td>6,1</td><td>6,1</td><td>-0,2</td></tr>
<tr><td>Direct — e-mail</td><td>16,0</td><td>16,7</td><td>16,1</td><td>-0,1</td></tr>
<tr><td>Direct — Real time booking over website with availabilty check</td><td>8,2</td><td>6,8</td><td>6,9</td><td>1,3</td></tr>
<tr><td>Destination Marketing Organization (DMO)/trade associations</td><td>0,9</td><td rowspan="2">1,3</td><td>0,9</td><td rowspan="2">1,4</td><td>1,0</td><td rowspan="2">1,7</td><td>0,2</td><td rowspan="2">-0,3</td></tr>
<tr><td>National Tourism Organization (NTO)</td><td>0,5</td><td>0,6</td><td>0,6</td><td>-0,2</td></tr>
<tr><td>Tour Operator (TO)/Travel Agency (AVT)</td><td>7,8</td><td rowspan="4">12,7</td><td>8,0</td><td rowspan="4">16,3</td><td>9,6</td><td rowspan="4">15,7</td><td>-1,8</td><td rowspan="4">-3,0</td></tr>
<tr><td>Hotel Chains and cooperation with CRS</td><td>1,0</td><td>2,6</td><td>1,4</td><td>-0,3</td></tr>
<tr><td>Wholesaler (e.g. Hotelbeds, Tourico, Gulliver, Transhotel, etc.)</td><td>1,9</td><td>2,6</td><td>2,8</td><td>-0,9</td></tr>
<tr><td>Event and Congress organizer</td><td>1,9</td><td>3,1</td><td>1,9</td><td>0,0</td></tr>
<tr><td>Online Booking Agency (OTA)</td><td>26,9</td><td rowspan="3">29,3</td><td>22,3</td><td rowspan="3">15,5</td><td>19,3</td><td rowspan="3">21,8</td><td>7,7</td><td rowspan="3">7,5</td></tr>
<tr><td>Global Distribution System (GDS)</td><td>1,9</td><td>2,7</td><td>2,0</td><td>-0,2</td></tr>
<tr><td>Social Media Channels</td><td>0,5</td><td>0,5</td><td>0,5</td><td>0,0</td></tr>
<tr><td>Other distribution channels</td><td>1,6</td><td>1,6</td><td>1,5</td><td>1,5</td><td>1,5</td><td>1,5</td><td>0,2</td><td>0,2</td></tr>
</table>

Fonte: Institute of Tourism, HES.SO, European Hotel Distribution Study.

Note-se que, nas reservas diretas, o único canal que apresenta uma tendência de subida é o *website* dos hotéis, um canal importante para a rentabilidade das propriedades.

Dentro do formato das reservas indiretas destaca-se a evolução clara das OTA em desfavor dos outros canais que apresentam estagnação ou regressão. As agências de reservas online estão, pois, a marcar a evolução da distribuição, mostrando a sua adaptação aos tempos que correm, marcados pela evolução tecnológica e merecendo a preferência dos clientes. Este posicionamento reafirma o desafio para os hoteleiros e o posicionamento dos hotéis face à distribuição na atualidade.

Em síntese:

A distribuição é o coração da indústria turística e como refere Sheldon a informação é o seu sangue. Dadas as características específicas dos serviços turísticos, estes sempre precisaram de intermediários que fizessem a ligação entre os produtores e os consumidores. Nasceu assim a rede de distribuição, composta por intermediários que esmiuçavam as particularidades dos produtos turísticos e os disponibilizavam ao consumidor. Dado o âmago deste negócio ser o processamento de fluxos de informação, o aparecimento dos meios informáticos veio dar capacidade para processar dados e agilizar a tomada de decisão.

Posteriormente apareceram os sistemas de reservas computorizados, capazes de gerir a oferta em larga escala e em termos globais. Pensou-se então que tínhamos atingido um patamar tecnológico que se firmaria no negócio por muitos e bons anos. Puro engano. A evolução da rede Internet, com a possibilidade de ligação direta entre produtores e distribuidores, fez acreditar que estaríamos perante uma nova era, a da desintermediação. Previa-se, pois, a sucessiva eliminação dos intermediários presentes na cadeia de valor do sector. A perceção foi breve pois não tardou a aparecerem no espaço virtual as *Online Travel Agencies* que começaram a revolucionar a distribuição turística clássica; com a subida do degrau tecnológico desde a denominada *web 2.0*, firmaram-se então uma miríade de novos intermediários do sector como metabuscadores, comparadores, motores de busca, redes sociais, novos consolidadores, especialistas de nicho, gestores de destinos, entre outros, que fazem parte de uma inimaginável teia.

Entretanto, e como o mercado não tem capacidade para acolher tantas propostas, assiste-se a movimentos de consolidação. Os anteriores *Global Distribution System* estão ligados a conglomerados que incluem as empresas de distribuição virtual; as OTA organizam-se para fazer face à ameaça dos motores de busca e gestores de redes sociais a entrarem diretamente no negócio; os produtores organizam-se para fazerem frente às condições impostas pelos intermediários online, consideradas pouco aceitáveis em termos de rentabilidade; as autoridades da concorrência ficam preocupadas com as posições de domínio de mercado dos grandes conglomerados.

E os distribuidores tradicionais? Uma parte significativa resiste. Resiste pela especialização e pela preferência de determinados segmentos da população na compra presencial. No negócio dos *packages* e do lazer, o grande volume continua sob a alçada do elo tradicional operador/agência de viagens de rua. O canal voz, nomeadamente pelos *call centers* também mantém o seu lugar, sendo em regra um dos que apresentam maior rentabilidade.

Foram derrubados alguns mitos: o da eliminação dos intermediários; o das pequenas empresas que beneficiariam da *net* para se dirigir diretamente ao cliente e dessa forma se tornariam mais independentes e veriam aumentar o seu retorno; o de que a presença nas redes sociais era indispensável. Nos próximos tempos, o difícil é prever como vão evoluir os protagonistas e quais serão as tendências dominantes, embora pareça consensual prever a progressiva afirmação dos meios baseados nas plataformas da Internet. E em frenética competição.

E como posicionar um hotel neste labirinto de canais de distribuição cada vez mais complexo? Não é tarefa fácil. Naturalmente que um hotel de cidade tenderá a ter uma abordagem diferente de um hotel de *resort*. Tal como um 4 ou 5 estrelas *full-service* terá um posicionamento diferente de um 2 ou 3 estrelas *limited service*. Ou um *Boutique* Hotel de cidade versus um *Eco resort*. Todavia, todos desejam ter uma boa taxa de ocupação e um rendimento por quarto disponível, o mais elevado possível.

A tendência de descida das reservas diretas e o ganhar terreno por parte das OTA e grossistas, tornam o posicionamento e a rentabilidade mais desafiante. O desafio é compreender o *puzzle* da distribuição e perceber quem traz estadias mais prolongadas e clientes mais rentáveis, sendo que parece prudente permanecer flexível para com os vários canais e analisar a rentabilidade de cada um.

Este e outros aspectos à volta da rentabilidade do negócio serão abordados e discutidos no próximo capítulo.

Entretanto, a intermediação, longe de desaparecer está hoje mais reforçada; a Internet não nivelou todos os atores da mesma forma; o consumidor já não é apenas valioso pelo dinheiro que gasta, mas também pela informação que gera, teclando. Em síntese, continuaremos a aprender.

7
O Desempenho na Indústria Hoteleira

7.1 BREVE ENQUADRAMENTO

Medir o desempenho numa organização significa verificar o cumprimento de metas estabelecidas previamente, através de indicadores de medida. Este exercício, em regra, remete-nos para a análise micro ao nível das empresas e organizações. Porém, nesta fase deste trabalho vamos começar pelas abordagens a nível macro, pelo que nos situaremos num patamar mais abrangente.

Vejamos o seguinte exemplo: quando uma empresa pretende efetuar uma internacionalização do seu negócio (pela primeira vez ou quando procura expandir um processo já iniciado), precisa de responder à questão «para onde?», ou seja, para que país, região, cidade, ou outro local. Naturalmente que estar presente em locais em que existe uma forte dinâmica turística ou com fluxos em significativo crescimento, permitirá, à partida, ter uma expectativa positiva de retorno para o investimento num negócio que é sinónimo de custos fixos elevados e requer taxas de ocupação médias/altas, no sentido de garantir a sustentabilidade. Na verdade, como é normalmente referido, num hotel pode mudar-se tudo, exceto a localização.

No seguimento, iremos desenvolver a nossa abordagem em duas vertentes: primeiro numa perspetiva de determinantes (envolvente) e depois, de resultados[149],

[149] Fitzgerald, L.; Johnston, R.; Silvestro, R. e Brignall, T J (1991). *Performance Measurement in Service Businesses*, Management Accounting, Nov 1991, 10, ProQuest, pp. 34-36.

estes últimos essencialmente à volta dos KPI[150] (*Key Performance Indicators*) mais utilizados para aferir a rentabilidade em hotelaria.

Acrescem outras políticas que na atualidade são consideradas como muito relevantes para um correto posicionamento dos estabelecimentos, visando a obtenção da rentabilidade necessária à perenidade do negócio.

7.2 A ENVOLVENTE INTERNACIONAL

São publicados com regularidade estudos de monitorização da atividade turística como o International Tourism Highlights[151] do World Tourism Organization (UNWTO) ou o Travel & Tourism Competitiveness Report[152] (T&TCR) do World Economic Forum (WEF). Estes estudos constituem, pela sua abrangência, importantes fontes de informação para se conhecer o desempenho das grandes regiões do globo e dos países, no sector turístico. Acresce que ao desdobrarmos os principais indicadores encontramos informação que pode ser particularmente útil como *benchmark* de apoio à decisão.

O T&TCR apresenta um *ranking* (indicador principal) dos países, ordenado por ordem decrescente a partir do mais competitivo no sector turístico, tendo por base um conjunto de quatro indicadores parciais (cada um com um peso de 25%); estes desdobram-se em 14 pilares (indicadores parcelares) — vide figura seguinte — por sua vez suportados em 90 subindicadores de dados.

O indicador final apresenta o resultado normalizado numa escala de 1 a 7 (de pior a melhor), dando origem à classificação final dos 140 países incluídos no relatório de 2019, que servirá de base à reflexão seguinte.

[150] Walsh, P (1996). *Finding key performance drivers: Some new tools*, Total Quality Management, pp. 509-519.

[151] UNWTO, *International Tourism Highlights 2019*, https://www.e-unwto.org/doi/pdf/10.18111/9789284421152, acedido a 06-02-2020.

[152] WEF, *The Travel & Tourism Competitiveness Report 2019*, http://www3.weforum.org/docs/WEF_TTCR_2019.pdf, acedido a 06-02-2020.

Figura 7-1. Esquema base dos subindicadores e pilares que constituem o T&TCR

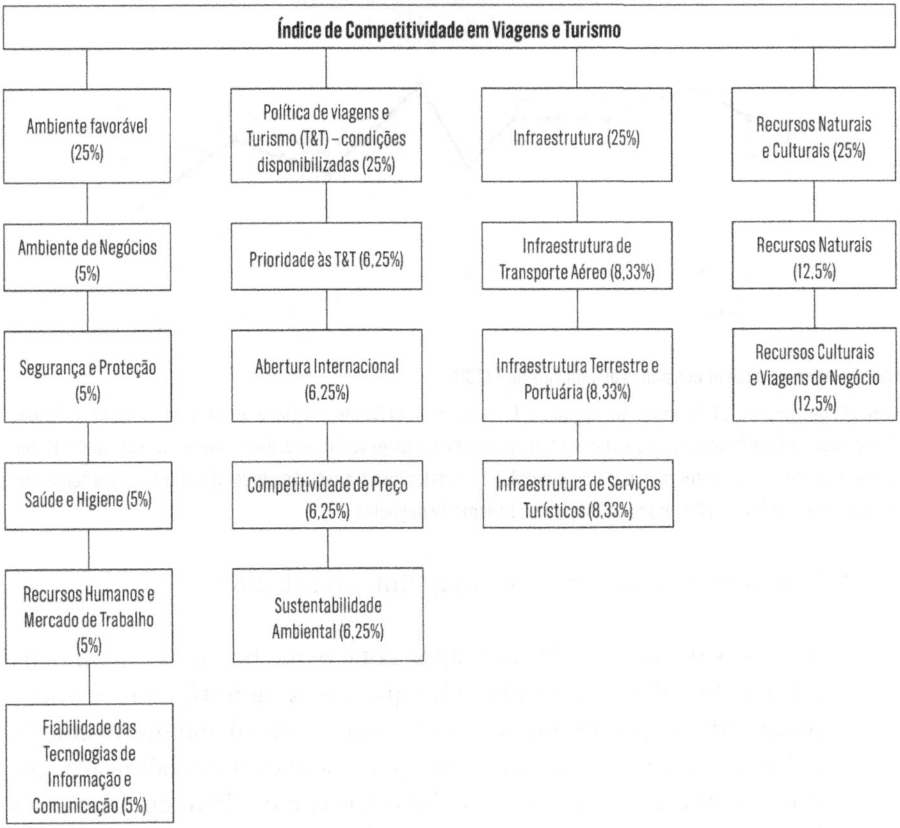

Fonte: Travel & Tourism Competitiveness Report, 2019[153].

Nota: As quatro grandes áreas representadas na primeira linha da tabela contribuem para o índice com um peso de 25% cada; por sua vez, cada uma desdobra-se em subáreas com os diferentes pesos apresentados, sendo que no total irão perfazer os 25% da respetiva área base. (Tradução do autor.)

7.2.1 O DESEMPENHO POR GRANDES REGIÕES

O T&TCR também nos permite agregar o resultado dos países em grandes regiões a nível global, dando origem ao seu desempenho como um todo, como podemos constatar no gráfico seguinte.

[153] WEF, *The Travel & Tourism Competitiveness Report 2019*, http://www3.weforum.org/docs/WEF_TTCR_2019.pdf, acedido a 06-02-2020.

Figura 7-2. Desempenho na classificação do T&TCR por grandes regiões do globo

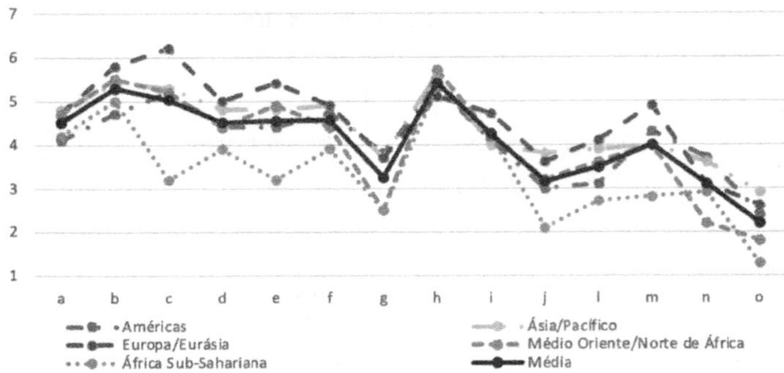

Fonte: Elaborado a partir dos dados disponíveis no T&TCR.

Legenda dos pilares: a) Ambiente de negócios; b) Segurança; c) Saúde e higiene; d) RH e mercado de trabalho; e) Tecnologias de informação e comunicação; f) Prioridade no apoio ao turismo; g) Abertura internacional; h) Competitividade preço; i) Sustentabilidade ambiental; j) Infraestrutura transporte aéreo; l) Infraestrutura terrestre; m) Recursos naturais; n) Recursos culturais e de turismo de negócios.

Da leitura do gráfico extraímos os seguintes resultados:

- A região da Europa/Eurásia apresenta o melhor desempenho na maioria dos pilares (indicadores), o que nos permite afirmar ser a mais competitiva região do mundo em turismo. Para tal, em muito contribui a sua robusta infraestrutura de apoio à atividade económica/negócios, social e de saúde pública. Aspectos como a livre circulação no âmbito da União Europeia e espaço Schengen potenciam fortemente o turismo. A Europa recebe quase metade das chegadas de turistas internacionais e capta 40% das receitas[154].
- A região da África subsariana apresenta-se como a menos competitiva com vários pilares a carecerem de desenvolvimento, de que são exemplo: segurança, saúde e higiene, recursos humanos e mercado de trabalho, tecnologias de informação e comunicação, infraestrutura do transporte aéreo, entre outras. Note-se, entretanto, que o fluxo de chegadas de turistas internacionais e as receitas também têm vindo a crescer[155], sendo reconhecido o grande potencial em termos de recursos naturais.

[154] UNWTO, *International Tourism Highlights 2019,* https://www.e-unwto.org/doi/pdf/10.18111/9789284421152, acedido a 10-02-2020.
[155] UNWTO, *International Tourism Highlights 2019,* https://www.e-unwto.org/doi/pdf/10.18111/9789284421152, acedido a 10-02-2020.

- O pilar que apresenta menor diferença entre as várias regiões é a competitividade preço (inclui subindicadores como as taxas aeroportuárias, o preço da hotelaria, entre outros). Verifica-se, pois, que esta é uma variável em que todos procuram ter um *benchmarking* apertado face aos concorrentes, no sentido de manterem a sua posição competitiva. Naturalmente que a menor elasticidade-preço da Europa lhe permite uma posição mais conservadora, ao que corresponde uma menor competitividade no pilar, ou seja, preços mais elevados.
- O pilar com menor desempenho competitivo de todas as regiões é o dos recursos culturais e turismo de negócios. Inclui subindicadores como o número de locais classificados como património material e imaterial da humanidade pela UNESCO, locais para eventos de desporto e entretenimento, número de conferências internacionais e o número de pesquisas sobre o património cultural online. Há, pois, trabalho significativo no futuro para desenvolver estes aspectos.
- As restantes regiões evoluem com diferentes *nuances* ao longo da média de desempenho geral. Em termos globais e atendendo à classificação dos respetivos países, a Europa/Eurásia tem 35 países acima da média; Américas têm 11; Ásia e Pacífico têm 13; Médio Oriente e Norte de África têm oito e África subsariana tem três.

O resultado que obtemos dos dados que apresentamos e outros que podem ser encontrados, atendendo ao interesse particular de cada investidor, permite ir respondendo à questão do «para onde» em termos de localização do investimento, pois cada região é um desafio que é preciso compreender. Continuamos com a análise nos pontos seguintes.

7.2.2 DESEMPENHO DOS PAÍSES MAIS BEM CLASSIFICADOS NO *RANKING* DO T&TCR

É fácil constatar que os indicadores disponibilizados são úteis, pela sua adequabilidade, para caracterizar o ambiente em que os vários atores turísticos desenvolvem a sua atividade. Vejamos, pois, como se posicionam no *ranking* os principais países em termos da sua competitividade turística:

Tabela7-1. Países melhor classificados no ranking T&TCR em 2019

Região	Posição no *ranking*	País	Resultado	Diferença face à média (%)	Diferenças face ao T&TCR de 2017	
					Posição no *ranking*	Evolução % no resultado
Europa/Eurásia	1	Espanha	5,4	41,4	0	0,3
Europa/Eurásia	2	França	5,4	40,4	0	1,5
Europa/Eurásia	3	Alemanha	5,4	40,0	0	2,0
Ásia/Pacífico	4	Japão	5,4	39,6	0	2,1
Américas	5	EUA	5,3	36,6	1	2,6
Europa/Eurásia	6	Reino Unido	5,2	34,9	-1	-0,2
Ásia/Pacífico	7	Austrália	5,1	33,6	0	0,8
Europa/Eurásia	8	Itália	5,1	32,2	0	1,9
Europa/Eurásia	9	Canadá	5,1	31,3	0	1,6
Europa/Eurásia	10	Suíça	5,0	30,4	0	1,5
Europa/Eurásia	11	Áustria	5,0	28,8	1	2,0
Europa/Eurásia	12	Portugal	4,9	27,2	2	3,2
Ásia/Pacífico	13	China	4,9	26,7	2	3,2

Fonte: Elaborado a partir dos dados do Travel & Tourism Competitiveness Report, 2019[156] e 2017[157].

No seguimento da tabela com os treze países melhor classificados no *ranking*, extraímos as seguintes leituras:

- A Espanha é o país mais competitivo, seguido da França e da Alemanha;
- Espanha, França e Alemanha verificam um desvio percentual acima da média superior a 40%; ou seja, têm uma posição claramente robusta no sector turístico;
- O Reino Unido é o único país que desce uma posição face a 2017;
- Portugal e China ganham duas posições e Áustria uma, face a 2017;
- Também em relação a 2017, Portugal e China são os países que mais progridem na evolução percentual do resultado com 3,2%; todos crescem, exceto o Reino Unido que desce ligeiramente com –0,2%;
- No top 13 marcam presença nove países da Europa/Eurásia, três da Ásia/Pacífico e um das Américas.

[156] WEF, *The Travel & Tourism Competitiveness Report 2019*, http://www3.weforum.org/docs/WEF_TTCR_2019.pdf,acedido a 10-02-2020.
[157] WEF, *The Travel & Tourism Competitiveness Report 2017*, http://www3.weforum.org/docs/WEF_TTCR_2017_web_0401.pdf, acedido a 10-02-2020.

Podemos também referir que o WEF elabora o Global Competitiveness Report, dedicado à apreciação do desempenho das economias como um todo. Logo, é oportuno compararmos a posição dos países atrás referidos nos dois *rankings*:

Tabela 7-2. Comparação da posição dos países nas duas classificações da WEF

Ranking do Travel & Tourism Competitiveness Report				*Ranking* do Global Competitiveness Report	
Região	Posição no *ranking*	País	Resultado	Posição no *ranking*	Desvio face ao T&TCR
Europa/Eurásia	1	Espanha	5,4	23	22
Europa/Eurásia	2	França	5,4	15	13
Europa/Eurásia	3	Alemanha	5,4	7	4
Ásia/Pacífico	4	Japão	5,4	6	2
Américas	5	EUA	5,3	2	-3
Europa/Eurásia	6	Reino Unido	5,2	9	3
Ásia/Pacífico	7	Austrália	5,1	16	9
Europa/Eurásia	8	Itália	5,1	30	22
Europa/Eurásia	9	Canadá	5,1	14	5
Europa/Eurásia	10	Suíça	5	5	-5
Europa/Eurásia	11	Áustria	5	21	10
Europa/Eurásia	12	Portugal	4,9	34	22
Ásia/Pacífico	13	China	4,9	28	15

Fonte: Elaborado a partir dos dados do Travel & Tourism Competitiveness Report, 2019 e Global Competitiveness Report, 2019[158].

Assim, constata-se que a generalidade dos países referidos tem um melhor desempenho no sector do turismo do que quando é considerada a competitividade da sua economia como um todo. Este desempenho é mais evidente em Espanha, Itália e Portugal, cuja diferença se situa em 22 posições; ou seja, enquanto no *ranking* do turismo estão no top 12, no *ranking* da competitividade global da economia descem para as posições 23, 30 e 34 respetivamente. Japão, Reino Unido, Alemanha e Canadá sofrem pequenas oscilações, entre duas e cinco posições. Ao invés, EUA e Suíça são mais competitivos na sua economia como um todo do que em turismo.

[158] WEF, *The Global Competitiveness Report 2019*, http://www3.weforum.org/docs/WEF_TheGlobalCompetitivenessReport2019.pdf, acedido a 10-02-2020.

Neste contexto, a atividade turística é particularmente importante para a maioria destes países, nomeadamente no caso de Espanha, Itália e Portugal. Podemos também concluir que, em caso de acontecer um evento que interfira com o regular funcionamento do sector turístico, estes países serão particularmente atingidos.

7.2.2.1 O desempenho no *ranking* do T&TCR e o turismo de negócios

A generalidade dos países do top 13 do T&TCR fazem parte do mundo com melhores indicadores de desenvolvimento, sendo espectável um bom desempenho em indicadores relacionados com ambiente de apoio aos negócios, segurança e saúde, boas infraestruturas e recursos culturais relevantes, entre outros. Logo, é espectável estarem bem colocados enquanto recetores de conferências internacionais, correlacionado com turismo de negócios.

Vejamos a propósito, o *ranking* da International Congress and Convention Association (ICCA)[159] relativo a 2019:

Tabela 7-3. *Ranking* dos países/cidades que receberam o maior número de congressos/conferências e convenções internacionais em 2018

Ranking	Países	Número de grandes conferências internacionais	*Ranking*	Cidades	Número de grandes conferências internacionais
1	EUA	947	1	Paris	212
2	Alemanha	642	2	Viena	172
3	Espanha	595	3	Madrid	165
4	França	579	4	Barcelona	163
5	Reino Unido	574	5	Berlim	163
6	Itália	522	6	Lisboa	162
7	Japão	492	7	Londres	152
8	China	449	8	Singapura	150
9	Holanda	355	9	Praga	145
10	Canada	315	10	Bangkok	136
11	Portugal	306	11	Buenos Aires	135

Fonte: The International Association Meetings Market 2018, Statistics report 2019, Country & City Rankings.

[159] ICCA (2019). *The International Association Meetings Market 2018*, Statistics report 2019, Country & City Rankings, Public Abstract, file:///C:/Users/asus/Downloads/ICCA-Statistics-2019-final.pdf, acedido a 23-02-2020.

Como se pode verificar na tabela anterior, os onze países do *ranking* que mais Congressos/Conferências e Convenções recebem a nível internacional, também integram o top homólogo do T&TCR. No total representam 5776 eventos por ano. Acresce que 61% dos países e 76% das cidades com mais realizações pertencem à Europa; a Espanha destaca-se, pois é o único país que apresenta duas cidades entre as que mais eventos recebem.

Estes países/cidades apresentam-se com uma posição consolidada no designado turismo de negócios (ou de profissionais de determinados sectores da indústria dos serviços), tido como o mais rentável. Em consequência, são particularmente atrativos para a indústria do alojamento e não só. Uma grande convenção como a Web Summit realizada em Lisboa em 2019, registou a presença de 70 469 participantes[160]; um congresso médico de uma determinada especialidade de grande utilização regular, pode reunir cerca de 10 000 participantes. Ora, além dos congressistas inscritos, há os acompanhantes. Todas estas pessoas precisam de alojamento, de alimentação e de transportes para se deslocarem. Acresce que, em regra, fazem compras e vão a lugares de animação, museus e outros locais, muitas vezes envolvendo excursões.

Não é, pois, de estranhar que as cidades tenham desenvolvido departamentos para captarem a realização destes eventos, cuja decisão acontece com vários anos de antecedência. As infraestruturas da cidade dedicadas ao acontecimento e toda a indústria turística vocacionada para o acolhimento, estadia e entretenimento são rentabilizados. Para a hotelaria, eventos desta dimensão, envolvendo públicos com poder de compra elevado, são da maior importância pois significam taxas de ocupação elevadas ou mesmo ocupação plena.

Além disso, estas cidades também apresentam uma oferta cultural muito relevante. Logo, as principais cadeias hoteleiras procuram estar presentes, pois à rentabilidade inerente à localização, acrescentam aos membros da base de dados de clientes a possibilidade de continuarem a optar pelo alojamento na cadeia, rentabilizando a fidelidade e minimizando a possibilidade de o cliente conhecer e eventualmente passar para a concorrência.

[160] Machado, M. (2020). *Web Summit esgotada com o número máximo de participantes: 70 469*, Observador, https://observador.pt/2019/11/01/web-summit-esgotada-com-o-numero-maximo-de-participantes-70-469/, acedido a 27-02-2020.

7.2.2.2 O desempenho no *ranking* do T&TCR e o turismo de férias de verão

O outro grande movimento de fluxos turísticos na Europa são as férias laborais e de estudantes, que movimentam milhões de famílias, nomeadamente no verão. Parte significativa dos países da bacia de mediterrâneo desenvolveram fortemente a sua indústria turística nas regiões do litoral, criando destinos turísticos cujo principal produto é o denominado «sol e mar», com usufruto do lazer proporcionado por praias de areias douradas, mar tranquilo e temperaturas da água do mar e atmosférica muito agradáveis. Vejamos a tabela seguinte relativa a alguns dos principais países da bacia do mediterrâneo, tendo como referência a posição no T&TCR e as chegadas internacionais de turistas.

Tabela 7-4. Países da bacia do mediterrâneo com grande peso no turismo de férias de «sol e mar»

País	Posição no ranking do T&TCR	Resultado no T&TCR	Diferença face à média (%)	Número de turistas em 2018	Aumento do número turistas 2017/18 (%)	Receita média por chegada (US$, 2018)
Espanha	1	5,4	41,4	82 773 000	1,1	891,2
Portugal	12	4,9	27,2	22 800 000	7,5	860,6
Grécia	25	4,5	18,1	30 123 000	10,8	631,7
Turquia	43	4,2	9,8	45 768 000	21,7	551,0
Egito	65	3,9	1,3	11 346 000	36,8	1023,7
Marrocos	66	3,9	1,2	12 289 000	8,3	632,7
Tunísia	85	3,6	-6,8	8 299 000	17,7	206,4

Fonte: Elaborado a partir de dados do T&TCR e UNWTO Highlights 2019;
Cálculos do autor para a receita média por chegada a partir dos dados da UNWTO Highlights 2019.

Da tabela depreende-se estarmos perante países com diferentes posições no T&TCR.

Portugal, Espanha e Grécia estão em posições confortáveis e com diferenças percentuais significativas de desempenho face à média; a Turquia está numa posição intermédia, mas claramente acima da média e com margem para progredir. Países como o Egito e Marrocos estão ligeiramente acima da média e a Tunísia abaixo; todos têm um caminho por fazer no sentido de se guindarem a melhores desempenhos e se afirmarem de forma mais competitiva no sector. Em termos da receita média por turista, ela tem variações muito significativas como se pode constatar.

No que concerne ao número de turistas que recebem, encontramos volumes muito consideráveis e com taxas de crescimento notáveis até 2019, pois alguns estavam claramente a recuperar de problemas de segurança verificados no passado.

São mercados a ter em conta pela indústria hoteleira. O principal problema que se coloca advém do facto do produto «sol e mar» ter um pico de procura nos meses de verão e decresce significativamente no inverno. Problema semelhante se coloca com os destinos de montanha, cuja sazonalidade é a inversa (época alta no inverno, com a abundância de neve e a prática dos desportos conexos). Logo, estes destinos turísticos têm o problema da sazonalidade, que impede o funcionamento em escala ótima das unidades hoteleiras e coloca questões de rentabilidade. Na verdade, se a uma taxa de ocupação acima de 90% no verão corresponder uma taxa de 30% ou menos no inverno, os hotéis podem enfrentar uma situação em que a receita não cobre importantes custos fixos, como a energia e o pessoal. Acresce que a gestão do pessoal necessário na época alta face à época baixa obriga à existência de uma significativa mão-de-obra sazonal, o que pode traduzir-se numa menor qualidade do serviço e em problemas de satisfação dos clientes.

Assim, muitos hotéis tomam a decisão de encerrar durante os meses de época baixa. Veja-se a propósito o gráfico alusivo a esta situação aplicado ao Algarve, principal região turística no sul de Portugal. Note-se ainda que a hotelaria urbana tende a não ter este problema de forma tão marcada, pois os fluxos de turistas tendem a ser mais regulares ao longo do ano.

Figura 7-3. Camas encerradas ao longo do ano devido a problemas motivados pela sazonalidade na região do Algarve

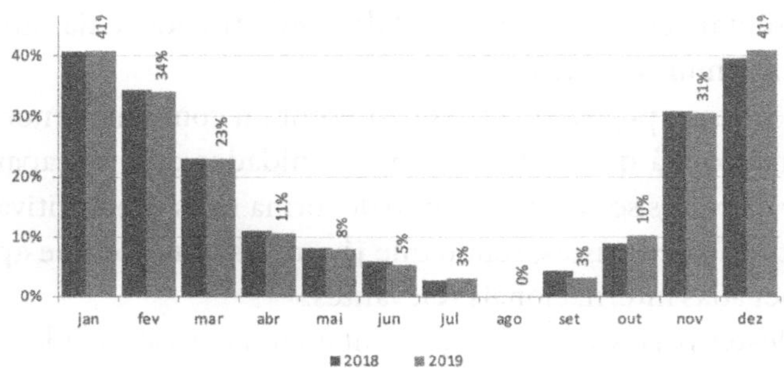

Fonte: AETHA, Balanço do ano de 2019 e perspetivas para 2020[161].

[161] AHETA (2020). *Balanço do ano de 2019 e perspetivas para 2020,* disponível em Microsoft Word - Balanço 2019 7-2-2020.docx, acedido a 23-02-2020.

A receita média por chegada de turistas é de 885$, como se pode verificar na tabela 7-4 relativa a destinos do mediterrâneo, variando entre a menor receita da Tunísia (mercado em recuperação em 2019) e a mais elevada do Egito (país que além da sua extraordinária oferta cultural está estrategicamente bem colocado entre os mercados emissores da Europa, Ásia, Médio Oriente e África).

Comparativamente com países onde predomina o turismo de negócios e/ou as viagens de curta duração a cidades, denominadas de *city break*, encontramos neste caso valores mais elevados, podendo referir-se como exemplo a Suíça (1497$), a Alemanha (1105$) ou o Reino Unido (1428$). Porém, o país com a receita média por turista mais elevada é os EUA com 2693$.

Em síntese:

Em termos deste breve enquadramento, podemos desde logo constatar que é muito relevante o local em que se exerce a atividade turística e a hoteleira em particular.

Confirma-se que os principais países do *ranking* do Travel & Tourism Competitiveness Report, são atores de primeiro plano no sector turístico.

Parece pacífico concluir que estar presente na região da Europa/Eurásia e nestes países em particular representa uma mais-valia incontornável, dado o nível de estruturação que o sector apresenta, a elevada procura que os fluxos de turistas demonstram, além da rentabilidade espectável. Se verificarmos a localização dos hotéis das principais vinte cadeias internacionais, facilmente concluímos que a maioria está presente nas grandes capitais europeias e em expansão para cidades médias. Nas outras regiões, há naturalmente países que se apresentam com o mesmo nível de competitividade da Europa e que são igualmente muito atrativos.

Nas regiões que, por enquanto, se apresentam com um menor índice de desenvolvimento, há que estudar as oportunidades que vão aparecendo à medida que os países se vão integrando de forma mais competitiva no movimento da atração de turistas, sendo que já são bastantes os que apresentam fluxos de chegadas internacionais relevantes.

Muitos destes países/cidades representam uma possibilidade de internacionalização ou de crescimento internacional efetiva, pois podem estar fora do radar das grandes cadeias e consequentemente são ocasiões a aproveitar por quem souber entender a cultura local e tiver capacidade de adaptação. Refira-se a propósito um excerto do estudo sobre a «Internacionalização da hotelaria portuguesa para mercados emergentes»[162], elaborado a partir das respostas a um inquérito efetuado a diretores de hotéis situados em países de África e nordeste do Brasil, em que é salientado, no que concerne às principais características da região de operação:

> os aspectos que mereceram nota positiva foram a localização da unidade hoteleira e o clima; os atrativos turísticos disponíveis, a oferta de serviços complementares de restauração e o relacionamento com as autoridades locais e policiais. Os aspectos que obtiveram avaliação menos favorável foram a segurança e a saúde pública, a legislação laboral, a política de impostos e, com pior resultado, a disponibilidade de recursos humanos com formação adequada.

Logo, as companhias que tenham *know-how* e capacidade de adaptação a estas realidades podem ter nestes mercados boas oportunidades de crescerem, ajudando em simultâneo o sector turístico a fazer o seu percurso e colaborando com a economia local a guindar-se a melhores patamares de desempenho.

Naturalmente que existem outros eventos não habituais que podem interferir decisivamente e por períodos alargados nos fluxos internacionais de turistas e, por consequência, no trabalho das pessoas e organizações. Referimo-nos a eventos como epidemias, guerras, ações terroristas ou desastres naturais, entre outros fenómenos de elevada magnitude que impactem com o funcionamento e desenvolvimento regular do sector. Naturalmente que cabe aos decisores, em particular, criar condições para que exista a necessária estabilidade e confiança para a circulação dos turistas com segurança, e a todos a mudança de hábitos e comportamentos em nome da sustentabilidade ambiental, base de todo o edifício terrestre.

7.3 OS RESULTADOS DA INDÚSTRIA – PRINCIPAIS INDICADORES DE DESEMPENHO/KPI

No seguimento do que foi referido na introdução, iremos neste ponto ver de perto os resultados obtidos pela indústria hoteleira, utilizando os principais indicadores de medida, normalmente referidos como KPI — Key Performance Indicators.

[162] Carrasqueira, H., M; Garcia, P., Carrasqueira, M. (2018). *A internacionalização da hotelaria portuguesa para os mercados emergentes*. Investigaciones turísticas (15), pp. 34-48. Disponível para consulta em: http:// dx.doi.org/10.14198/INTURI2018.15.02

Apesar de existir um largo conjunto de indicadores para medir o desempenho em hotelaria, há um pequeno conjunto que reúne consenso como sendo os mais relevantes, pelo que nos debruçaremos sobre eles, numa perspetiva pedagógica e estruturante, para melhor compreensão das matérias seguintes. São eles a taxa de ocupação, a receita média diária, o rendimento por quarto disponível e o lucro operacional bruto por quarto disponível. Vejamos de seguida.

A taxa de ocupação (OCC)

Este indicador permite verificar qual o número de quartos ocupado por hóspedes face ao total disponível. É uma métrica importante pois sem ocupação não há geração de receita. Potencialmente o resultado mais desejado para o indicador são os 100% ou um valor o mais próximo possível. Porém, a sua verdadeira interpretação é mais complexa do que à partida pode parecer; de facto, de nada serve ter o hotel com 100% de ocupação se a diária cobrada aos clientes for demasiado baixa e não permitir gerar a desejada rentabilidade.

A taxa de ocupação também flutua ao longo do ano, de acordo com a procura e muitas vezes tendo em conta a sazonalidade, que afeta particularmente a hotelaria de lazer. Por vezes a ocupação pode ser tão baixa que inviabiliza manter o hotel a funcionar na época baixa. Ao invés, na hotelaria das grandes cidades, com vastas áreas de negócios e serviços, a rotação de clientes é elevada, mas relativamente estável, permanente, proporcionando taxas médias de ocupação elevadas e consequentes rentabilidades. Veremos este assunto adiante.

Entretanto, partindo do princípio de que estamos num ambiente competitivo, em que o preço da diária será o mais elevado possível tendo em atenção as condições do hotel, a sua localização e o preço praticado pelos concorrentes, a taxa de ocupação é um importante meio para medir a capacidade competitiva quando comparada com a dos concorrentes.

Para se aferir a taxa de ocupação (Occ) num determinado dia podemos usar a seguinte fórmula:

$$\text{Occ} = \frac{\text{N.º de quartos ocupados}}{\text{N.º total de quartos}} \times 100 \qquad (1)$$

Aplicação: Vejamos o seguinte exemplo de aplicação numa unidade hoteleira virtual, situada numa cidade com um milhão de habitantes e que tem por nome «Exclamação»; a sua oferta é constituída por 60 quartos, com um preço médio de 55 €. Se a taxa de ocupação fosse 100%, a receita máxima seria 2400 €.

Porém, no dia *n* estavam ocupados 42 quartos. Então a taxa de ocupação será:

$$\text{Occ} = \frac{42}{60} \times 100 = 70\%$$

A taxa de ocupação, tendo em conta a média semanal, será obtida em dois passos:

$$\text{Média semanal } (w) = \frac{\sum \text{n.º de quartos ocupados nos vários dias da semana}}{\text{Dias da semana}} \quad (2)$$

Então, a taxa média de ocupação para a semana será:

$$\text{OccW} = \frac{\text{Média W}}{\text{N.º total de quartos}} \quad (3)$$

Aplicação: a ocupação para a semana é a seguinte:

Segunda	Terça	Quarta	Quinta	Sexta	Sábado	Domingo	**Total**
28	30	37	43	52	58	42	**290**

Então, a taxa de ocupação média para a semana é de:

$$\text{OccW} = \frac{\left(\frac{290}{7}\right)}{60} \times 100 = 69\%$$

A diária média (ADR — Avarage Daily Rate)

Indica a receita que é obtida pelos quartos num determinado período, por exemplo numa base diária. O hotel tem interesse em ter este indicador o mais elevado possível pois dele em muito depende a rentabilidade. A taxa média diária varia em função da ocupação do hotel e esta com a época do ano ou os dias da semana, como no caso dos hotéis de cidade. Quando há eventos que geram elevadas taxas de ocupação, a receita média diária acompanha com a necessária subida. Porém, dentro do mesmo hotel pode haver quartos com diferentes rentabilidades atendendo ao seu perfil (duplo *standard versus* superior, ou mesmo *suite*) e de acordo com as comissões pagas relativas ao canal de distribuição que gerou o cliente. O ADR dá ao hoteleiro uma ideia da rentabilidade operacional do hotel e permite a comparação com a concorrência e com o seu histórico.

Note-se que o ADR e a taxa de ocupação são as métricas fundacionais na hotelaria em termos de desempenho financeiro[163].

Em termos de aferência geral, a fórmula mais usada é a seguinte.

$$\text{ADR} = \frac{\text{Receita gerada pelos quartos}}{\text{N.º de quartos ocupados}} \tag{4}$$

Aplicação: Retomando as vendas do dia *n*, temos 42 × 55 = 2310 €; então a receita média diária foi de 55 € (note-se que para simplificar estamos a utilizar um preço fixo para o quarto).

$$\text{ADR} = \frac{2310}{42} = 55\ €$$

Quando os dados são apresentados numa base semanal ou mensal, é comum falar-se em ARR — Average Room Rate (Receita média do quarto):

$$\text{ADR} = \frac{\text{Total da receita gerada pelos quartos}}{\text{Total de quartos ocupados}} \tag{5}$$

[163] Reid, R. e Bojanic, D. (2009). *Hospitality Marketing Management*, 5th Edition. Wiley and Sons. pp. 305–306.

Aplicação: As vendas da semana são 290 × 55 = 15 950 €; então a receita média semanal será de 55 €:

$$ADR = \frac{15\,950}{290} = 55\ €$$

A ADR (e o ARR) medem o desempenho financeiro do hotel.

O rendimento por quarto disponível (RevPAR — Revenue per Available Room)

Este indicador é dos mais importantes em hotelaria pois dá-nos a receita média por quarto disponível. É particularmente relevante na comparação com outras unidades hoteleiras concorrentes, na aferição da rentabilidade face à série de dados homólogos do histórico e uma referência quando são necessários efetuar cálculos de rentabilidade de uma nova unidade hoteleira a construir.

$$RevPAR = \frac{\text{Receita total}}{\text{N.º de quartos disponíveis}} \tag{6}$$

O indicador pode ser desagregado no sentido de obter resultados por tipo de quarto (individual, duplo *standard* ou superior, *suite* ou familiar) ou por canal de vendas (*walk-in*, OTA, Operador, *website*, etc.). Esta análise dá-nos os mais e menos rentáveis, pelo que permite a tomada de decisões estratégicas sobre o *mix* de oferta ou de canais de distribuição preferenciais.

O indicador também pode ser obtido a partir dos outros indicadores já antes referidos, ou seja, a ARR e a Occ. Assim:

$$RevPAR = ARR \times Occ \tag{7}$$

Um aumento do RevPAR traduz-se na melhoria do resultado do hotel.

Aplicação: Retomando as vendas do dia *n*, o RevPAR foi de 38,5 €.

$$RevPAR = \frac{2310}{60} = 38{,}5\ €$$

Ou, utilizando a fórmula 7:

$$55 \times 0,7 = 38,5€$$

Vejamos a evolução dos resultados para a semana:

Tabela 7-5. Evolução dos resultados

Dias	Segunda	Terça	Quarta	Quinta	Sexta	Sábado	Domingo
Receita total	28 × 55 = 1540	30 × 55 = 1650	37 × 55 = 2035	43 × 55 = 2365	52 × 55 = 2860	58 × 55 = 3190	42 × 55 = 2310
Número de quartos	60	60	60	60	60	60	60
RevPAR	25,6	27,5	33,9	39,4	47,7	53,2	38,5

Fonte: elaboração própria.

Como podemos verificar, mesmo mantendo o preço do quarto fixo, à medida que a ocupação aumenta, sobe também a receita por quarto disponível. Todavia, sabemos que na hotelaria os preços tendem a subir à medida que a ocupação cresce. Vejamos de novo o exemplo, mas com alteração do preço quarto a partir do momento em que se atinge metade da capacidade, sendo que os preços evoluem da seguinte forma: de 31 a 39 quartos reservados o preço sobe 10%; de 40 a 49 sobe 20%; de 50 a 60 sobe 40%, considerando como base o preço de 55€.

Figura 7-4. Evolução do RevPAR

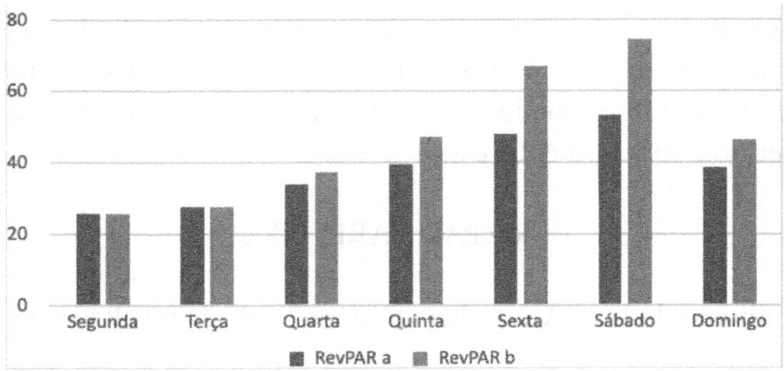

Fonte: Elaboração própria.

Assim, a partir do gráfico podemos constatar que o aumento do preço em função do acréscimo de ocupação permite o aumento do rendimento por quarto disponível. Justifica-se, pois, esta política que na atualidade é praticada de forma crescente pelas unidades hoteleiras.

O RevPAR tem ainda outras variações que podem ser úteis. Assim, se quisermos efetuar o cálculo tendo em atenção a totalidade da receita proporcionada pelo hóspede no hotel (e não apenas a restrita ao alojamento), indicaremos essa receita no denominador, e o indicador, sendo o mesmo, passa a designar-se por TrevPar (*Total revenue per available room*).

É igualmente importante ter em atenção o denominado NetRevPar (NRevPar) que considera as receitas deduzidas dos custos (ex. custos de distribuição), pelo que podemos considerar que avalia o valor líquido, aplicando a seguinte fórmula:

$$\text{NRevPAR} = \frac{\text{Receita total} - \text{Custos de distribuição}}{\text{N.º de quartos disponíveis}} \qquad (8)$$

Aplicação: um hotel virtual de 100 quartos, com uma receita total de 3 437 083, com um total anual de quartos disponíveis de 36 500, o seu RevPar será de 94,2 €. Porém, se encontrarmos os custos de distribuição (354 408), o NRevPar será o seguinte:

$$\text{NRevPAR} = \frac{3\,437\,083 - 354\,408}{36\,500} = 84{,}5\ €$$

Ou seja, verifica-se uma diminuição ao encontramos o valor líquido. Todavia, terá mais interesse se desagregarmos a análise, tendo em atenção os canais de reserva do hotel, como se expõe na tabela seguinte:

Tabela 7-6. Cálculo do NRevPar por canais de origem dos clientes

Segmentação clientes/canais	Quartos disponíveis	Receita quartos	RevPar	% RevPar	Custos vendas Diretos	Comissões %	Comissões valor	Custos distribuição	Receita líquida	NRevPar	% NRevPar
Corporate	36 500	3 832 500	105	18,6	6867	9%	344 925	351 792	3 480 708	95,4	18,8
OTA	36 500	3 577 000	98	17,3	6867	18%	643 860	650 727	2 926 273	80,2	15,8
AVT	36 500	3 431 000	94	16,6	6867	11%	377 410	384 277	3 046 723	83,5	16,5
OT	36 500	2 993 000	82	14,5	6867	14%	419 020	425 887	2 567 113	70,3	13,9
Grupos	36 500	3 212 000	88	15,6	6867	6%	192 720	199 587	3 012 413	82,5	16,3
Website	36 500	3 577 000	98	17,3	6867	3%	107 310	114 177	3 462 823	94,9	18,7

Fonte: Elaboração própria.

Nota: para simplificar, assumimos os mesmos custos de vendas para todos os canais.

Assim, podemos verificar o peso que cada canal de distribuição assume em termos de RevPar, como assinalado na quinta coluna da tabela, em termos percentuais; e compararmos com o peso obtido na última coluna, onde encontramos os valores percentuais do NRevPar.

Assim, como se constata, a rentabilidade melhora nas reservas dos clientes *Corporate* e *Website*; é mais baixa nas OT e OTA. A gestão do hotel fica a saber que deve incrementar as reservas diretas nos dois primeiros e reduzir nos menos rentáveis, apenas para nos referirmos aos extremos. Ou então, procurar baixar as comissões mais desfavoráveis que oneram a rentabilidade.

Uma nota adicional de esclarecimento para referirmos que o valor atribuído aos custos de vendas diretas decorre de termos considerado no exemplo os custos com salários de um *marketeer* e custos promoção do hotel. Como não dispúnhamos de informação sobre como afetá-los aos vários canais, optámos por distribuí-los uniformemente; porém, numa simulação real deve fazer-se um esforço para serem corretamente distribuídos. A comissão atribuída ao *website* decorre da afetação de custos de tecnologia relacionado com o seu funcionamento.

Em síntese, o conjunto de indicadores, Occ, ADR e RevPAR, calculados em permanência, permite ter uma noção da rentabilidade operacional, tomar medidas de adaptação, comparar-se com os concorrentes e efetuar previsões para rentabilidades futuras, acompanhadas de medidas estratégicas de aumento do desempenho.

Lucro bruto operacional por quarto disponível (GopPAR — Gross Operating Profit per Available Room)

Este indicador permite obter uma perspetiva mais global; tem a seu favor o facto de não se limitar à receita do quarto, mas considerar toda a receita gerada (por exemplo, restauração e bebidas, SPAS, eventos, etc.), assim como as respetivas despesas inerentes (por exemplo, custos fixos e variáveis). Estamos, pois, mais próximos de avaliar a saúde financeira do hotel, monitorizando o presente e tomando medidas de ajuste em termos futuros, se necessário.

$$\text{GopPAR} = \frac{\text{Receita total} - \text{Gastos operacionais}}{\text{N.º de quartos disponíveis}} = \frac{\text{Lucro bruto operacional (GOP)}}{\text{N.º de quartos disponíveis}} \qquad (9)$$

Um aumento da ocupação e da diária média, suportada pelos custos existentes, traduz-se num aumento da rentabilidade; se aumentarmos as reservas pelo *website* do hotel pagando menos comissões a intermediários, teremos uma melhoria do GopPAR; o mesmo acontecerá se aumentarmos a estadia média.

O GopPAR proporciona uma visão mais abrangente do valor do negócio, uma métrica útil para os acionistas, que assim aferem o potencial lucro que pode estar a ser gerado.

A principal diferença que podemos assinalar entre o RevPAR e o GopPAR é que o primeiro está centrado no rendimento que entra no hotel e o segundo preocupa-se com a rentabilidade global[164].

Aplicação: vejamos agora o exemplo aplicado no sentido de tornar mais clara a interpretação.

> Hotel com 60 quartos × 365 dias/ano = 21 900 quartos disponíveis;
> Preço quarto: 55€ — retomando o exemplo inicial.
> Receita total do hotel (receita dos quartos, alimentação e bebidas, etc.): 996 450;
> Despesa com salários, manutenção, despesas correntes, etc.: 418 509;
> GOP = 996 450 - 418 509 = 577 941 € (lucro operacional bruto);
>
> $$\text{GopPAR} = \frac{577\,941}{21\,900} = 26{,}4\ €;$$
>
> Ou seja, em cada ano o quarto gera 26,4 € de lucro.

O conjunto de indicadores apresentados são a base elementar de análise do desempenho das unidades hoteleiras. Existem múltiplas variações destes indicadores, que permitem aferir em cada momento a evolução do negócio em termos de rentabilidade imediata e/ou a tomada de medidas estratégicas de médio prazo, no sentido de posicionar o hotel em termos de competitividade face aos concorrentes e de sustentabilidade, no longo prazo.

164 Omnibees, Revpar e Goppar: *Saiba por que estes indicadores são essenciais na Gestão Hoteleira*, https://omnibees.com/blog/2019/10/revpar-e-goppar-saiba-por-que-esses-indicadores-sao--essenciais-na-gestao-hoteleira/, acedido a 27-02-2020.

7.3.1 OS INDICADORES EM ENQUADRAMENTO ALARGADO — GRANDES REGIÕES

Os principais KPI da hotelaria permitem também que tenhamos uma visão mais ampla da evolução do desempenho, seja quando nos detemos sobre os resultados de pequenas regiões dentro de um país ou quando olhamos para grandes espaços globais. De facto, em termos médios, a rentabilidade pode sofrer variações significativas dependendo da região de enquadramento.

Começando pelas quatro grandes regiões do globo (vide tabela seguinte), podemos verificar que a Europa tem o melhor desempenho em todos os indicadores; as taxas de ocupação estão na casa dos 70%, exceto no Médio Oriente/África onde são menos elevadas. Esta região melhora claramente a sua posição em termos da diária média, o que pode ser explicado pela oferta hoteleira ainda algo escassa. A Ásia Pacífico apresenta uma ADR e o RevPAR aquém da ocupação média, quando comparada com a Europa e Américas, o que pode ser explicado pela menor dimensão que caracteriza muitas das unidades hoteleiras locais. Há, todavia, uma diferença clara entre o rendimento por quarto disponível que se consegue na Europa e Américas face aos das outras regiões referidas.

Tabela 7-7. O desempenho das grandes regiões pelos principais KPI

Grande região	Occ (%)	ADR	RevPAR
Ásia Pacífico	74,4	85,82	63,84
Américas	73,4	111,42	81,82
Europa	78,5	116,07	91,09
Médio Oriente/África	58,0	102,18	59,25

Fonte: Elaborada a partir de dados da STR, 2017.

Se transportarmos agora a nossa análise para o interior de uma grande região como as Américas, podemos verificar que existem assimetrias significativas. Assim, a ocupação é mais elevada na América do Norte, enquanto no ADR e no RevPAR, o melhor resultado é obtido pelas Caraíbas. Os resultados mais baixos nos três indicadores acontecem na América do Sul.

Tabela 7-8. O desempenho da grande região Américas pelos principais KPI

Grande região Américas	Occ (%)	ADR	RevPAR
América do Norte	74,0	111,66	82,58
Caraíbas	71,8	161,22	115,72
América central	65,1	88,72	57,79
América do Sul	57,1	78,37	44,78

Fonte: Elaborado a partir de dados da STR, 2017.

O aumento significativo do número de turistas nas últimas décadas tem-se repercutido nomeadamente nas cidades. A globalização trouxe a facilidade dos transportes em larga escala; os média e a publicidade ajudaram a criar usos e costumes comuns; os dispositivos tecnológicos móveis tornam o mundo conhecido e a conhecer, à distância de um clique; acresce o aumento do rendimento, possibilitando que um número crescente de pessoas pudesse passar à condição de turista e visitar o exterior.

- O eixo central destas visitas são as cidades, nomeadamente as capitais, que têm para mostrar a história da sua existência (e dos seus países) através de múltiplos monumentos, museus e demais heranças culturais.
- Acresce serem centros de negócios, de conferências, de criação e transmissão de conhecimento através das suas universidades; e transformaram-se em grandes centros de lazer e entretenimento, com ruas, praças e parques que lhe são dedicados.

Não admira, pois, que a hotelaria das grandes capitais tenha experimentado um grande crescimento (como já foi referido em capítulos anteriores) dada a sua rentabilidade e que podemos comprovar na tabela seguinte. Como podemos constatar, há níveis de rentabilidade diversos, que podem variar em função de acontecimentos que afetem determinadas cidades, quer do ponto de vista positivo, quer negativo. Logo, é aconselhável verificar séries relativas a vários anos. Do exposto, relativo a 2017, obtemos no global resultados muito positivos, podendo notar-se que cidades como Paris (o destino mais visitado no mundo), se apresentam com uma ocupação na casa dos 77%, mas ADR e RevPAR mais elevado.

Tabela 7-9. O desempenho de algumas grandes cidades pelos principais KPI

Grandes Capitais	Occ (%)	ADR	RevPAR
Nova Iorque	90,8	199,38	180,99
Londres	87,5	184,10	161,08
Sidney	86,7	142,50	123.53
Pequim	83,1	74,86	62,21
Paris	77,5	253,54	196,62
Buenos Aires	66,7	96,84	64,59
Dubai	65,5	109,00	71,39

Fonte: Elaborado a partir de dados da STR, 2017.

7.3.2 OS INDICADORES EM ENQUADRAMENTO ALARGADO — REGIÕES DENTRO DE PAÍSES

Podemos também dedicar um pouco da nossa atenção às variações de rentabilidade dentro dos países. Um problema relevante para a rentabilidade hoteleira é o problema da sazonalidade nas regiões turísticas, ou seja, a variação recorrente da procura ao longo do ano. Ela decorre de causas naturais (clima e temperatura, por exemplo) ou institucionais (períodos de férias, tempos livres, eventos, etc.)[165]. Quando esta variação é significativa coloca questões sérias de rentabilidade das unidades hoteleiras pois, a partir de um determinado nível de baixa da taxa de ocupação, pode ser inviável manter o hotel a funcionar uma vez que a receita não cobre os custos. Se fechar a porta e prescindir dos recursos humanos (pessoal), pode perdê-los para a concorrência. Ora, numa atividade em que a qualidade do serviço na interação pessoal/cliente é decisiva, não é fácil encontrar equipas com a formação adequada para a época alta. É uma gestão difícil, que pode pôr em risco a competitividade das empresas, a atratividade de marcas internacionais e a sustentabilidade dos próprios destinos.

Vejamos no gráfico seguinte, relativo a Portugal, a comparação entre um destino de cidade como Lisboa (a capital e sua área metropolitana) e o principal destino de *resort* (sol e mar), o Algarve, no sul do país.

[165] Lee, C., Bergin-Seers, S., Galloway, G., O'Mahony, B. e McMurray, A. (2008). *Seasonality in tourism industry: Impacts and strategies*, Australia: CRC — Sustainable Tourism Pty Ltd, file:///C:/Users/Marga%20Carrasqueira/Downloads/80085-Lee_TourismIndustSeasonality-WEB.pdf, acedido a 28-02-2020.

Figura 7-5. Comparação entre uma região turística baseada no sol e mar e uma grande cidade capital (Ocupação *versus* RevPAR)

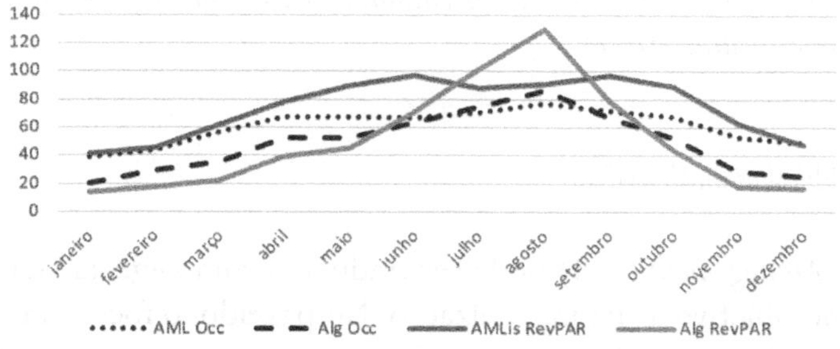

Fonte: Elaboração própria a partir de dados do INE[166].

Da leitura do gráfico extrai-se que a taxa de ocupação em Lisboa é mais constante ao longo do ano que a do Algarve, devido à sazonalidade afeta ao sol e mar, com o pico nos meses de verão. O RevPAR, por sua vez, é claramente superior na área metropolitana de Lisboa, apenas ultrapassado pelo Algarve nos meses do pico do verão, em que a região tende a estar a 100%.

Este exemplo é elucidativo da exposição que fizemos atrás. Mostra que no presente, a localização nas grandes cidades se apresenta como mais rentável face às regiões que apresentam a sua competitividade baseada na época estival. Mostra também a importância dos *Key Performance Indicators* como aferidores da rentabilidade das unidades hoteleiras e como instrumento de apoio à sua gestão. Seja a nível interno ou externo.

7.4 OUTROS ASPECTOS CRUCIAIS PARA O DESEMPENHO NA ATUALIDADE

Além da envolvente externa que condiciona o desempenho das empresas e dos aspectos internos que contribuem para a obtenção de resultados e que podemos medir através de KPI, acresce um conjunto de medidas que podem ser tomadas a cada momento, tendo em atenção o estado vigente da competitividade. No caso da hotelaria identificamos três políticas que na atualidade são consideradas como muito relevantes para um correto posicionamento

[166] INE, *Inquérito à permanência de hóspedes na hotelaria e outros alojamentos*, https://www.ine.pt/xportal/xmain?xpid=INE&xpgid=ine_destaques&DESTAQUESdest_boui=354090270&DESTAQUESmodo=2&xlang=pt, acedido a 15-03-2020;

dos estabelecimentos, visando a obtenção da rentabilidade necessária à perenidade do negócio: o *Revenue Management* (RM); o *Costumer Relationship Management (CRM) e a Política de Sustentabilidade. Vejamos alguns aspectos, ainda que breves, que as caracterizam.*

7.4.1 O *REVENUE MANAGEMENT* (RM)

O *Reveneu Management* (RM) pode ser traduzido como «gestão da receita», tendo como objetivo a sua maximização. No passado, o foco estava na taxa de ocupação do hotel e na obtenção da quota máxima, o que podia levar a vendas a preços mais baixos que o desejável, aumentando os custos variáveis e reduzindo a receita potencial[167].

Com a aplicação do RM pretende-se vender cada quarto ao cliente certo, pelo preço adequado, no sentido de se obter a receita mais elevada possível. Isto requer vender o inventário de quartos a preços diferenciados e pode implicar ficar com quartos por vender, mas aumentando a receita, como veremos adiante. Note-se que esta técnica de gestão foi desenvolvida pelas companhias aéreas, num cenário de grande concorrência na aviação, sendo conhecida por *Yield Management*[168].

Entretanto há uma questão prévia que emerge: o que justifica que se pratique preços diferentes para os mesmos produtos a comercializar, sejam quartos de hotel ou lugares de avião?

A resposta tem sido encontrada com base nas características dos serviços, ou seja: oferta perecível (quartos de hotel não ocupados ou lugares de avião não vendidos, são perdidos), a que se juntam custos operacionais elevados (trabalho e outros, como energia e água); oferta fixa no curto/médio prazo (ajustável a longo prazo, mas a custos elevados — negócio de capital intensivo); localização fixa (não é possível deslocar um hotel do seu local de implantação); sazonalidade, ou seja, flutuações regulares da procura coincidindo com determinados períodos do ano. Acrescem as habitualmente referidas características inerentes aos serviços: intangibilidade (serviços não palpáveis), heterogeneidade (no serviço prestado e

[167] Rushmore, S. e O'Neil, J. (2014). *Updated Benchmarks for Projecting Fixed and Variable Components of Hotel Financial Performance*, Cornell Hospitality Quarterly, 56(1), pp. 17-28, DOI:10.1177/1938965514538314.

[168] Miranda e Jimenez (2005). *Yield Management en la hotelería*, Ed. Turismo de Sevilla.

no cliente que o perceciona) e a inseparabilidade (da produção e do consumo) em simultâneo.

Estas características, acrescidas da diferenciação pelo tempo em que é feita a reserva e o reconhecimento de que temos à partida três grandes segmentos de clientes (negócios, lazer e outros), justificam a diferenciação de preços, sendo esta política aceite pelos clientes/mercado. Porém, o RM veio aprofundar claramente esta flexibilidade, que se pretende vantajosa para todas as partes envolvidas.

O RM é uma ferramenta que assenta na análise de dados para a tomada de decisões. Logo, é imprescindível a existência de um registo de dados no presente e os homólogos do(s) ano(s) anteriores para se poder fazer a comparação com o histórico. Para se propor o preço certo ao cliente adequado, como referido anteriormente, é necessário segmentar os clientes, sendo que uma diversidade de segmentos permitirá uma relação preço/serviço que tenha implícita a perceção de valor pelo cliente, que viabilize pagar o preço proposto. Naturalmente que, neste contexto, é imprescindível ter a sensibilidade de cada segmento de clientes ao preço, ou seja, a respetiva elasticidade, conceito da análise económica que se aplica neste caso (vide anexo 1 deste capítulo).

São vários os fatores que influenciam a decisão de adquirir alojamento num hotel (localização, serviços, estrutura, funcionários, etc.); porém, o preço é o elemento central da decisão e da ligação entre o produtor e o cliente. Na fixação de preços, não podemos deixar de ter em atenção o que é praticado pelos hotéis concorrentes. Logo, deve ser selecionado um conjunto de até cinco unidades similares, nas imediações, que disputem connosco os clientes potenciais, e efetuar o respetivo seguimento ativo.

No entanto, não podemos deixar de olhar em primeiro lugar para as nossas condições de operação. Assim, tendo presente que a receita deve, pelo menos, cobrir a totalidade dos nossos custos fixos, a partir de uma determinada taxa de ocupação que maximiza o lucro não interessa vender um número adicional de quartos (a não ser que aumente os preços), pois influenciaria de forma negativa os custos variáveis (vide anexo 2 deste capítulo). Ou seja, se a taxa de ocupação for elevada, mas a receita for de baixa rentabilidade, impactará negativamente com o lucro porque aumentam os custos variáveis, mas a receita não aumenta na mesma proporção[169].

[169] Vallen, G. e Vallen, J. (2009). *Check-in, Check-out: Managing Hotel Operations*, 6.ª Edição, Pearson International Edition.

Algumas estratégias de preços que podem ser seguidas, na prática[170]:

- Para taxas de ocupação favoráveis (diárias previstas ou efetivas), devem subir os preços para patamares mais elevados e cessar as vendas menos rentáveis (ex. OT ou OTA);
- Para taxas de ocupação desfavoráveis (diárias, previstas ou efetivas), devem baixar os preços; devemos medir o tempo de reação da procura. Podem não ter reação efetiva se o motivo for outro que não o preço;
- No seguimento da segmentação, o preço deve ser determinado para cada segmento, dando preferência aos mais rentáveis;
- Podemos passar clientes *repeaters* para quartos superiores. Estes ficam satisfeitos (*value for money*) e ficamos com mais quartos de preço mais acessível para vender aos restantes clientes, pois tendem a ter mais procura;
- Oferecer noite de *bónus* a quem reservar para estadias superiores a cinco dias;
- Num hotel das grandes cidades a procura tende a concentrar-se durante a semana e os fins de semana a serem mais fracos. Então, devemos reduzir as vendas dos intermediários durante a semana, praticando preços mais elevados e baixar preços no fim de semana, aumentando as disponibilidades do inventário para a comercialização por intermediários (sempre monitorizando a evolução dos preços nos hotéis de referência);
- Num hotel com dimensão, podemos colocar 2 ou 3 quartos à margem do inventário comercializável, no sentido de se jogar com o *overbooking*, tendo assim margem para rentabilizar os *no-shows* e evitar surpresas desagradáveis aos clientes na hipótese de não termos quarto disponível para uma reserva atempada.

Na aplicação do RM é comum estarem presentes as seguintes situações:

- Informação diária atualizada sobre a Taxa ocupação, ADR e RevPAR;
- Procura segmentada com análise da evolução de cada segmento (presente e comparativamente ao histórico) e disponibilidades;

[170] Madanços, M. (2015). *Estratégias de preços na indústria hoteleira e a sua influência na receita de alojamento*, FEP-UP, Tese de mestrado, https://repositorio-aberto.up.pt/bitstream/10216/79993/2/36260.pdf, acedido a 12-03-2020.

- Evolução de preços dos concorrentes;
- Informação sobre as tarifas mais baixa e mais alta, e definida a tarifa de *last minute*;
- Na revisão de tarifas deve ter-se em conta as flutuações cíclicas e os eventos locais;
- Eventuais descontos devem estar definidos e promoções exigem requisitos pré-definidos;
- Ter registo dos *repeters* (clientes que repetem a estadia), *no-shows* (não comparências), *declines* (cliente que recebeu informação sobre preço e não reservou) e cancelamentos;
- Definir a política de *upselling* e *deniels*;
- Registo da procura com hotel cheio e reservas sobre a capacidade (overbooking); dos clientes que não fazem reserva prévia; das *understays* (permanece menos dias que o reservado) e *overstays* (permanece mais dias que o reservado).
- Capacidade de previsão para antecipar a média de dias de reserva de cada segmento.
- A partir do ponto critico, não vender quartos disponíveis abaixo da rentabilidade definida.

Tenhamos presente que o RM é muito mais do aqui aflorado, apenas com o intuito de sensibilizar para a matéria, salientando a sua importância. De facto, esta é uma área que não raras vezes requer a operacionalização por um especialista, que forme a equipa do hotel, dado ser um trabalho diário. Se não for feito, mas a concorrência sim, não só se perde na rentabilidade imediata, como a espaços nos desatualiza e ditará perda de mercado e da competitividade da empresa.

Em suma, no RM devemos ter noção dos custos e preços do próprio hotel; analisar diariamente a receita e acompanhar os preços da concorrência; compreender e antecipar as tendências da procura; rever diariamente os preços a oferecer para as várias tipologias da oferta com um claro objetivo: maximização da receita.

Entretanto, a propósito de se conhecer os custos, veja-se no anexo 3 deste capítulo um breve exercício sobre cálculo de custos em hotelaria, primeiro através da denominada fórmula de Hubbart e depois pelo método do ponto crítico das vendas.

7.4.2 *COSTUMER RELATIONSHIP MANAGEMENT* (CRM)

Na política comercial do hotel o *Customer Relationship Management* (CRM)[171] tem vindo a ganhar preponderância, normalmente traduzido por gestão do relacionamento com o consumidor. Em relatórios internacionais[172] podemos encontrar análises que recomendam uma crescente atenção a este assunto, como elemento-chave na satisfação do cliente e consequente tradução no sucesso comercial. O CRM e o *Revenue Management*, sendo distintos, completam-se, pois concorrem para o mesmo objetivo: o aumento da receita.

O conceito de CRM é executável no ambiente digital em que nos movemos de forma crescente. O recurso às reservas online e a acumulação de informação por parte do hotel sobre os clientes permite, através da análise de dados, a sua caracterização, a sua segmentação e consequente proatividade na gestão da relação com o cliente, personalizando a estadia e transformando-a em satisfação. O resultado esperado é que o cliente possa repetir a estadia e que lhe sejam propostos produtos e atividades que vão de encontro às suas necessidades e, dessa forma, aumente a sua satisfação por um lado e a rentabilidade para o hotel, por outro.

Sem rodeios, o departamento comercial dirá «vendas eficientes e o mais produtivas possível». De forma mais académica, a estratégia passa por uma série de estratégias e ações que visam perceber e conhecer profundamente os consumidores e antecipar e atender suas necessidades. A operacionalização está essencialmente assente em soluções tecnológicas, podendo definir-se três momentos principais[173]: o CRM analítico (recolha de dados e o seu tratamento), CRM operacional (definição dos processos de negócio e sua operacionalização) e o CRM colaborativo (pontos de contacto e iteração com o cliente).

Exemplos meramente elucidativos de ações passíveis de empreender, tendo em atenção que: é necessário captar clientes; proporcionar uma estadia segura, confortável e de boa memória; efetuar a gestão do pós-estadia, com vista ao retorno do cliente ou à divulgação de opinião positiva sobre o hotel. Assim:

[171] Peppers, D. & Rogers, M. (2004). *Managing Customer Relationships: A Strategic Framework.* 1st ed. London: Wiley.

[172] Delloite, *2017 travel and hospitality industry outlook*, file:///C:/Users/Helder%20Carrasqueira/Downloads/us-cb-2017-travel-hospitality-industry-outlook.pdf, acedido a 18-06-2020.

[173] Peppers, D., e Rogers, M. (2004). *CRM Series - Marketing 1 to 1*, Brasil, Ed. Makron.

- Ações promocionais para antecipar uma determinada percentagem das reservas de verão feitas diretamente no *website* do hotel;
- Identificar os veículos na *net* onde efetuar as promoções no sentido de atingir os clientes que considera adequados;
- Ações dirigidas a épocas específicas como a Páscoa, feriados com ponte, feiras comerciais, eventos como festivais de música, etc.
- Ações dirigidas a datas pessoais dos clientes, como o aniversário, a data de casamento, etc.;
- Desconto ao novo cliente se disponibilizar os dados e aderir ao clube de amigos;
- Cartão de fidelização (pode ser virtual) com acumulação de pontos e subsequentes descontos no hotel/cadeia hoteleira;
- Parceria com outros operadores de atividades afins para acumulação de pontos reutilizáveis em ambas as companhias;
- Oferta de cortesia adaptada na chegada;
- Oferta do estacionamento para *repeaters* com estada superior *n* dias;
- Dia adicional de estadia para reservas acima de um determinado número de dias;
- Recheio do *frigobar* adaptado ao consumo do cliente;
- Oferta de vale de consumo a cliente que fez 2/3 da estadia e nunca utiliza o restaurante do hotel ou o bar;
- Propor desconto no SPA a clientes que estejam identificados com problemas do aparelho locomotor;
- Propor o tipo de quarto/andar adequado;
- Identificar particularidades no cliente que permitam ajustar uma atenção especial/oferta;
- Enviar votos de felicidades no aniversário e no Natal;
- Solicitar avaliação de estadia no *follow-up*;
- Gestão de todas as reclamações;
- Acompanhamento de críticas e opiniões nas redes sociais e portais de reservas.

Acresce que estas propostas, ou parte delas, deverão ser adequadas aos segmentos definidos à priori[174]. Naturalmente que algumas delas apenas serão ajustadas a clientes «estrela», ou seja, com elevada rentabilidade para o hotel, sendo da maior importância a sua manutenção.

[174] Kotler, P. (1998). *Administração de Marketing: análise, planeamento, implementação e controlo*, São Paulo: Ed Atlas.

O estabelecimento de um sistema de CRM tem custos de tecnologia, manutenção e de técnicos para a sua operacionalização. Em consequência, o hotel tem de ter dimensão que o justifique. Todavia, o mesmo parece inevitável, nos tempos que correm, para cadeias hoteleiras, nomeadamente se forem internacionais. Ao deterem unidades em vários destinos e poderem desenvolver ações de *cross-selling* entre a sua oferta, torna-as particularmente aptas para a execução e rentabilização desta política de marketing.

Naturalmente que um hotel independente, com dimensão, também deve ponderar trabalhar com o sistema de forma ativa. De facto, num inquérito realizado para o mercado espanhol[175] em abril de 2020 constatou-se que 23% dos turistas britânicos são *repeaters*; melhor, 28% dos turistas alemães repetia a estadia no mesmo hotel. São, pois, clientes com uma relação de fidelidade elevada com o destino e mesmo com o hotel, que é necessário preservar. O mesmo estudo acrescentava ainda o perfil tipo do cliente de cada um destes importantes mercados emissores. A título de exemplo, recorrendo aos turistas alemães, 45% têm 65 anos ou mais e 21% tem entre 16 e 30 anos; 55% viajam em casal e 31% em família; 47% conheceram o hotel através dos canais online e 26% através do *word-of-mouth*; quanto ao canal, as reservas são 58% via OT, 38% pelas OTA e 4% diretamente no *website* do hotel. É, pois, evidente que um hotel tem todo o interesse em deter informação deste género sobre os seus clientes no sentido de saber: onde captar clientes; que facilidades deve ter para proporcionar uma estadia adequada; como prestar um serviço de qualidade devidamente adaptado; como gerir o pós-estada, preparando o retorno ou tendo no cliente um divulgador junto de potenciais novos clientes. E todos conhecemos a frase-chave: conquistar novos clientes é mais caro que manter os já existentes[176].

Naturalmente que não há melhor condição de fidelização do cliente que a prestação de um serviço de qualidade e o estabelecimento de uma relação de confiança.

[175] González, T. (2020). *Británicos y alemanes fidelizados, salvavidas de los hoteles españoles?*, Estudo da Geshotel, Hosteltur, https://www.hosteltur.com/135797_britanicos-y-alemanes-fidelizados-salvavidas-de-los-hoteles-espanoles.html, acedido a 18-06-2020.

[176] Kotler, P. e Armstrong, G. (1999). *Princípios de Marketing*, S. Paulo: Ed. Atlas.

7.4.3 A POLÍTICA DE SUSTENTABILIDADE

A sustentabilidade está intrinsecamente relacionada com a possibilidade de usar e/ou consumir um determinado recurso sem que isso afete a capacidade de poder ser consumido por outros. Esta temática já vem sendo referida por cientistas e ambientalistas que alertam para a finitude dos recursos e apelam a um consumo racional, o que passa por novas formas de produção e consumo.

Porém, nas últimas duas décadas, ocorreu um conjunto de eventos relacionados com as alterações climáticas[177], cuja cobertura pelos média e o forte impacto que têm sobre as populações atingidas, contribuíram para aumentar de forma significativa a consciência das populações para esta realidade.

Para o turismo em geral e a hotelaria em particular, este é um tema que consideramos da maior importância, embora admitamos que para muitos gestores de hotéis esta ainda é uma problemática não essencial ou até uma questão de marketing; um assunto que apenas interfere com consumidores de nicho; uma moda, que nada decide verdadeiramente. Pensamos que esta perspetiva é redutora, carece de visão estratégica e não tem futuro.

Assim, identificamos três grandes áreas que devem centrar a reflexão sobre o assunto: os recursos disponíveis; a consciência ambiental; a regulação. Face a este contexto, encontramos o posicionamento da hotelaria.

- Os recursos disponíveis — água potável, consumo de energia e formas de a gerar, recursos de contexto (neve, areia da praia, paisagem), qualidade do ar, recursos culturais, entre outros, são fatores cruciais para o turismo.

  Tem vindo a ser referida a diminuição da pluviosidade em várias zonas do globo, o que reduz as disponibilidades hídricas de água potável ou água passível de satisfazer os consumos humanos e a manutenção dos ecossistemas. Os hotéis tendem a ser grandes utilizadores de água, pois uma das facilidades fornecidas ao cliente é a possibilidade de tomar banho diário; acrescem os que têm piscinas, áreas ajardinadas ou mesmo campos de golfe. Ou seja, para além dos custos

[177] CDP (2019). *Major risk or rosy opportunity — Are companies ready for climate change?*, https://6fefcbb86e61af1b2fc4-c70d8ead6ced550b4d987d7c03fcdd1d.ssl.cf3.rackcdn.com/cms/reports/documents/000/004/588/original/CDP_Climate_Change_report_2019.pdf?1562321876, acedido a 02-07-2020.

inerentes, a verificar-se escassez de água podemos ter aqui um problema de difícil solução.

O consumo de energia é outro dos grandes custos de um hotel, inerentes ao seu funcionamento. A redução desta fatura tem andado a par com medidas de promoção da eficiência, como a adoção de lâmpadas que se desligam e voltam a reagir na presença de movimento nos espaços comuns, a adoção de tecnologias como os led, ou a aquisição de equipamentos menos consumidores. Acrescem as fontes de produção, que podem ser um fator externo (carvão ou renovável, que impacta com a imagem) ou interno, se houver crescente recurso a produção própria complementar, caso da energia solar.

A maioria dos hotéis tem a localização como fator de justificação da sua existência. A prestação do serviço de alojamento está diretamente relacionada com a procura dos clientes, em virtude do local em que estão implantados.

A neve justifica as estâncias de inverno, na montanha; a praia e as águas calmas do mar, as estâncias de verão, como no mediterrâneo ou nas Caraíbas. As paisagens específicas, como as quedas de água, justificam conjuntos de oferta hoteleiras conexas.

Porém, tendem a ser áreas sensíveis que foram, não raras vezes, sujeitas a forte pressão urbanística sobre o território, que o torna vulnerável face a fenómenos como as cheias. Entretanto, um fenómeno que se vem tornando comum é o desaparecimento das areias das praias face a tempestades, o que requer que se volte a proceder ao seu enchimento, com gastos dos recursos públicos. E se tal não for possível, por motivos técnicos ou financeiros? Nas montanhas, a escassez de neve em vários pontos de referência ou a irregularidade da sua presença em estâncias de montanha, constituem outro desafio, que os canhões de neve nas pistas de *ski* vão disfarçando.

A qualidade do ar é outro recurso que à partida parece pouco relevante, mas que tende a ganhar crescente importância, desde logo porque a sua deterioração tende a estar relacionada com a poluição dos transportes. Ora, os turistas usam transportes para se deslocar para os destinos e nos locais da estadia (não é difícil constatar o incrível número de *transfers* de pequena dimensão que hoje circula entre os aeroportos e os hotéis). Este é um tema relevante, pois o somatório das emissões pode levar a que se estabeleça a pegada de determinados destinos ou sub-regiões dentro do destino, e que se tomem medidas para a sua redução, interferindo diretamente com formas de deslocação de turistas, ou limitações de acesso a determinados locais sensíveis que poderão interferir com localizações de unidades hoteleiras.

Os recursos culturais são poderosos argumentos de atração de turistas, sejam de exposição ao ar livre, em espaços urbanos na rua, em edifícios próprios, entre outros. As grandes cidades tendem a ter a sua oferta devidamente orientada para o usufruto pela clientela turística. Porém, o sucesso pode ser de tal ordem que dê origem a situações de engarrafamento ou entupimento, por excesso de turistas. O conceito de capacidade de carga desloca-se então da natureza para a capacidade urbana. Acresce que o excesso de procura esbarra com a vida dos residentes, que assim veem o seu espaço social invadido por multidões, levando a que cresça um sentimento de aversão ou animosidade em relação ao turista; esta problemática tem originado estudos sobre o *overtourism*[178].

- A consciência ambiental — A assunção pela sociedade que existe uma necessidade de preservação dos recursos e de reconversão das atividades para a sustentabilidade tem vindo em crescendo. Hoje é comum a adesão a comportamentos como a reciclagem ou o apoio à economia circular da reutilização. Os fenómenos de alterações climáticas, amplamente divulgados pela comunicação social, têm ajudado a esta consciencialização. As novas gerações são tendencialmente ativistas desta consciencialização, que deverá traduzir-se na alteração dos hábitos de consumo tidos como adquiridos.
- A regulação — Todos os aspectos já referidos induzem ação por parte do poder político que tende a regular no sentido de minimizar as situações enunciadas. Porém, pelo seu impacto, especialmente económico, a sua dinâmica tende a ser lenta e atrás do prejuízo, pese embora os relatórios de aviso dos cientistas. Porém, os eventos induzidos pelas alterações climáticas no grande público e nomeadamente o surgimento de partidos políticos à volta da causa ambiental ou animal com crescente representação parlamentar, pressionam por medidas efetivas neste campo, que deverão ser incrementadas.

[178] NHTV Breda/NHL Stenden (2019). *Overtourism? – Understanding and managing urban tourism growth beyond percepcions*, Volume 2: Case studies, UNWTO, Madrid.

Os fatores enunciados ao nível dos recursos turísticos, são a trave que justifica a existência de múltiplos destinos turísticos e os correspondentes produtos. Se eles desaparecerem ou forem fortemente abalados, a atividade turística pode ser reduzida em vários níveis ou mesmo desaparecer. Naturalmente que os vários elos na cadeia de valor serão ajustados. As alterações climáticas, a crescente consciência ambiental e a esperada reação dos reguladores, são aspectos que a hotelaria e demais operadores da cadeia de valor não devem/não podem ignorar, pois, *in fini*, a sua sobrevivência depende de todos contribuírem para uma efetiva sustentabilidade.

Outras duas áreas que podemos enunciar prendem-se com os protagonistas:

- Os Avaliadores Externos/*Stakeholders* — Independente da atitude que uma empresa tenha sobre a sustentabilidade, não pode eximir-se à avaliação externa por outrem. Por exemplo, os Operadores Turísticos tendem a ter políticas ativas de sustentabilidade, dado o transporte ser um elemento decisivo da sua ação e este ser um relevante poluidor. Logo, tentam compensar com outras áreas em que a sua exigência cresce, no sentido de demonstrarem ao cliente o seu comprometimento com a causa. Logo, os hotéis tendem a ser alvo de avaliação, podendo vir a ser excluídos os que não cumpram determinadas exigências.
- Clientes — Haverá um grupo de clientes que terão atenção à atitude do hotel face à sustentabilidade, antes de confirmar uma reserva. É um erro pensar que são apenas um nicho e nada relevantes face a elementos fundamentais da decisão de compra como a localização, o preço e a qualidade percebida. Isto porque no presente existe, de forma crescente, a referida consciência ambiental pelo que o cliente tende a sentir-se mais confortável se o hotel ou a cadeia hoteleira a demonstrarem.

O turismo é uma atividade que depende dos recursos turísticos. Se estes não forem preservados, não haverá turismo. Logo, é uma obrigação dos gestores dos destinos turísticos e dos operadores que interagem na cadeia de valor chegarem a consenso sobre a capacidade de carga dos destinos e as práticas de sustentabilidade ambiental a desenvolver no sentido de preservar a atividade, a viabilidade das empresas e garantir os postos de trabalho de milhões de trabalhadores.

Ao nível da hotelaria, uma política de sustentabilidade ativa não pode quedar-se por duas ou três ações emblemáticas e uma política de comunicação que faça passar a imagem. É necessário preparar o futuro virando toda a organização para a responsabilidade social e ambiental[179], contribuindo para a competitividade da empresa num contexto de sustentabilidade.

Quadro 7-1. Esquema de sustentabilidade em hotelaria — Cadeia de intervenientes potenciais

<table>
<tr><td colspan="5">Pressão de avaliadores externos/Stakeholders</td></tr>
<tr><th>Hotéis (face à sustentabilidade)</th><th>Recursos disponíveis</th><th>Consciência ambiental da sociedade</th><th>Regulação estatal</th><th>Clientes/Turistas</th></tr>
<tr><td>Política real e ativa de sustentabilidade;

Promoção da eficiência e comunicação de marketing;

Comunicação marketing sem efetividade real;

À margem do processo.</td><td>Água;
Energia;
Qualidade do ar;
Recursos naturais: praia; mar; neve; paisagem, etc.
Recursos culturais: monumentos; museus; património imaterial, etc.</td><td>Postura das novas gerações;

Crescendo geral da consciência ambiental.</td><td>Políticas ambientais;

Ministério dedicado;

Partidos ambientalistas.</td><td>Atitude do turista ativista;

Turista em consciencialização com atitude;

Turista alheio ao problema (mas com reação potencial face a eventos).</td></tr>
<tr><td colspan="5">Transportes/emissões de CO^{2}/qualidade do ar</td></tr>
<tr><td colspan="5">Eventos imprevisíveis na esfera ambiental/saúde pública/política.</td></tr>
</table>

Fonte: Elaboração própria.

Para terminar este ponto realizamos uma breve avaliação de 30 sites corporativos, em dez países, abrangendo três tipologias hoteleiras: uma grande cadeia, uma pequena cadeia e um hotel independente. Procuramos informação sobre preços, localização, informação relativa à qualidade apresentada e referências à política de sustentabilidade ambiental.

Como resultado obtivemos: os três primeiros parâmetros estão presentes em todos os sites. Quanto à política de sustentabilidade ambiental, ela é quase inexistente na hotelaria independente, pouco referida nas pequenas

[179] Deloitte (2015). *Hospitality 2015 — Game challenges or spactators?* https://pt.slideshare.net/rutgersmits/deloitte-hospitality-2015-game-changers-or-spectators, acedido a 02-07-2020.

cadeias e sempre presente nas grandes cadeias. No seguimento, efetuamos um levantamento das medidas nas grandes cadeias sobre este assunto, pelo que apresentamos a seguinte súmula no quadro seguinte:

Quadro 7-2. Medidas de sustentabilidade ambiental anunciadas por grandes cadeias hoteleiras (de dez países diferentes) nos respetivos *websites*

- Referências a medidas de poupança de energia/produção renovável;
- Referências à poupança de água e existência de circuitos de reaproveitamento da água; por exemplo; dos banhos e chuveiros das piscinas, com tratamento e reutilização nas regas de jardins; ou simplesmente, acabar com os banhos em favor dos chuveiros; renovar os chuveiros para dispersores mais eficientes;
- Produção de água quente a partir de tecnologia de fontes renováveis ou tradicionais de maior eficiência;
- Redução dos plásticos e programas de combate ao desperdício alimentar;
- Utilização de papel reciclado;
- Abastecimento de produtos frescos (por exemplo; frutas, legumes) junto de fornecedores locais — diminui a emissão de carbono no aprovisionamento e promove o efeito multiplicador local;
- Uso de ovos, apenas produzidos por galinhas em liberdade nas quintas;
- Programas de consciencialização ambiental junto dos hóspedes;
- Programas internos de formação dos trabalhadores sobre a temática;
- Alinhamento da política de sustentabilidade pela Agenda 2030 da ONU[180];
- Apresentação de *Logos* de certificação em sustentabilidade ambiental;
- Plantação de árvores para diminuição da pegada[181] ambiental;
- Apresentação de relatórios de evolução dos seus resultados em termos de sustentabilidade.

Fonte: Elaboração própria.

Acrescem ações a nível social como acordos de colaboração com instituições locais ao nível da formação e recuperação de património.

Deixamos aqui estes tópicos em jeito de sugestão. A sustentabilidade é na nossa opinião um fator maior na preservação dos destinos turísticos e nas empresas que se pretendem eficientes e com futuro.

[180] UN (2015). *Global Movement — Government Transparency, The Sustainable Development Goals (SDG)*, https://worldtop20.org/global-movement?gclid=CjwKCAjwi_b3BRAGEiwAemPNU8URZ9C9abZGyVMfPW35ohBJjr2_HBEV8AGMI3FoGB7Dx2msmVIc9xoCIvcQAvD_BwE, acedido a 02-07-2020;

[181] Hammond, G. (2006). *People, planet and prosperity: The determinants of humanity's environmental footprint*, Natural Resources Forum 30, pp. 27–36.

Anexo 7.1
Cálculo de elasticidades

Neste exemplo consideramos o «Hotel Reticências» como tendo 60 quartos. Na semana correspondente à Páscoa (compreende férias dos estudantes, um dia com feriado e por vezes dispensa total ou parcial dos funcionários públicos, em outro dia), o nosso hotel virtual tem somado nos últimos três anos uma taxa de ocupação próxima dos 100%. Dado estarmos num ciclo de crescimento do turismo e de crescimento económico, a direção comercial propôs um aumento de 10% no preço dos quartos, que foi aceite.

No ano anterior (*n-1*), quinze dias antes da referida semana, as reservas estavam em torno dos 95%; porém, no ano corrente da análise (*n*), na data homóloga, a taxa de ocupação era menor, pelo que decidiram avaliar o que se estava a passar. Convém referir que a quase totalidade dos clientes, nesta semana, eram nacionais do país, fazendo reserva direta ao hotel, pelo que eram alocados 50 quartos duplos para esta procura, restando 10 quartos para outros canais de distribuição.

Neste contexto, a direção comercial constatou que se verificava uma quebra de reservas destes clientes em termos homólogos: taxa de ocupação de 72% no ano *n* (corrente) e uma receita diária projetada de 3 492€, contra 95% no ano transato (*n-1*) e uma receita de 4136€. Posteriormente passou-se a uma análise mais fina: o hotel tinha os clientes nacionais divididos em três segmentos:

- Casais com um ou dois filhos (DI1/2K, *double income, 1 or 2 kids*) — classificados como A;

- Casais sem filhos (DINK, *double income, no kids*) ou com crianças até 2 anos, podendo partilhar o quarto com os pais — classificados como B;
- Casais com mais de 65 anos sem filhos (*Empty nest*) — classificados como C.

No seguimento e porque o único fator que se havia alterado era a revisão em alta dos preços, resolveram realizar uma análise da Elasticidade Preço da Procura (ED) destes segmentos, usando a fórmula seguinte:

$$ED = \left| \frac{\dfrac{\Delta Q}{(Q1 + Q2)/2}}{\dfrac{\Delta P}{(P1 + P2)/2}} \right|$$

Tabela A 7.1-1. Segmentos de mercado do hotel Reticências

Segmentos	Ano	Preço (€)	Número de quartos reservados	Grau de elasticidade	Receita (€)
A	Ano *n*-1	88	28	–	2464
	Ano *n*	97	20	3,43*	1940
B	Ano *n*-1	88	9	–	792
	Ano *n*	97	7	2,57	679
C	Ano *n*-1	88	10	–	880
	Ano *n*	97	9	1,08	873

Fonte: Elaboração própria.

* Executando, a título de exemplo, o cálculo da Elasticidade preço-procura para o exemplo A:

$$ED = \frac{\dfrac{\Delta Q}{(Q1 + Q2)/2}}{\dfrac{\Delta P}{(P1 + P2)/2}} = \frac{\dfrac{-8}{(20 + 28)/2}}{\dfrac{9}{(88 + 97)/2}} = 3{,}43.$$

Nota: É comum em economia o cálculo das elasticidades ser apresentado como positivo, daí a utilização da função em módulo[182].

[182] Samuelson e Nordhaus, Economia, 16ª edição, McGrawHill, Lisboa, 1999.

No seguimento, concluiu-se o seguinte:

- O segmento A e B apresentam um elevado grau de elasticidade (valores superiores a 1) ou seja, a variação percentual da procura é superior à variação percentual do preço (para o segmento A, o aumento de 10% revelou uma queda nas reservas de 28,6%; para o segmento B, o aumento de 10% correspondeu a uma queda de 22,2% nas reservas). A perda de receita para estes segmentos é de 637€, correspondendo a uma perda de receita de 524€ para o segmento A e de 90€ para o segmento B.
- O segmento C apresenta uma variação dos quartos vendidos muito baixa, podendo mesmo afirmar-se que a procura é quase rígida dado o valor obtido para a elasticidade de 1,08. De facto, atente-se na receita por dia: 880€ no ano n-1 e 873€ no ano *n*.

No seguimento, o departamento comercial concluiu que foi um erro o aumento dos preços. O segmento C consegue responder ao novo preço quase sem alteração; porém, os segmentos A e B reagem negativamente ao preço com uma quebra na procura. Resta, pois, corrigir a situação no médio prazo e no curto prazo tomar medidas para mitigar a situação como: aumentar a oferta de serviços associados ao preço (oferta de jantar; oferta de acesso ao SPA; dia adicional para quem reservar na semana por mais de cinco dias, etc); ou efetuar preços de *last minute* em datas mais próximas da semana em causa, entre outros.

Entretanto, esta quebra nas reservas e receita podia ter sido evitada se o departamento comercial tivesse um seguimento das reservas através da elaboração de gráficos semanais para análise. Estes devem apresentar a curva de reservas do ano anterior (ou média dos últimos três anos) e a curva das reservas no ano corrente para os períodos homólogos. A programação deve prever a apresentação de alertas de desvio, no momento X, como se pode ver no gráfico seguinte, e não reagir apenas no momento Y (como foi o caso que apresentamos neste anexo).

Figura A 7.1-1. Evolução das reservas de quartos entre janeiro e março para o segmento A

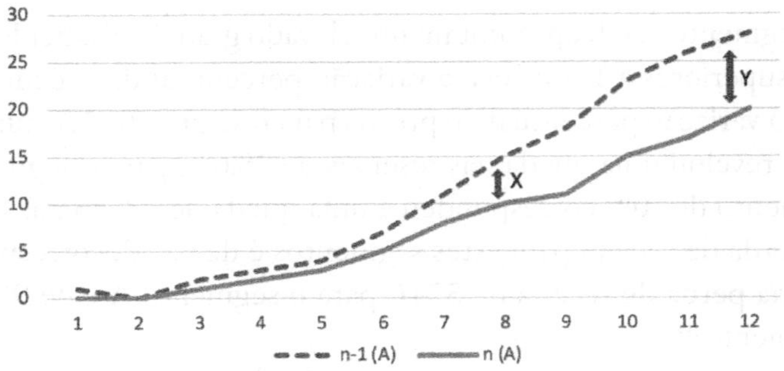

Fonte: Elaboração própria.

Anexo 7.2

A quantidade ótima de produção — análise marginal

A questão de quanto deve uma empresa produzir pode ser respondida com recurso à análise marginal. Esta compara o ganho que vamos ter na produção de mais uma unidade adicional (receita marginal) e o custo a suportar com a sua produção (custo marginal).

No caso presente temos os hotéis A e B que são semelhantes, da mesma categoria, com o mesmo número de quartos (60) e estrutura de custos similar. O hotel A tem preços de venda fixos nos 55€, enquanto o B, procura maximizar a receita, aumentando o preço de venda dos quartos a partir do momento que atinge os 50% de vendas. A alteração de preços é progressiva em função do número de quartos vendidos. A análise é realizada com a evolução da procura/oferta durante cinco dias (de segunda a sexta-feira) e tendo em atenção os respetivos custos/receitas.

Recorrendo à análise marginal que nos é legada pela economia aplicada às empresas, vamos apresentar a produção que maximiza o lucro para o hotel A.

Tabela A 7.2-1. Aplicação da análise marginal ao cálculo do lucro máximo (Hotel A)

	Hotel A											
Dias	Quartos vendidos	Custos fixos	Custos variáveis	Custo total	Receita total	Custo médio	Custo marginal	Custo variável médio	Preço médio	Lucro total	Receita marginal	Lucro marginal
seg	28	648,9	585,0	1233,884	1540	44,1	—	20,89	55	306,12	—	—
ter	30	648,9	652,1	1300,99	1650	43,4	33,55	21,74	55	349,01	55,00	21,45
quar	37	648,9	923,8	1572,724	2035	42,5	38,82	24,97	55	462,28	55,00	16,18
quint	43	648,9	1209,1	1857,986	2365	43,2	47,54	28,12	55	507,01	55,00	7,46
sex	52	648,9	1747,4	2396,305	2860	46,1	59,81	33,60	55	463,70	55,00	-4,81

Fonte: Elaboração própria.

A lei da produção ótima refere que o lucro é maximizado quando o custo marginal da última unidade produzida é igual à receita marginal. Interpretando agora os dados, o hotel A atinge o lucro máximo quando a sua produção de quartos (vendas) está num intervalo entre 43 e 52, pois como se pode verificar na coluna do lucro marginal, este passa a negativo. Quisemos então saber com exatidão, qual seria o número de quartos vendidos para se obter a situação ótima, pelo que refinámos a análise, quarto a quarto. O resultado diz-nos que o hotel A maximiza o seu lucro quando vende 45 quartos (ver quadro seguinte). Este pressuposto é confirmado pelo facto do custo marginal da última unidade produzida estar muito próximo da receita marginal e porque obtém o melhor resultado na coluna do lucro total (resultante da receita total menos custo total).

Tabela A 7.2-2. Otimização da aplicação da análise marginal ao cálculo do lucro máximo (Hotel A)

Quartos vendidos	CF	CV	CT	Receita	CMe	CMg	CVMe	Preço Médio	Lucro Total	Receita Marginal	Lucro Marginal
43	648,9	1209,1	1858,0	2365,0	43,2	51,3	28,1	55,0	507,0	55,0	3,7
44	648,9	1261,9	1910,8	2420,0	43,4	52,9	28,7	55,0	509,2	55,0	2,1
45	**648,9**	**1316,4**	**1965,3**	**2475,0**	**43,7**	**54,5**	**29,3**	**55,0**	**509,7**	**55,0**	**0,5**
46	648,9	1372,6	2021,5	2530,0	43,9	56,2	29,8	55,0	508,5	55,0	-1,2
47	648,9	1430,5	2079,4	2585,0	44,2	57,9	30,4	55,0	505,6	55,0	-2,9
48	648,9	1490,2	2139,1	2640,0	44,6	59,7	31,0	55,0	500,9	55,0	-4,7

Fonte: Elaboração própria.

Podemos completar a compreensão do exposto com a análise gráfica seguinte. Assim, a maximização do lucro acontece no ponto X (interseção da curva do custo marginal com a receita marginal), correspondendo aos 45 quartos. Na linha de lucro total, o ponto Y corresponde ao ponto de lucro máximo, que naturalmente está alinhado com o ponto X, anteriormente referido. Então, estamos em condições de verificar que, a manter-se o preço de 55€, para vendas de quartos acima de 45, o lucro total irá começar a diminuir (evolução decrescente da curva à direta do ponto Y).

A justificação porque o hotel A não deve vender quartos acima de 45, mantendo o preço de 55€, estará no facto de o lucro diminuir, fruto de um aumento superior dos custos marginais face à receita marginal. Uma taxa de ocupação superior deve ser acompanhada do aumento do preço. Caso contrário, o hotel estará a aumentar a taxa de ocupação, mas a diminuir a rentabilidade.

Figura A 7.2-1. Aplicação gráfica da análise marginal

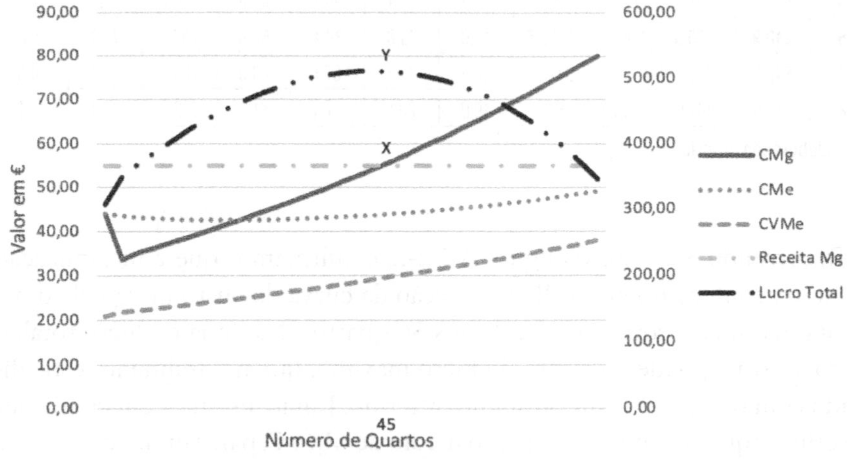

Fonte: Elaboração própria.

[Numa breve nota técnica, importa reter que a tabela A 7.2-1 é de cariz académico, pretendendo demonstrar a existência de uma quantidade ótima de produção. Quando aplicado a um outro exemplo, aconselhamos a utilização da tabela A 7.2-2 (incrementos unitários na quantidade produzida/serviços disponibilizados)].

Vejamos agora o caso do hotel B. Neste caso, o preço mantém-se em 55€ até atingir a ocupação de 50% (30 quartos). A partir de então os preços de venda dos quartos sobem de forma progressiva em função do número de quartos vendidos. Assim, do quarto 31 ao 39 o preço sobre para 60,5€ (aumento de 10%); do 40 ao 49 para 66€ (20%) e de 50 a 60 para 77€ (40%). O preço médio é de 61,69€ (calculado através da média ponderada).

Passando de imediato à análise mais fina, quarto a quarto, o resultado diz-nos que o hotel B maximiza o seu lucro quando vende 56 quartos (ver tabela seguinte). Este pressuposto é confirmado pelo facto do custo marginal da última unidade vendida estar muito próximo da receita marginal e porque obtém o melhor resultado na coluna do lucro total (resultante da receita total menos custo total).

Tabela A 7.2-3. Otimização da aplicação da análise marginal ao cálculo do lucro máximo (Hotel B)

Quartos vendidos	CF	CV	CT	Receita	CMe	CMg	CVMe	Preço Médio	Lucro Total	Receita Marginal	Lucro Marginal
54	648,9	1887,9	2536,8	3239,5	47,0	71,3	35,0	60,0	702,7	77,0	5,7
55	648,9	1961,3	2610,2	3316,5	47,5	73,4	35,7	60,3	706,3	77,0	3,6
56	**648,9**	**2036,9**	**2685,8**	**3393,5**	**48,0**	**75,6**	**36,4**	**60,6**	**707,7**	**77,0**	**1,4**
57	648,9	2114,8	2763,7	3470,5	48,5	77,8	37,1	60,9	706,8	77,0	-0,8
58	648,9	2194,9	2843,8	3547,5	49,0	80,1	37,8	61,2	703,7	77,0	-3,1

Fonte: Elaboração própria.

Recorrendo à análise da figura A 7.2-2, confirmamos que a maximização do lucro acontece no ponto X (interseção da curva do custo marginal com a receita marginal), correspondendo aos 56 quartos. Na linha de lucro total, o ponto Y corresponde ao ponto de lucro máximo, que naturalmente está alinhado com o ponto X, anteriormente referido. Então, estamos em condições de verificar que, a manter-se o preço médio de 61,69€, para vendas de quartos acima de 56, o lucro total irá começar a diminuir (evolução decrescente da curva à direta do ponto y).

Comparando os dois hotéis, a unidade B que pratica preços progressivos maximiza a sua rentabilidade a um valor médio por quarto mais elevado: 61,69€, contra 55€ do A. O lucro total maximizado é de 707,7€ do B contra 509,7€ do A. Daqui extraímos a conclusão que, desde que a procura suporte a prática de preços crescentes ajustados ao nível de ocupação, fazê-lo contribui para o aumento da rentabilidade.

Figura A 7.2-2. Aplicação gráfica da análise marginal

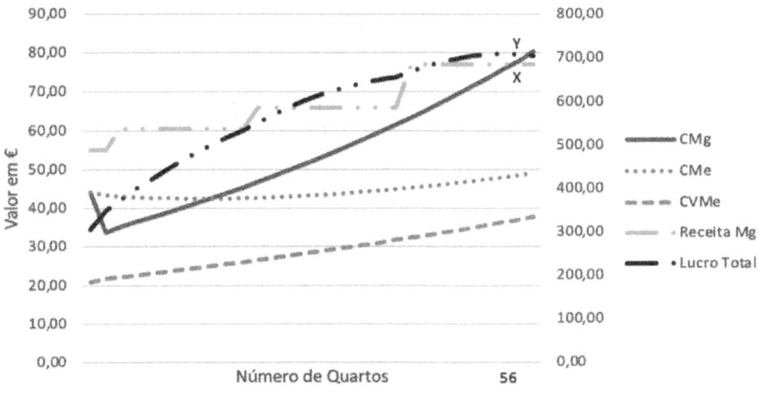

Fonte: Elaboração própria.

Vejamos agora a situação em que os dois hotéis decidem aceitar ocupação a 100%. Para o hotel A temos uma receita total de 3300€; para o B 3701,5€. Aparentemente é uma boa situação para ambos pois, esta é a receita mais elevada que obtêm. Todavia, atendendo ao crescimento dos custos, o lucro total do A reduz-se para 288,8€ e do B para 690,3€. Ou seja, o lucro total diminui porque o lucro marginal começa a ser negativo a partir do referido ponto Y. Assim, a evolução do lucro marginal é o resultado do aumento crescente e superior do custo marginal face ao valor da receita marginal[183].

Em síntese, a presente demonstração de âmbito académico, serve para mostrar que é desejável conhecer a quantidade ótima de produção que maximiza a receita. O lucro máximo pode ser obtido retirando quartos da comercialização. Havendo procura que percecione valor na nossa oferta, podemos praticar preços diferenciados e crescentes, deslocando o ponto de maximização da receita (como defende a prática de políticas de *Revenew Management*). Naturalmente será sempre possível melhorar a rentabilidade se diminuirmos os custos.

[183] Nabais e Ferrera, *Microeconomia – lições e exercícios*, Ed Lidel, 2010.

Anexo 7.3

Cálculo de preço de referência e número de quartos a comercializar — Fórmula de Hubbart e Método do Ponto Crítico

A FÓRMULA DE HUBBART

A formação do preço de comercialização dos quartos é um dos desafios em hotelaria. Ter presente qual o preço médio da diária que deve ser cobrado é uma base de raciocínio indispensável a uma gestão sensata. Para tal é necessário saber qual a respetiva estrutura de custo[184].

Enquanto nas grandes companhias hoteleiras é comum haver um conhecimento detalhado deste fator, tal não acontece, por vezes, com os hotéis independentes. Não é raro ouvirmos falar em métodos algo casuísticos como: estudar os preços dos concorrentes homólogos (hotéis de categoria e localização semelhante) e fixar o preço em função do que achamos que vale a nossa oferta face a eles; seguir o preço de hotéis de cadeias líder e fazer preços sombra, de seguimento; analisar qual o preço que capta mais clientes para o nosso hotel e tê-lo como base de referência. Este caminho deixa-nos «nas mãos de outros» e à mercê de estratégias que não comandamos.

[184] Faria, A. (s/d). *Noventa anos de normalização setorial: O sistema uniforme de contabilidade para a indústria do alojamento (USALI)*, disponível em https://www.occ.pt/fotos/editor2/anarfariaehc.pdf, acedido a 23-07-2021.

É, pois, desejável conhecer o preço médio adequado para o nosso alojamento de forma mais elaborada. Para tal, veremos de seguida, como exemplo, a denominada Fórmula de Hubbart (FH)[185] — desenvolvida no sentido de responder a esta questão[186].

$$FH = \frac{[(\text{Retorno esperado} + \text{Custos operacionais}) - \text{Outros rendimentos}]}{\text{Dormidas projetadas}} = \text{Tarifa do quarto} \quad (1)$$

A fórmula projeta o retorno desejado, tem em atenção as despesas operacionais e tem em conta a receita que não pertence ao alojamento. Vejamos uma aplicação prática[187] para uma melhor perceção (primeiro os pressupostos e depois a operacionalização).

Tabela A 7.3-1. Dados do hotel Aspas

Hotel Aspas	
Investimento total	4 625 000 €
Capital próprio	1 250 000 €
Empréstimo bancário	3 375 000 €
ROE pretendido	12%
Impostos (IRC)	21%
Taxa de Juro	5%
Amortizações, Impostos e Seguros	270 000 €
Custos operacionais não distribuídos	558 000 €
Resultados F&B (receita)	25 000 €
Resultados outros (despesas)	45 000 €
Número de quartos	90
Dias do ano (n)	365
Taxa de ocupação prevista	68%
Custo unitário alojamento	12 €

Fonte: Elaboração própria.

[185] Chi, C., *Hotel Room Pricing and Yield Management*, https://apps.aoi.wsu.edu/onlineMedia/pdf_version/hbm491_04_art(c131).pdf, acedido a 16-03-2020.
[186] Jones, P. e Lockwood, A. (2004). *The management of hotel operations*, Ed. Thomson, UK.
[187] Oliveira, P. (2010). *Formula Hubbart*, https://hotelarianacional.blogspot.com/2010/02/formula-hubbart.html, acedido a 16-03-2020.

Tabela A 7.3-2. Obtenção do preço médio da diária por quarto

	Resultado líquido (1)			150 000 €
	Resultado líquido = Capital próprio × ROE	1 250 000 €	0,12	150 000 €
	Resultados antes de impostos (2)			189 873 €
	Resultado antes de impostos = Resultado líquido/(1 – IRC)	150 000 €	(1 – 0,21)	189 873 €
(+)	**Empréstimo × Taxa de juro (3)**	3 375 000	0,05	168 750
(=)	**Resultados antes de juros e impostos (2 + 3 = 4)**	189 873 €	168750	358 623 €
(+)	**Previsão de amortizações, impostos e seguros (5)**			270 000 €
(=)	**Resultados antes de custos fixos (4 + 5 = 6)**			628 623 €
(+)	**Previsão custos operacionais não distribuídos dos departamentos (7)**			558 000 €
(=)	**Resultados necessários dos departamentos operacionais (6 + 7 = 8)**			1 186 623 €
(+)	**Resultados dos departamentos (excluindo alojamento) (9)**			20 000
	Alimentação e bebidas		-25 000	
	Outras despesas		45 000	
(=)	**Resultados totais dos departamentos (excluindo alojamento) (8 + 9 = 10)**			1 206 623 €
(+)	**Custos diretos do alojamento (11)**			268 056 €
	[n.º quartos × 365 × 68% (taxa de ocupação prevista) × custo unitário do quarto]			
(=)	**Resultados totais do alojamento (10 + 11 = 12)**			1 474 679 €
	Quartos vendidos (13)			22 338 €
	[Potencial de ocupação (n.º quartos × dias do ano) × Taxa de ocupação prevista]			
	Preço médio da diária (ADR)			66 €
	(Resultados totais do alojamento/quartos vendidos)			

Fonte: Elaboração própria.

A fórmula de Hubbart pode ser considerada *top/down* pois começa pela rentabilidade pretendida, o que é particularmente importante para os investidores e para quem financia uma parte do investimento (por exemplo, um banco), e vai descendo até chegar ao preço da diária. Tem em consideração impostos, depreciações, seguros, custos fixos e variáveis da operação. Tem atenção a taxa de ocupação que deverá ser realista e adequada ao tipo de estabelecimento/localização da unidade hoteleira. A partir dos custos apurados e da expetativa de ocupação, estabelece-se a diária média (ADR) que deve ser tida como referência para a rentabilidade pretendida para o projeto/investimento.

Naturalmente que o preço a apresentar ao cliente deverá em cada momento ser ajustado, tendo em atenção aspectos como a sazonalidade, a taxa de ocupação previsível (ver tabela seguinte), a concorrência e aspectos internos como o tipo de quartos a comercializar e outras disponibilidades. Contudo não parte para este exercício de forma aleatória pois tem uma base de referência dada pela fórmula de Hubbart.

Tabela A 7.3-3. Evolução anual do ADR obtido pela fórmula de Hubbart no exercício do Hotel Aspas

		jan	fev	mar	abr	mai	jun	jul	ago	set	out	nov	dez
AMLisboa	occ cama em média	38,08	43,43	56,6	67,17	67,01	66,88	70,41	76,58	71,26	66,96	53,09	48,36
Hotel Aspas	ADR	108€	97€	77€	67€	67€	67€	64€	60€	64€	67€	81€	88€

Fonte: Elaboração própria.

Nota: Os valores apresentados têm como referência a taxa de ocupação cama na área metropolitana de Lisboa em 2019.

MÉTODO DO PONTO CRÍTICO DAS VENDAS

Este é um método importante pois permite identificar qual o ponto crítico nas vendas que é suficiente para a cobertura dos custos fixos[188]. Neste caso, a nossa referência será o número de quartos a comercializar para obter este desiderato.

Suponhamos então que o virtual «Hotel Reticências» tem os seguintes pressupostos:

Tabela A 7.3-4. Dados hotel Reticências

Custos Fixos (CF)	250 000 €
Preço Médio de Venda ao Público (PMVP) do quarto	65 €
Custos variáveis unitários por quarto (CV)	21 €

Fonte: Elaboração própria.

A quantidade de quartos a comercializar será a nossa incógnita (Q). A fórmula a executar será a seguinte:

[188] Henriques, H. (2012). *Revenew Management em 10 passos*, http://henriquehenriques.blogspot.com/2012/12/revenue-management-em-10-passos-passo-4.html?view=snapshot, acedido a 18-03-2020.

$$Q = \frac{CF}{(PMVP - CV)}, \text{ ou seja,} \qquad (2)$$

$$Q = \frac{250\,000}{(65 - 21)} = 5681{,}8 \text{ quartos.}$$

Assim, é necessário vender 5681,8 quartos para que os custos fixos sejam devidamente cobertos. Em valor (V), teremos:

$$V = PMVP \times Q, \text{ ou seja,} \qquad (3)$$

$$V = 65 \times 5681{,}8 = 369\,317 \text{ €}$$

Obtemos desta forma o denominado ponto morto das vendas (*break even point*), pelo que também se obtém o GOP (Resultado Operacional Bruto) = 0.

Podemos também calcular o ponto crítico das vendas considerando o resultado esperado, através da seguinte fórmula (R para resultado esperado e que neste caso propomos que seja de 230 000 €):

$$Q = \frac{(CF + R)}{(PMVP - CV)}, \text{ ou seja,} \qquad (4)$$

$$Q = \frac{(250\,000 - 230\,000)}{(65 - 21)} = 10\,909 \text{ quartos.}$$

No seguimento, podemos afirmar que para cobrir os custos e obter um resultado de 230 000 € é necessário efetuar vendas de 10 909 quartos, a que corresponde uma recita total de 709 010 €.

Chegados a esta fase, é necessário saber:

- A unidade hoteleira tem capacidade de alojamento suficiente?
- A taxa de ocupação (TOcc) vai de encontro ao exigido e corresponde ao padrão da região? (Neste caso assumimos que TOcc será 56%.)

- O preço médio utilizado está em linha com os hotéis de igual categoria do local/região (*benchmark*)? (Aqui, assumimos que será de 65 €.)

Assim e tendo em atenção que o hotel Reticências tem 60 quartos:

Potencial de vendas: 365 dias/ano × 60 = 21 900 quartos;

Taxa de ocupação: $\frac{10\,909}{21\,900} = 49{,}8\%$;

RevPAR = PMVP × TOcc = 32,4 €. (5)

- Em face do exposto, tendo em atenção os custos e os resultados identificados, podemos concluir que: Este hotel tem disponibilidade de alojamento para os suportar;
- A taxa de ocupação está abaixo da média da região, pelo que é desejável a implementação de políticas para a sua melhoria (por exemplo, investir na promoção);
- O preço médio está em linha com o *benchmark*;
- O RevPAR deverá melhorar se se conseguir aumentar a ocupação ou aumentar a diária média (por exemplo, via implementação do *Revenue Managent*).

Entretanto, devemos ter presente que na atual situação, se o hotel gerar os resultados pretendidos, atrás enunciados, apresenta uma Margem de Segurança[189] (MS) interessante, como se pode constatar da execução da fórmula abaixo (resultado em percentagem, sendo Vr o valor realizado e V o valor do ponto crítico das vendas):

$$MS = [(Vr - V)/V] \times 100, \text{ ou seja,} \qquad (6)$$

$$[(709\,090 - 369\,317)/369\,317] \times 100 = 92\%.$$

Recorde-se que o ponto crítico define que os custos operacionais estão cobertos, pelo que do lucro apresentado ainda é necessário suportar os custos financeiros, nomeadamente impostos, taxas, amortizações e depreciações, e assegurar a remuneração dos capitais próprios investidos.

[189] Contabilista (2010). *Margem de segurança*, Contabilista.pt, http://contabilista.pt/margem-de-seguranca/#ixzz6IDJd3jPV, acedido a 18-03-2020.

Em síntese, com este anexo quisemos deixar, de forma breve, dois exemplos de cálculos de custos em hotelaria, que são avisados para se exercer uma gestão mais analítica e se poder implementar políticas como as de *Revenue Management*.

8

A Internacionalização das Companhias Hoteleiras Ibéricas

8.1 ENQUADRAMENTO

A Península Ibérica apresenta uma situação geográfica que a qualifica de forma excecional para o turismo, nomeadamente o de sol e mar e o de *resort*. Tendo começado na década de sessenta do século xx, experimentou um extraordinário desenvolvimento entre as décadas de 70 e 90, com o crescimento em Espanha na sua costa mediterrânica (nomeadamente a Costa del Sol e as ilhas Baleares) e nas ilhas Canárias, assim como no sul de Portugal (região do Algarve).

Durante este tempo surgiram as principais empresas hoteleiras, que afinaram o conhecimento na área da gestão hoteleira, qualificaram recursos humanos, investiram no seu crescimento e desenvolvimento, e passaram do mercado local/regional para a dimensão nacional. Afirmaram-se como especialistas em hotelaria de sol e mar, trabalhavam nomeadamente com os mercados da Europa ocidental e Escandinávia, onde a geração *baby boomer* do pós-guerra, então classe média, havia resolvido a questão de ter casa e carro e passara a considerar as férias e o direito ao lazer como uma necessidade de primeiro nível.

Pelo meio estava a distribuição turística, os então inevitáveis operadores, em regra empresas originárias dos mercados emissores dos turistas, que disputavam a margem do negócio e que, não raras vezes, eram fonte de conflitos, mas também de muita aprendizagem.

O turismo é uma atividade que evolui por modas. Uma região que entra na moda tende a experimentar a evolução prevista no modelo do ciclo de vida do produto[190], pelo que, mais adiante, pode experimentar um problema de excesso de oferta, com desenvolvimento descontrolado da imobiliária turística. Passa da fase da descoberta e da experiência para o turismo de massas, o que tende a fazer decrescer a rentabilidade e afasta os segmentos mais exigentes da procura. Alguns dos principais polos nos mais procurados destinos ibéricos experimentaram esta situação e a necessidade de se reinventarem, quer do ponto de vista da sustentabilidade, quer da oferta de novos produtos.

Nestas circunstâncias, muitas empresas hoteleiras que, entretanto, haviam obtido dimensão e escala nacional, começaram a olhar para o exterior como forma de prosseguir o seu desenvolvimento. Entretanto, haviam-se criado no mundo condições ótimas para a expansão internacional através da globalização, a economia aberta à escala global, com livre circulação de pessoas, mercadorias, empresas e capitais, em quase todos os países a nível internacional.

Avançava a era da gestão da informação assente no computador pessoal e da comunicação via telemóvel, abrindo todo um caminho de ligação e controlo à distância. Assistiu-se ao incremento da produção flexível, não raras vezes envolvendo outras empresas com recurso ao *outsourcing*. Ao trabalhador começou a ser pedido que processasse informação, a automação tornou-se crescente e o nível de exigência dos consumidores aumentou.

Porém, a melhor parte estava para vir, ao virar da década de 90, com dois acontecimentos marcantes: um político, a queda do muro de Berlim; outro tecnológico, com a acessibilidade à Internet (*world wide web*) e a implementação da rede 3G. A partir de então, assistiu-se a uma transformação sem paralelo, com novos atores no cenário empresarial e um recentrar dos protagonistas da nova economia.

A Internet veio ligar tudo a todos, possibilitando uma homogeneização dos consumidores, seus gostos e costumes. O aumento da produtividade e a redução de custos, levam a uma deslocalização da capacidade industrial para os países asiáticos, beneficiando da cadeia mundial de fornecimentos.

[190] Benedetto, A e Bojanic, D. (1993). *Tourism area life cycle extensions*, Annals of Tourism Research, Vol. 20, Issue 3, pp. 557-570.

O trabalho físico é executado pelas máquinas, com crescente robotização; o trabalho mental é deslocado para o computador; aos humanos, é solicitado que sejam criativos e tenham ideias, que inovem. A indústria ligada ao entretenimento, nomeadamente aos jogos digitais, prolifera. Os consumidores estão cada vez mais informados, têm preocupações ambientais, são participantes ativos na avaliação crítica do produto e ávidos de rotação no consumo. É clara a noção de diminuição do ciclo de vida do produto. São criados meios de pagamento internacionais e há segurança nas viagens, que inovam com a aplicação de técnicas de *yield management*, potenciando o aparecimento da aviação *low cost*. O sector dos serviços/turismo ganha espaço, com um crescente aumento das viagens e dos fluxos turísticos[191].

Este fantástico cenário da globalização será o pano de fundo em que, com a experiência acumulada, as empresas hoteleiras ibéricas irão acelerar o processo de internacionalização que, entretanto, algumas já haviam iniciado. Assim, pensamos que a internacionalização da hotelaria ibérica (Espanha e Portugal) pode ser dividida em duas grandes fases: início e desenvolvimento; consolidação e adaptação à nova economia.

8.2 PRIMEIRA FASE — INÍCIO E DESENVOLVIMENTO

A fase inicial da expansão é marcada por uma linha comum: a internacionalização para as então denominadas economias emergentes, tendo como localização o espaço comum da língua. As empresas de Espanha para a América Latina (nomeadamente países das caraíbas e costa do México afim, onde se localizavam 56,9% das unidades em 1999[192]; as empresas portuguesas para os países africanos de língua oficial portuguesa e para o Brasil, na América do Sul. Ou seja, estamos perante uma opção pela proximidade psicológica, tendo em atenção a língua comum, regimes jurídicos e empresariais similares, capacidade para entender o funcionamento sociocultural, com conhecimento recíproco[193].

[191] Carrasqueira, H. (2020). *Preface, in:* Andraz, G; Carrasqueira, H; Pereira, R.; Baleiro, R. (coord), *Dynamic Strategic Thinking for Improved Competitiveness and Performance*, junho de 2020, ed. IGI Global.

[192] Rodriguez, A. (2002). *Determining factos in entry choice for international expansion: The case of the spanish hotel industry*, Tourism Management, 23(6), pp. 597-607.

[193] Johanson, J. e Vahlne. J. (1977). *The internationalization process of the firm-a model of knowledge development and increasing foreign market commitments*, Journal of International Business Studies, 8(1), pp. 23–32.

Nesta expansão, as companhias aproveitaram o empenho dos governos locais que viram nestas iniciativas a possibilidade de captarem investimento, criarem postos de trabalho, qualificarem recursos humanos e aumentarem o seu PIB. Retribuíam com infraestruturas e alterações de legislação de enquadramento.

O solo de implantação era então em bom preço e os custos da mão-de--obra acessíveis (se bem que carecessem de qualificação). Havia ainda unidades hoteleiras locais de fraca rentabilidade que foram adquiridas ou obtidas por processos de privatizações. Acrescia uma tendência para as cadeias deterem a posse dos imóveis ou em *joint-venture*, com parceiros locais.

Outras vantagens eram a complementaridade destes destinos em termos de sazonalidade. Este é um problema que afeta o funcionamento ótimo dos negócios na Península Ibérica, dado a época alta estar limitada a seis meses por ano. Ora, a maioria dos países são no hemisfério sul, o que permite a complementaridade sazonal; ou têm uma época estival de maior duração, como as Caraíbas (outono/inverno e primavera).

As Caraíbas vieram a revelar-se uma localização-chave para as empresas espanholas. Dada a distância da viagem, apenas faziam sentido estadias de cerca de uma semana. No seguimento, apostou-se em unidades hoteleiras de grande dimensão e na autossuficiência do formato *all inclusive,* em *resort.* A ocupação era elevada e a preços médios bastante favoráveis. Este modelo veio a revelar-se de maior rentabilidade do que os projetos em Espanha pois o *return on investment* era de 7 contra 10[194]. Os principais protagonistas deste movimento de internacionalização foram as empresas com origem em Maiorca (Mélia, Barceló, RIU e Iberostar), cuja especialidade base era a hotelaria de *resort* e o seu principal ativo competitivo o *know-how* hoteleiro. Tinham a noção do serviço a prestar, o domínio das operações (que são heterogéneas e complexas), o controlo de custos e a noção de satisfação do cliente, com o objetivo de proporcionar a quem trabalhava o ano inteiro, em países de clima frio e chuvoso, uma semana de férias ao sol, no paraíso, ou algo próximo deste conceito.

O *know-how* de gestão do negócio é uma competência intangível, um ativo da maior importância e um recurso-chave na internacionalização[195] que conduz a uma vantagem competitiva sustentável[196].

[194] Rodriguez, A. (2002). *Determining factos in entry choice for international expansion: The case of the spanish hotel industry*, Tourism Management, 23(6), pp. 597-607.

[195] Peteraf, M. (1993). *The cornerstones of competitive advantage: A resource-based view,* https://onlinelibrary.wiley.com/doi/10.1002/smj.4250140303, acedido a 13-05-2020.

[196] Castilho, G., e Quintero, J. (2013). *Retos estratégicos de la industria hotelera espanola del siglo XXI: Horizonte 2020 en paises emergentes,* Tourim Management Studies, 9(2), pp. 13-20.

Naturalmente que num clima de rentabilidade e crescimento, não faltava capital para a expansão dos negócios. Algumas companhias tornaram-se verdadeiramente especialistas em Caraíbas, possuindo nesta localização todos as suas unidades hoteleiras (ex. Cadeia Baia Principe, como veremos adiante).

Face à dimensão da capacidade instalada e verificando-se uma dependência dos Operadores Turísticos (OT), algumas empresas enveredaram pela criação dos seus próprios OT, incluindo companhias de aviação e redes de agências de viagens. Era a verticalização do negócio, com tomadas de posição na cadeia de valor e tentativa de apropriação das margens. Eram decisões racionais explicáveis pelo enquadramento vivido, mas que iam ao encontro de um modelo que vinha da sociedade assente na tecnologia eletrónica, mecânica e analógica, do pós-guerra. O digital e a rede *web* encarregar-se-iam de o começar a desmontar (apesar de no presente resistirem alguns exemplos como a consolidação em Espanha do grupo Barceló com o grupo Globália, numa nova empresa denominada Ávoris)[197].

Em simultâneo, algumas cadeias de Espanha estenderam a sua internacionalização à volta do Mediterrâneo, nomeadamente ao norte de África, consolidando posições em países como Marrocos, Tunísia ou Egito, tendo como base o turismo de sol e mar e distribuição via OT. Prosseguiram a sua afirmação em países da América Latina como Argentina, Colômbia ou México, entre outros.

Entretanto, as principais cadeias assumiam a sua vocação global e percebiam que tinham de assumir posições nas principais cidades europeias, desde logo (como a cadeia Mélia). Cadeias de hotelaria urbana tinham o mesmo posicionamento e expandiram-se para várias cidades dos países europeus pertencentes à UE (ex. NH ou AC Hotels).

Quanto à hotelaria portuguesa, o processo é semelhante pelo que é válida a explanação que fizemos face à língua e contactos culturais comuns com os países envolvidos. O processo é liderado pelos grupos hoteleiros com posições significativas na hotelaria de *resort* e respetivo *know-how*, tendo sido tomadas posições na hotelaria em África (Moçambique e Angola, assim como nas ilhas de Cabo Verde e São Tomé e Príncipe), e no Brasil. Este país, pela sua dimensão e por nos anos 90 ter sido incluído como um dos BRIC, a quem se

[197] Publituris (2021). *Globália e Barceló já constituíram conselho de administração de futura empresa*, a 29 janeiro de 2021, disponível em: https://www.publituris.pt/2021/01/29/globalia-e-barcelo-ja-constituiram-conselho-de-administracao-de-futura-empresa/, acedido a 27-07-2021.

vaticinava um papel de primeira grandeza no xadrez mundial, concitou a atenção de várias companhias que por ele iniciaram o seu processo de expansão.

Porém, ao contrário da hotelaria espanhola, que procurou criar escala com uma concentração de investimento em vários países/regiões (como nas Caraíbas), o investimento português foi mais disperso, com várias companhias a não gerarem massa crítica ao nível da dimensão e da expansão. As exceções são o grupo Pestana, que irá desenvolver uma base local para a América Latina a partir de várias unidades no Brasil, com expansão para a Argentina, Venezuela, Uruguai e Miami (EUA), como veremos adiante; o grupo Vila Galé, que se tornou um especialista no Brasil onde já possui nove unidades e, desde logo, escala e relevância na hotelaria do país; e o grupo Porto Bay que também vai construindo, com prudência e tempo, um grupo de hotéis naquele país.

A maioria dos grupos assumia-se como de raiz patrimonial e liderança nas operações, sendo os clientes do próprio país ou dos países limítrofes. No entanto, a falta de dimensão tornava mais difícil a aposta na distribuição, o que apenas foi tentado (pelo grupo Pestana) em termos de verticalização do negócio.

Para concluirmos este ponto, tenha-se também presente que a rentabilidade do negócio é decisiva na internacionalização, nomeadamente quando envolve Investimento Direto no Exterior (IDE/FDI). De facto, podemos encontrar inúmeras justificações para explicar o movimento de internacionalização[198]. Porém, há um esforço financeiro inevitável para implantar o negócio e riscos políticos, económicos e socioculturais. Logo, é indispensável que o negócio seja rentável para justificar o esforço necessário, incluindo a possibilidade de reversão, se se tornar inviável. Não é, pois, de ânimo leve que estas decisões devem ser tomadas.

8.3 SEGUNDA FASE — CONSOLIDAÇÃO E ADAPTAÇÃO À NOVA ECONOMIA

Para percecionarmos o que designamos de segunda fase de desenvolvimento da internacionalização das companhias hoteleiras ibéricas, é inevitável começarmos por abordar a mudança de enquadramento, ou seja, a alteração do ciclo competitivo que se verificou.

[198] Carrasqueira, H. (1999). *Internacionalização das empresas de turismo — Novas tendências*, Colecção Estudos Turísticos, Ed. ICEP.

O mundo dos negócios passou a ser como uma grande rotunda, de múltiplas saídas, com as Tecnologias de Informação e Comunicação no centro. Em 2006 as sementes do novo impulso já haviam sido lançadas e brevemente nasceriam dois ícones do terreno digital: as empresas plataforma e os *smartphones*. Estes careciam de um avanço tecnológico para explanar todo o seu potencial o que aconteceu com a rede 4G em 2011, que lançará a indústria 4.0.

As empresas plataforma operam em *cloud computing* e trabalham milhares de milhões de dados. Em regra, não têm ativos físicos ou produtos tangíveis próprios (ex. Booking.com); promovem uma cadeia multilateral de valor onde interagem produtores e consumidores na procura da decisão ótima da compra/venda (ex. avaliação de produto na Booking ou Tripadvisor). Tudo é exponenciado pelo facto de os consumidores e outros *stakeholders* estarem conectados em permanência via *smartphones*, impactando nas relações e formas de consumo. A avaliação de *feedback* do consumidor gera valor para ambas as partes e o preço é dinâmico, comandado pela inteligência artificial, que adequa os produtos às necessidades, elimina intermediários tradicionais/físicos (mas outros aparecem como as OTA) e promove a eficiência, o trabalho parcial e volante. É disruptivo[199].

Como se tudo isto já não fosse suficientemente fascinante, um novo *mindset* empresarial é colocado em cima da mesa: a economia da partilha (ex. plataforma Airbnb). A proposta vai de encontro a uma forma de estar própria, identificada no comportamento da geração *millennials* (e que pode ter continuidade pela geração Z), que não privilegia a posse do produto, mas a sua utilização, a experiência. Neste contexto, um conjunto de empresas podem, através de plataformas, ligar o detentor dos produtos aos potenciais utilizadores. O paradigma muda da venda de produtos para serviços[200].

É neste cenário disruptivo da nova economia, marcada pelo fenómeno digital, que as companhias hoteleiras têm de gerir a sua adaptação ao mercado e processo de internacionalização. Algumas das principais mudanças foram:

[199] Carrasqueira, H. (2020). *Preface, in:* Andraz, G; Carrasqueira, H; Pereira, R.; Baleiro, R. (coord), *Dynamic Strategic Thinking for Improved Competitiveness and Performance,* junho de 2020, ed. IGI Global.

[200] Carrasqueira, H. (2020). *Preface, in:* Andraz, G; Carrasqueira, H; Pereira, R.; Baleiro, R. (coord), *Dynamic Strategic Thinking for Improved Competitiveness and Performance,* junho de 2020, ed. IGI Global.

- Abandono do modelo de detenção da propriedade hoteleira e concentração na gestão hoteleira, incluindo a terceiros. A venda da propriedade a fundos de investimento de elevada liquidez permitiu importantes encaixes financeiros para recompor a capacidade financeira e de investimento (modelo *sale & leaseback*);
- Assunção do ativo *know-how* como base do negócio hoteleiro e de desenvolvimento das alianças estratégicas;
- Inserção em redes de consórcios hoteleiros;
- Reanálise das propriedades hoteleiras no exterior e recomposição da carteira, com descarte das menos rentáveis ou à margem do *core* de gestão;
- Reposicionamento nas principais cidades europeias, onde afluem os turistas da classe média asiática em grande escala, proporcionando taxas de ocupação muito elevadas; assim como os fluxos intra Europa, na modalidade de férias repartidas, com ênfase nos *City Break*;
- Presença em Nova Iorque como efeito prestígio e de aprendizagem no mercado hoteleiro mais competitivo do mundo;
- Reforma dos hotéis na busca da personalidade própria, que permita vender experiências e não camas;
- Segmentação dos clientes e criação de marcas para os vários segmentos;
- Preocupação com a distribuição e posicionamento face às empresas plataforma;
- Preocupações com a sustentabilidade.

Neste contexto, assistimos ao reforço da presença em várias cidades ao nível do turismo urbano, mesmo por companhias que se dedicavam ao turismo de lazer de sol e mar, concentração no negócio hoteleiro e abandono das tentativas de verticalização do negócio. Extensão do *know-how* «vacacional» ao sudoeste asiático, permitindo ter presença relevante nas três grandes áreas de turismo de lazer a nível internacional: Mediterrâneo, Caraíbas e Sudoeste asiático (Tailândia, Vietnam, etc.). Muitas pequenas companhias ensaiam processos de internacionalização pela proximidade física de forma recíproca (entre Portugal e Espanha).

Em simultâneo, o crescimento das economias da Ásia, e da China em particular, tornam inevitável a abordagem ao mercado, nomeadamente para as grandes companhias espanholas. Porém, o salto cultural é enorme, pelo que as alianças com parceiro locais aparecem como o caminho a seguir.

O mercado doméstico foi de crescimento das economias ibéricas após a crise de 2011, alcançando um lugar preponderante no turismo a nível mundial, com *record* de chegadas em 2019 (Espanha 83,7 milhões[201] e Portugal com 26,9 milhões[202]), pelo que em conjunto receberam 110,6 milhões de turistas).

Não é, pois, de estranhar que as companhias ibéricas tenham sido palco das disputas entre as companhias dos EUA e as companhias asiáticas, que procuram a liderança mundial do sector. Neste contexto enquadra-se a tomada de posição da Marriot na AC Hotels e da Whindham na Tryp. Acresce o *raid* da Tailandesa Minor que começou por adquirir em 2016 a terceira maior companhia portuguesa[203] (Tivoli Hotels & Resorts, então com hotéis no Brasil) e a NH Hotel Group em Espanha, em 2018, então com 382 hotéis em 30 países da Europa, América e África, tendo sido fundada em 1978[204].

Em simultâneo, as pequenas empresas hoteleiras (e também unidades das grandes empresas) procuram integrar-se em redes internacionais[205] que lhes permitam facultar o acesso a segmentos de clientes, a tecnologia e a formação. É o caso da integração em consórcios internacionais como a Leading Hotels of the World ou Relais et Chateaux. Alguns têm origem em Espanha como a Hotusa Hotels ou Keytel[206], com muitos afiliados nas cadeias ibéricas.

Outras cadeias optam pela representação de grandes marcas hoteleiras no seu país onde procedem ao seu desenvolvimento, como é o caso do grupo Hotti Hotéis face ao grupo Mélia ou do grupo Continental face à IHG, em Portugal; ou obtêm mesmo a possibilidade de as desenvolverem noutros países, onde têm afinidades culturais e competências de gestão.

Sopram, pois, de forma diferente os ventos da internacionalização das cadeias ibéricas. Longe vão os tempos em que internacionalizar era fazer

[201] https://www.panrotas.com.br/destinos/pesquisas-e-estatisticas/2020/02/espanha-bate--recorde-de-chegadas-internacionais-em-2019_171022.html, acedido a 13-05-2020.

[202] INE Destaque, *Resultados preliminares de 2019: hóspedes e dormidas em aceleração,* file:///C:/Users/Helder%20Carrasqueira/Downloads/14Ativ.Turistica_Dez19.pdf, acedido a 13-05-2020.

[203] Delloitte, Atlas da hotelaria portuguesa, 2017, file:///C:/Users/Helder%20Carrasqueira/Downloads/Atlas%20da%20Hotelaria%202017.pdf, acedido a 13-05-2020.

[204] Dinheiro Vivo, https://www.dinheirovivo.pt/empresas/grupo-minor-compra-rede-hoteleira-espanhola-nh-hotels/, acedido a 13-05-2020.

[205] Breda, Z. (2010). *Network relationships and the internationalisation of the tourism economy: The case of portuguese overseas investment in the hotel sector* (Dissertação para obtenção do grau de doutor em Turismo), Universidade de Aveiro, Aveiro, http://ria.ua.pt/bitstream/10773/1856/1/2010000691.pdf, acedido em 17-06-2016.

[206] *Ranking mundial de consórcios,* https://www.ambitur.pt/ranking-mundial-de-consorcios--hoteleiros-e-liderado-pelo-grupo-hotusa-hotels/, acedido a 13-05-2020.

um investimento no exterior. Hoje os formatos são múltiplos e são grandes os desafios para acompanhar o contínuo de mudanças em que vivemos. Certo, porém, é que um posicionamento *standard*, do tipo *commodity*, levará a uma progressiva diminuição do ROE e ao risco de saída do negócio.

8.4 POSIÇÕES INTERNACIONAIS DAS COMPANHIAS HOTELEIRAS IBÉRICAS NO FINAL DE 2019

8.4.1 O CASO DE ESPANHA

Nesta fase parece-nos adequado apresentarmos as tabelas com as principais empresas ibéricas que detêm unidades no exterior. Vejamos as posições ocupadas pelas principais 35 empresas de Espanha.

Tabela 8-1. *Ranking* das companhias de Espanha com hotéis no exterior no final de 2019 (principais 35 cadeias)

Grandes regiões turísticas do globo terrestre

Cadeia hoteleira	Caraíbas	Europa	Mediterrâneo, países não Europeus	América do Sul	América do Norte	Ásia e Médio Oriente	África	Totais hotéis	Número de quartos
Mélia	53	78	3	19	2	23	8	186	48 846
NH	26	198	0	36	1	0	1	262	44 570
Barceló	35	16	8	4	119	4	0	186	39 523
Riu	39	10	5	0	2	1	10	67	34 290
Iberostar	41	10	9	3	2	0	1	66	22 480
Baía Principe	20	0	0	0	0	0	0	20	11 719
MP Hotels	2	25	9	0	0	1	2	39	10 226
Palladium	15	2	0	1	0	0	0	18	7805
Be Live	14	2	3	0	0	0	0	19	7030
Eurostars	8	47	2	9	3	0	0	69	6910
Blue Bay	14	8	5	7	0	7	0	41	6386
H10 Hotels	9	6	0	0	0	0	0	15	6296
Princess	7	0	0	0	0	0	0	7	3705
Catalonia	9	4	0	0	0	0	0	13	3311
Senator	3	0	0	0	0	0	0	3	2608
Sandos/Marconfort	5	0	0	0	0	0	0	5	2573
Lopesan	1	7	0	0	0	0	0	8	2348
SunWing	0	6	0	0	0	2	0	8	2303

Cadeia hoteleira	Caraíbas	Europa	Mediterrâneo, países não Europeus	América do Sul	América do Norte	Ásia e Médio Oriente	África	Totais hotéis	Número de quartos
Vincci	0	3	6	0	0	0	0	9	2208
Faranda	9	0	0	9	0	0	0	18	2062
Sirenis	4	0	0	0	0	0	0	4	1865
Magestic	3	0	0	0	0	0	0	3	1765
Valentim	2	0	0	0	0	0	0	2	1560
Inversor/Esperia	0	0	0	5	0	0	0	5	1285
Room Mate	1	10	0	0	3	0	0	14	1283
HM	7	0	0	0	0	0	0	7	1079
Blau	3	0	0	0	0	0	0	3	1068
Seaside	0	6	0	0	0	0	1	7	957
Roc	3	0	0	0	0	0	0	3	767
Globales	0	2	0	3	0	0	0	5	604
Atiram	0	5	0	0	0	0	2	7	585
Nordhotel	0	2	0	0	0	0	0	2	559
Sky	0	5	0	0	0	0	0	5	536
Allsun	0	2	0	0	0	0	0	2	503
Vik	2	0	0	0	0	0	0	2	494
Total	**335**	**454**	**50**	**96**	**132**	**38**	**25**	**1130**	**280857**
%	**30%**	**40%**	**4%**	**8%**	**12%**	**3%**	**2%**	**100%**	

Fonte: Elaborado a partir do *ranking* de Hosteltur[207].

O primeiro aspecto que podemos constatar é que, de acordo com a revista que apresenta anualmente a compilação deste *ranking*, em 2019 verificou-se um crescimento da presença no exterior, com um incremento de 4,6% relativamente a novas unidades hoteleiras. Acresce que, além das 35 empresas atrás listadas (correspondentes a 1130 hotéis e 280 857 quartos), o *ranking* apresenta um total de 65 empresas, o que demonstra o dinamismo e persistência da hotelaria de Espanha no processo de internacionalização.

Tendo em atenção a tabela anterior, as grandes regiões com mais unidades hoteleiras são a Europa (40%), seguida das Caraíbas (30%) e América

[207] *Ranking Hosteltur 2019 de presencia internacional de cadenas*, file:///C:/Users/Helder%20Carrasqueira/Documents/Helder/Cap%207/Int%20Hot%20Espanhola%202020%20hosteltur/5d975665e71d2-ranking-hosteltur-2019-de-presencia-internacional-.pdf, acedido a 14-05-2020.

do Norte (12%); porém, se retirarmos ao total os dois resultados regionais das duas cadeias que pela sua forte presença aparecem como *outlier* (NH na Europa com 198 e Barceló na América do Norte com 119) e recalcularmos as percentagens, obtemos os resultados que se verificam na tabela seguinte:

Tabela 8-2. *Ranking* das companhias de Espanha com hotéis no exterior no final de 2019 (sem os *outliers* mencionados no texto)

Grandes regiões turísticas do globo terrestre

Cadeia hoteleira	Caraíbas	Europa	Mediterrâneo não Europa	América do Sul	América Norte	Ásia e Médio Oriente	África	Totais hotéis
Total	335	256	50	96	13	38	25	813
%	41,2%	31,5%	6,2%	11,8%	1,6%	4,7%	3,1%	100

Fonte: Elaborado a partir do *ranking* de Hosteltur[208].

Assim, sem a forte presença de NH na Europa e Barceló na América do Norte, a representação da hotelaria de Espanha por grandes regiões é transferida para as Caraíbas (41,2%), seguida da Europa (31,5%) e América do Sul (11,8%). A presença na América do Norte (nomeadamente nos EUA) passa a residual (1,6%).

De seguida e de forma complementar, apresenta-se o número total de cadeias presentes por grandes regiões, sendo que as Caraíbas lideram com 26 cadeias e a que tem menos presença é a Ásia/Médio Oriente.

Tabela 8-3. Número de cadeias hoteleiras presentes por grandes regiões turísticas

Regiões	Caraíbas	Europa	Mediterrâneo não Europa	América do Sul	EUA	Ásia/ Médio oriente	África
Número de cadeias presentes	26	22	9	9	7	6	7

Fonte: Elaboração própria a partir de dados da Hosteltur.

Voltando à classificação da tabela 8-1, o *ranking* está organizado pelo número de quartos e mostra que a liderança se mantém no grupo Mélia. Por número de hotéis lidera a NH, sendo que com Mélia e Barceló destacam-se das restantes cadeias neste indicador, parecendo estar a disputar um campeonato à parte. Apenas sete cadeias têm mais de 10 000 quartos no exterior.

Em termos de número de hotéis por grandes regiões, Mélia lidera nas Caraíbas e Ásia/Médio Oriente; NH na Europa e América do Sul; Barceló

[208] *Ranking Hosteltur 2019 de presencia internacional de cadenas*, file:///C:/Users/Helder%20Carrasqueira/Documents/Helder/Cap%207/Int%20Hot%20Espanhola%202020%20hosteltur/5d975665e71d2-ranking-hosteltur-2019-de-presencia-internacional-.pdf, acedido a 14-05-2020.

na América do Norte; Iberostars e MP Hotels no Mediterrâneo (países não europeus); Riu é líder em África.

Algumas cadeias são especialistas em determinadas regiões onde concentram toda a sua oferta. É o caso das Caraíbas (11 cadeias), com destaque para as cadeias Baía Principe ou Princess, com unidades de grande dimensão (média acima de 500 quartos).

Ao invés, quatro cadeias apresentam dois hotéis; se estendermos a análise às 65 cadeias do *ranking* total, encontramos 27 cadeias com duas (ou uma) unidades hoteleiras. Permitimo-nos classificar este posicionamento como de «antena», ou seja, estão numa fase de conhecimento sobre como trabalhar no cenário exterior, antes de iniciar o processo de crescimento; ou a manter-se esta situação há vários anos, será por se considerar um prestígio para a companhia deter unidades no exterior. Note-se ainda que 18 destas pequenas cadeias concentram o seu esforço de internacionalização na proximidade física, ou seja, estão em países europeus próximos de Espanha.

8.4.2 O CASO DE PORTUGAL

Apresentamos de seguida o *ranking* relativo à internacionalização das companhias hoteleiras portuguesas por grandes regiões. Devido à inexistência de informação tratada neste campo, este *ranking* foi construído com base na informação disponibilizada nos sites das empresas na Internet.

Da tabela 8-4 extrai-se que as companhias portuguesas operam 76 hotéis no exterior. A grande região com maior presença é África (38,2%), seguida da América do Sul (30,3% — sendo que dos 23 hotéis, 20 estão no Brasil) e Europa (25%). A presença no Mediterrâneo (países não europeus) está restrita a Marrocos. Não há presença nas Caraíbas nem na Ásia/ /Médio Oriente.

A cadeia Pestana é a única com presença em cinco das grandes regiões apresentadas, claramente com perfil de multinacional de hotelaria (no passado operou um hotel nas Caraíbas); está ainda presente em 14 países. Apenas outras duas cadeias estão presentes em três e dois países. Os restantes apenas estão presentes num país, sendo que podemos fazer uma divisão entre os que podemos considerar como «especialistas» em função do tempo de presença e do número de hotéis na região (caso da cadeia Vila Galé, com as suas nove unidades no Brasil); e os que têm perfil de antena ou iniciantes pois apenas têm uma ou duas unidades no exterior.

Tabela 8-4. *Ranking* das companhias de Portugal com hotéis no exterior no final de 2019 (principais 14 cadeias)

Cadeia	Caraíbas	Europa	Mediterrâneo não Europa	América do Sul	América do Norte	Ásia/ Médio Oriente	África	Totais Hotéis	Número de países por cadeia
Pestana		5	1	6	2		7	21	14
Vila Galé				9				9	1
Sana		2					1	3	2
Vip							4	4	1
Porto Bay				3				3	1
Oásis Atlantico			2	2			4	8	3
Montebelo							5	5	1
TD							6	6	2
Continental		12						12	1
D. Pedro				1				1	1
Luna							1	1	1
Dorisol				1				1	1
Enotel				1				1	1
Hotti							1	1	1
Total	0	19	3	23	2	0	29	76	
%	0	25,0	3,9	30,3	2,6	0	38,2	100	

Fonte: Elaboração própria.

Por liderança nas regiões, a cadeia Continental lidera na Europa; Vila Galé na América do Sul; Oásis Atlântico no Mediterrâneo (países não europeus) e Pestana em África e América do Norte (EUA). Do exposto, verifica-se que a internacionalização ocorreu para a proximidade psicológica (como na hotelaria de Espanha), pois 43 dos hotéis estão em países que pertencem à Comunidade Países de Língua Portuguesa, sendo que este é um perfil que vem desde o início do processo de internacionalização; na segunda fase do processo, vemos um crescente investimento na presença em países europeus, quer por parte da cadeia Pestana quer pela Continental, aproveitando a sua ligação privilegiada enquanto representante e gestor de marcas da cadeia IHG.

Uma nota adicional para referir que na literatura sobre internacionalização está tipificado o processo seguido por algumas empresas, nomeadamente criadas sobre a rede Internet, que nascem para se dirigirem ao espaço global. Por este motivo são conhecidas como *Born Global*[209]. Neste caso, há uma companhia hoteleira que podemos considerar que encaixa neste perfil, a cadeia Oásis Atlântico. De facto, estando registada em Portugal, começou por operar hotéis em Cabo Verde e estendeu a sua ação ao Brasil e Marrocos (dois hotéis em cada país). Um processo *sui generis* na internacionalização em hotelaria, pois o normal é o desenvolvimento prévio de uma base doméstica.

8.4.3 BREVE ANÁLISE COMPARATIVA DA INTERNACIONALIZAÇÃO DAS COMPANHIAS DOS PAÍSES IBÉRICOS

Do exposto, podemos extrair as seguintes conclusões do processo de internacionalização:

- A primeira fase de processo é semelhante pois foi efetuada para as regiões/países que têm relações históricas de proximidade pela língua comum e em termos socioeconómicos; neste contexto, as Caraíbas e América Latina foram os mercados-alvo do investimento espanhol; os países africanos da Comunidade de Países de Língua Portuguesa e Brasil, na América do Sul, para o português;
- O modo de entrada foi nomeadamente o IDE, com posse da propriedade ou em *joint-venture*, mas com controlo do negócio;
- A segunda fase, mais virada para o mercado europeu, também para os EUA e mesmo Sudoeste Asiático e China, foi essencialmente protagonizado pelas companhias espanholas;
- O modo de entrada, neste caso, passou a ser a aquisição de companhias existentes e o estabelecimento de parcerias e alianças estratégicas (modelo contratual); progressivo desinvestimento ao nível da propriedade, em favor do posicionamento *asset light*.
- Dada a importância do mercado ibérico no sector do turismo, várias empresas hoteleiras que nele se desenvolveram foram alvo do estabelecimento de alianças estratégicas e mesmo de aquisições por parte dos gigantes hoteleiros dos EUA, Tailândia e China;

[209] Tanev, S. (2012). *Global from the Start: The Characteristics of Born-Global Firms in the Technology Sector*, Technology Innovation Management Review, 2(3): pp. 5-8. http://doi.org/10.22215/timreview/532.

- Atendendo à dimensão dos dinâmicos mercados turísticos de Portugal e Espanha (relação de 1 para 3), era expectável que a dimensão das companhias portuguesas (por número de hotéis) fosse o triplo do apresentado na presença internacional. Uma eventual explicação pode advir da muito elevada atomização do mercado interno português que impedirá a formação de massa crítica/escala de apoio ao investimento no exterior; e de um processo de crescimento económico/desenvolvimento aquém do esperado, da parte dos países do exterior onde o investimento foi realizado.
- A internacionalização recíproca na Península Ibérica por empresas hoteleiras dos dois países é amplamente favorável às cadeias espanholas com 66 hotéis em Portugal, pertencentes a 17 cadeias; no sentido inverso, há 17 hotéis pertencentes a duas cadeias portuguesas em Espanha. Veja-se a propósito a tabela 8-5.
- Em Espanha o sector gerou sete companhias com mais 10 000 quartos no exterior; em Portugal, apenas duas companhias têm cerca de 4000 quartos no exterior, as cadeias Pestana e Vila Galé.
- As cadeias espanholas mantêm um apreciável ritmo de internacionalização, transformando este posicionamento num objetivo estratégico persistente. Em 2019, a presença no exterior cresceu 4,6% em número de hotéis e 4,3% em quartos, acrescentando a presença em novos destinos[210]. Em Portugal, tendo como referência o levantamento efetuado em 2013 num estudo denominado «A internacionalização da hotelaria portuguesa para os mercados emergentes»[211], foram então identificadas, no total, 68 unidades hoteleiras pertencentes a cadeias no exterior. Como neste estudo identificamos 76, temos um crescimento anual à volta de 2%, o que promove a divergência face à dinâmica das empresas de Espanha.

[210] *Ranking Hosteltur 2019 de presencia internacional de cadenas*, file:///C:/Users/Helder%20Carrasqueira/Documents/Helder/Cap%207/Int%20Hot%20Espanhola%202020%20hosteltur/5d975665e71d2-ranking-hosteltur-2019-de-presencia-internacional-.pdf, acedido a 02-06-2020.

[211] Carrasqueira, H.M.; Galvão Garcia, P.C. e Cotrim Carrasqueira, M. (2018). *A internacionalização da hotelaria portuguesa para os mercados emergentes*, Investigaciones Turísticas (15), pp. 34-48.

Tabela 8-5. Cadeias hoteleiras de Espanha e Portugal — internacionalização na Península Ibérica

Cadeias hoteleiras de Espanha com hotéis em Portugal		Cadeias hoteleiras de Portugal com hotéis em Espanha	
Cadeia hoteleira	**Número de hotéis (2019)**	**Cadeia hoteleira**	**Número de hotéis (2021)**
Mélia	14	Pestana Hotel Group	3
NH	16	Continental Hotels Espanha-Portugal	12
Barceló	2	—	—
Riu	2	—	—
Iberostars	2	—	—
Be Live	2	—	—
Eurostars	14	—	—
H10	2	—	—
Vincci	3	—	—
Nodhotel	1	—	—
Zenit	1	—	—
Evenia	1	—	—
Acta	1	—	—
Ona	1	—	—
Carris	1	—	—
Casual	2	—	—
Fontecruz	1	—	—
Total hotéis	**66**	**Total hotéis**	**15**
Totais cadeias hoteleiras	**17**	**Totais cadeias hoteleiras**	**2**

Fonte: Elaboração própria.

Nota: Para Espanha, dados do *ranking* Hosteltur; para Portugal, site das empresas[212,213,214] e contactos efetuados.

Podemos também efetuar uma comparação tendo em atenção a correlação entre o número total de hotéis das companhias e o número de hotéis no exterior.

[212] *Continental Hotels Portugal*, https://pt.linkedin.com/company/continental-hotels-portugal, acedido a 31-08-2021.

[213] Hortelã e Pimenta, *Continental Hotels vinga em Espanha*, https://docplayer.com.br/1547623-Continental-hotels-espanha-portugal.html, acedido a 31-08-2021.

[214] Exame, *Continental à conquista da Ibéria*, https://addcomunicacao.com/portfolio/item/continental-hotels.html, acedido a 31-08-2021.

Figura 8-1. Total de hotéis *versus* hotéis no exterior das respetivas companhias

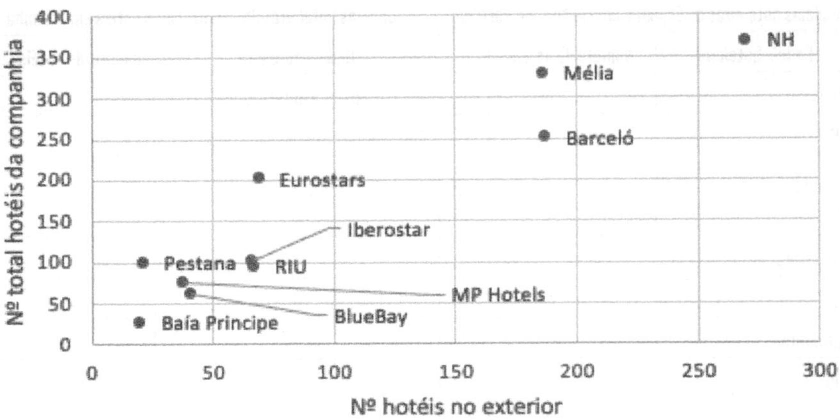

Fonte: Elaboração própria.

Nota: Apenas foram consideradas companhias hoteleiras ibéricas com mais de 20 hotéis no exterior; Coeficiente de correlação = 0,9430.

Do gráfico podemos concluir que as principais companhias ibéricas com hotéis no exterior têm simultaneamente uma boa base doméstica. Regista-se uma correlação positiva entre as duas variáveis, com um coeficiente de 0,94. A companhia com os valores mais elevados é a NH, seguida da Mélia e Barceló.

Outro recurso para a comparação é utilizarmos um rácio de internacionalização comparando as propriedades no exterior com o total de propriedades[215]:

$$\text{Rácio de Internacionalização: } \frac{\text{N.º de hotéis no exterior}}{\text{N.º de hotéis no total}} \times 100;$$

Tabela 8-6. Rácio de internacionalização das companhias ibéricas em 2019

Cadeia hoteleira	Mélia	NH	Barceló	Riu	Iberostar	Baía Principe	MP Hotels	Eurostars	Blue Bay	Pestana
Rácio int.	56,5	73,2	74,5	70,5	64,7	74,1	50,7	34,2	66,1	21,0

Fonte: Elaboração própria.

Nota: apenas foram consideradas companhias hoteleiras ibéricas com mais de 20 hotéis no exterior.

[215] Dörrenbächer, C. (2000). *Measuring corporate internationalisation: A review of measurement concepts and their use*, Working paper, WZB Discussion Paper, No. FS I 00-101.

Do exposto, verificamos que quatro companhias têm um rácio superior a 70% e no global oito companhias estão acima dos 50%. Valores abaixo de 50% para a cadeia Eurostars e com o valor mais baixo a cadeia Pestana, claramente com menos exposição ao exterior que as principais cadeias espanholas.

8.4.3.1 Posicionamento estratégico das companhias ibéricas na internacionalização

Para alargar a análise comparativa podemos, para terminar, ensaiar um formato que nos permita obter o posicionamento estratégico das companhias espanholas e portuguesas que consideramos na análise efetuada. Assim, após analisarmos as grandes regiões em que estão presentes e o rácio do número de quartos no exterior face à média de quartos das companhias ibéricas (também no exterior), concluímos que é possível estabelecer quatro grandes grupos. Os quatro gráficos parcelares com os agrupamentos estão integrados numa única matriz, com a identificação das empresas ibéricas internacionalizadas e o respetivo posicionamento estratégico (ver Figura 8-2).

Assim:

- Grupo A — Cadeias hoteleiras com **Internacionalização forte e abrangente.** Estão presentes em cinco ou mais das grandes regiões consideradas. A capacidade de gerir hotéis em lugares geográficos tão distintos, a gestão de pessoas em várias línguas distintas, as diferentes sazonalidades e os canais de distribuição implicam, em regra, uma gestão descentralizada e gestores com experiência internacional. Estamos no campo das empresas multinacionais.
- Grupo B — Cadeias hoteleiras com **Internacionalização moderada.** Este é um grupo mais diverso, que incluí as companhias que aspiram a passar para o grupo D e aquelas que estão ainda numa fase de desenvolvimento intermédio.
- Grupo C — Cadeias hoteleiras com posicionamento de **Especialistas** em determinada região ou país. Concentram-se neste grupo as companhias que optaram por se especializar na localização da internacionalização e apresentam um volume significativo de quartos nesse(s) destino(s).
- Grupo D — Cadeias hoteleiras com **Internacionalização inicial ou do tipo «antena»**. O corte vertical identifica à direita as companhias que começam a acumular um volume interessante de quartos no

Figura 8-2. Posicionamento estratégico das companhias ibéricas na internacionalização.

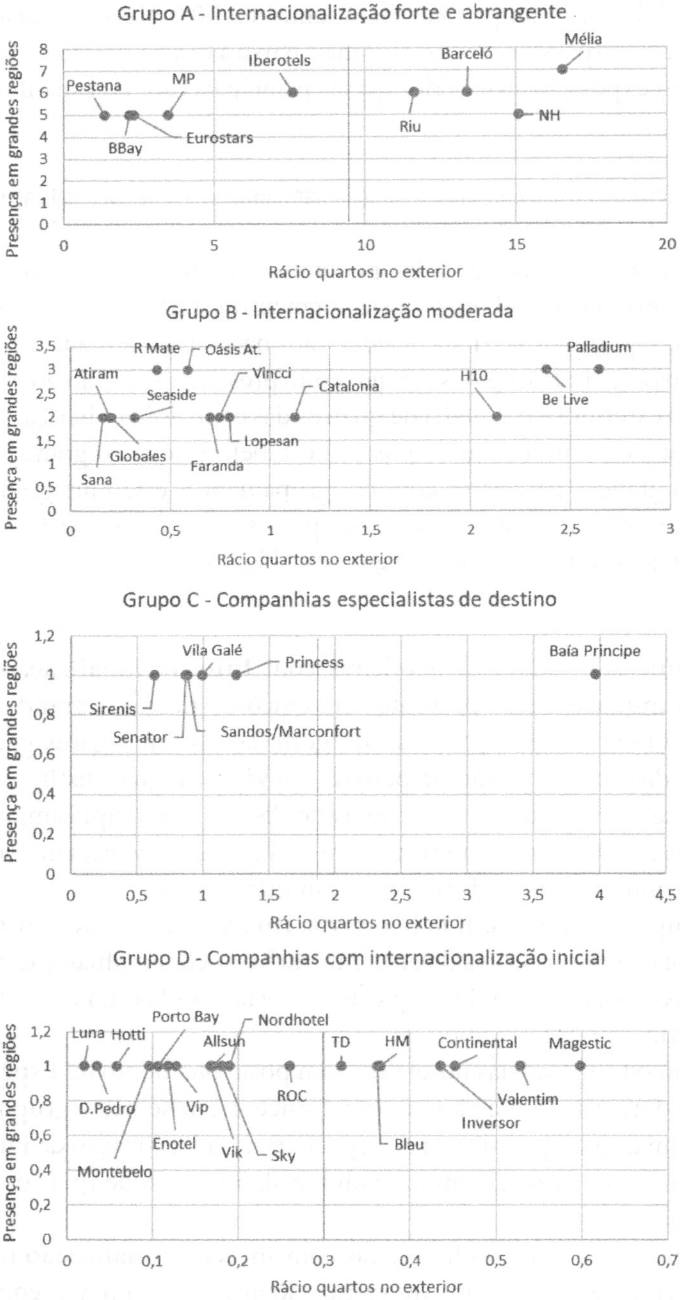

Fonte: Elaboração própria.

exterior e a aumentar o seu compromisso. À esquerda encontramos pequenas cadeias a dar os primeiros passos no processo de internacionalização, algumas com um ou dois hotéis, posicionamento que designamos de antena, mas também cadeias com mais hotéis que mantêm uma posição no exterior algo cristalizada. Podemos mesmo ver esta atitude como um fator de prestígio que é valorizado.

8.5 A INTERNACIONALIZAÇÃO DE CADEIA HOTELEIRA PORTUGUESA

O Pestana Hotel Group é a maior cadeia portuguesa, tendo evoluído de um único hotel em 1972 até à posição de multinacional do sector, presente em cinco das grandes regiões turísticas do globo, com 100 hotéis e mais de 12 000 quartos[216]. A oferta hoteleira está estruturada em quatro marcas de hotéis de 4 e 5 estrelas: Pestana Hotels & Resorts (onde pontuam nomeadamente as unidades para férias de lazer); Pestana Pousadas (unidades em edifícios históricos, castelos, palácios); Pestana Collection Hotels (unidades que pretendem ser exclusivas e de elevado nível, em cidades de referência) e Pestana CR7[217], para o alojamento do tipo *lifestyle*.

8.5.1 O PROCESSO DE INTERNACIONALIZAÇÃO

O início ocorreu na ilha da Madeira onde foi construído o primeiro hotel e cuja operação ocorreu sob a conhecida marca internacional Sheraton[218]. O gestor, atual presidente do grupo e maior acionista, iria aproveitar para obter toda uma panóplia de conhecimentos inerentes ao relacionamento e exigência de uma cadeia internacional de referência.

A empresa evolui para cadeia hoteleira com o crescimento orgânico na Madeira. Além da capacidade operacional, ganhou dimensão de mercado e capacidade financeira, pelo que em 1992 foi decidido expandir para Portugal continental, com a aquisição de várias unidades. Este movimento obrigou

[216] PHG (2021). *Business Development*, https://www.pestanagroup.com/pt/business-development/overview-and-brands/, acedido a 27-07-2021.

[217] PHG (2020). *História*, https://www.pestanagroup.com/pt/pestana-group/founders/, acedido a 02-06-2020.

[218] Gonçalves, R. (2009). *O empresário anti-crise*, DN, https://www.dn.pt/pessoas/o-empresario-anticrise-1163507.html, acedido a 02-06-2020.

à montagem de uma nova base operacional de raiz, ou seja, viveu no mercado doméstico um processo de aprendizagem como se estivesse a iniciar um processo de internacionalização.

Neste contexto, a expansão internacional apareceu com a privatização/ /aquisição de três hotéis em Moçambique, cuja língua oficial é o português. A cultura, a educação e os hábitos de negócio tinham ainda alguns aspectos ligadas à tipologia portuguesa. O empresário, nascido na vizinha África do Sul, tinha vivido em Moçambique num determinado momento da sua juventude, sendo que o movimento o colocou no centro da decisão[219]. Posteriormente efetuou um investimento complementar na África do Sul (um *lodge* no Krugger Park, o que permitia complementar a adequação à procura, em termos de produtos a oferecer).

Estas aquisições no exterior podem ser classificadas como a «primeira fase do processo de internacionalização» em termos das teorias de internacionalização. Referimo-nos às teorias comportamentais como o modelo desenvolvido na Universidade de *Uppsala*[220, 221], pois a empresa começou por optar por «mercados próximos» em termos de distância psíquica (língua comum, práticas empresariais homólogas, educação, costumes ou cultura semelhantes). Acresce a teoria do Empreendedorismo Internacional[222, 223], no sentido de que o empreendedor reconheceu a oportunidade, acrescido dos seus conhecimentos advindos das suas vivências nos dois países (África do Sul e Moçambique). Podemos também referir a inserção na Teoria das

[219] Peschken, T., Shukla, P., Lennon, J. and Rate, S. (2016). *The role of information alignment and entrepreneurial traits on SME internationalization: a conceptual framework*, Management Research Review, Vol. 39, N.º 2, pp. 196-214.
[220] Johanson, J. e Vahlne, J. (1977). *The internationalization process of the firm: a model of knowledge and increasing foreign market commitment*, Journal of International Business Studies, V. 8, n.º 1, pp. 23-32.
[221] Vahlne, J.E. and Johanson, J. (2017). *From internationalization to evolution: the Uppsala model at 40 years*, Journal of International Business Studies, Vol. 48, N.º 9, pp. 1087-1102.
[222] Anderson, O. (2000). *The internationalization of the firm from an entrepreneurial perspective*, International Studies of Management & Organization, vol. 30, n.º 1, pp. 63-92.
[223] Siepel, J., Camerani, R. & Masucci, M. Skills (2019). *Combinations and firm performance*, Small Bus Econ. https://doi.org/10.1007/s11187-019-00249-3.

redes[224, 225, 226], pois a colaboração com a marca Sheraton e outras posteriores em hotelaria internacional, constituem uma internacionalização de tipo *soft* onde é possível ir desenvolvendo todo um conjunto de aprendizagens do negócio internacional.

O segundo movimento surge com o investimento em dois hotéis no Brasil (então com boas perspetivas de crescimento, tendo integrado o denominado grupo dos BRIC, tidos como economias emergentes de grande potencial), no Rio de Janeiro e em S. Paulo. Neste contexto, o grupo chegou a deter nove hotéis no Brasil, criando uma importante base operacional regional para a América Latina e, aproveitando oportunidades de negócio que surgiram, expandiu em formato de «círculo na água»[227] para a Argentina, Venezuela, Colômbia e Uruguai. Chegou ainda a Miami, que nos EUA é vista com proximidade face à sub-região das Caraíbas e América Latina e a continuação do posicionamento em África (ex. S. Tomé e Cabo Verde e depois Marrocos).

Classificamos o desenvolvimento na América Latina como a segunda parte do processo de internacionalização da cadeia Pestana. Do ponto de vista do enquadramento teórico parece-nos claro que há outra característica que deve ser salientada: a cadeia optou maioritariamente por se afirmar como de raiz patrimonial ou seja, privilegiou o Investimento Direto no Exterior, procurando ser detentora (ou maioritária) da propriedade física dos hotéis. A explicação para este posicionamento encontra-se em teorias de base económica, relacionadas com a promoção da eficiência, próprias das multinacionais, em que existe uma necessidade de internalização[228] das operações a nível orgânico como garantia da qualidade do serviço a prestar.

[224] Vahlne e Johanson (2013). *The Uppsala model on evolution of the multinational business enterprise–from internalization to coordination of networks*, International Marketing Review, vol. 30, N.º 3, pp. 189-210.

[225] Johanson, e Mattsson (1988). *Internationalisation in industrial systems: A network approach*, In: N. Hood & J.-E. Vahlne (Eds), *Strategies in global competition*, pp. 468–486. Londres: Croom Helm.

[226] Björkman, L. e Forsgren, M. (2000). *Nordic international research: a review of its development*, International Studies of Management and Organization, vol. 30, n.º 1, pp. 6-25.

[227] Simões, V., Castro, A., Rodrigues, V. (2003). *Internacionalização das empresas de turismo: Experiências portuguesas*, Policopiado, CISEP/Universiadade Católica.

[228] Buckley & Casson (1998). *Analyzing foreign market entry strategies: Extending the internalization approach*, Journal of International Business Studies, 29(3), pp. 539-561.

Assim, houve uma combinação das duas famílias de modelos, comportamentais e económicas, combinando um *mix* da prudência, mas com uma que denuncia uma vocação para multinacional.

A curva de aprendizagem no processo de internacionalização permite a especialização de equipas e a acumulação de experiência; atração de gestores e pessoal qualificado; ganho de poder negocial junto de instituições financeiras e fornecedores de bens e serviços; e reputação junto decisores e de clientes. Porém, este é um processo exigente em termos financeiros e não isento de riscos políticos, económicos, sociais, culturais, administrativos, entre outros. É, pois, necessário reavaliar em permanência o enquadramento estratégico e tomar decisões que nos mantenham nos mercados que gerem rentabilidade. Ora, os novos fluxos de turismo vindos da Ásia dirigiam-se à Europa e aos EUA, nomeadamente às grandes cidades, onde os hotéis apresentavam, de forma consistente, taxas de ocupação muito elevadas.

Neste contexto, o grupo reequacionou o seu posicionamento, dando seguimento a uma nova estratégia rumo aos mercados onde se defrontavam as grandes companhias hoteleiras com um investimento emblemático em Londres, seguido de Berlim e Nova Iorque. Prosseguiu na Europa, abrindo hotéis em Amesterdão, Madrid e Barcelona e tem em *pipeline* outros projetos.

O grupo assumiu-se como uma multinacional do sector e mostrou-se disposto a aceitar os custos e riscos da internacionalização em mercados altamente competitivos face à perspetiva de aumento do poder de marcado[229] e rentabilidade associada. E porque os custos hoteleiros são elevados e a expansão internacional requer recursos elevados, seguiu a tendências das grandes companhias, abdicando de parte das propriedades hoteleiras em favor do posicionamento *sale & Lease Back* e *leasing*, o que vira em parte a cadeia hoteleira para o modelo *asset light*. Simultaneamente, tem hotéis que integram consórcios internacionais de prestígio[230] como The Leading Hotels of the World[231] que permitem o acesso a segmentos de mercado compostos por clientes sofisticados. Consideramos ser esta a terceira fase da internacio-

[229] Hymer, S. (1976). *The international operations of national firms: A study of direct foreign investment*, Doctoral Dissertation. Mass Institute of Technology.

[230] Roper, A. (1995). *The emergence of hotel consortia as transorganizational forms*, International Journal of Contemporary Hospitality Management, vol. 7, N.º 1, pp. 4-9.

[231] Almeida, A. (2018). *O fenómeno da coopetição nas redes de hotéis – O caso dos consórcios de marketing hoteleiro*, Tese de doutoramento, IGOT, Universidade de Lisboa.

nalização, podendo afirmar-se que passou a disputar a *Champions League* da hotelaria internacional.

Em 2019, a cadeia Pestana Hotel Group quota no *ranking* com a posição 29 a nível europeu e 119 a nível global[232].

[232] PHG (2020). https://www.pestanagroup.com/pt, acedido a 03-06-2020.

9
O Risco em Negócios Internacionais

9.1 ENQUADRAMENTO

O risco é um fator inerente ao mundo dos negócios. Quando estes se processam no exterior, num ambiente menos familiar às empresas, os riscos aumentam. Em consequência, sendo o investimento na internacionalização, em regra, envolto em montantes financeiros elevados, é recomendável que as empresas prevejam neste movimento os custos inerentes à eventual reversão do negócio, para o caso de se revelar um insucesso. Desta forma se acautela o futuro da empresa e se torna mais realista a capacidade de entrar no mercado exterior.

O fator prudência que aludimos é desde logo compreensível se elencarmos um conjunto de riscos possíveis[233]:

- De âmbito estatal: risco político (problemas decorrentes de falhas de governo/estabilidade), risco do país (problemas na classificação de *rating*/financiamento internacional com impacte, por exemplo, na disponibilidade de crédito ou alta de juros), alterações no enquadramento legal/regulatório (que induzam protecionismo ou alterações do quadro concorrencial), insegurança ou guerras.

[233] Aon RS (2017). *Riscos na Internacionalização*, Aon Risk Solutions | Global Risk Consulting, Pwp apresentado em Lisboa, 25 de janeiro 2017, apresentacao-Aon-riscos-na-Internacionalizacao.pdf, acedido a 19-06-2021.

- De âmbito económico/empresarial: abrandamento económico (clima de recessão com eventual arrastamento para crise económica e desemprego, retirando poder de compra/capacidade de consumo à população, com repercussão nas empresas), risco de não pagamento entre as empresas e risco cambial (resultante de volatilidade entre as moedas ou consequência de ambientes inflacionários).
- De âmbito cultural: risco intercultural (incapacidade das empresas para entender e se adaptarem às especificidades locais) ou não conseguirem reunir um quadro de recursos humanos/colaboradores (sejam expatriados, sejam locais) adequados à lógica de funcionamento da empresa, sua implantação e crescimento.
- De âmbito imprevisível: desastres naturais (inesperados e de elevado impacte) ou alterações climatéricas estruturais de grande relevância para o negócio.

Os insucessos que podem ser induzidos por um ou vários destes riscos têm ainda influência em termos de reputação da marca da empresa e lustram aqueles que conseguem ter sucesso, ganhar experiência/resiliência e progridem no mercado internacional.

Entretanto, dado o foco deste trabalho centrado na hotelaria, iremos tratar com mais detalhe e com exemplos aplicados as seguintes situações: os aspectos económicos/crise, os problemas de insegurança e o fator imprevisível, que pode ter impactes de grande monta. Em anexo iremos desenvolver o risco empresarial relacionado com as questões cambiais.

9.2 CRISE ECONÓMICA

Como já foi referido, o turismo depende da existência de rendimento discricionário, que permita o consumo e usufruto de férias. Por este motivo, quando acontece uma recessão na economia, com a queda do produto e consequente aumento do desemprego, de imediato se verifica uma queda da procura/consumo, com impacto nas várias atividades do sector.

A título de exemplo, no seguimento da crise financeira global e respetiva recessão económica de 2008/2009, o *Barometer* da WTO reportava[234]:

[234] UNWTO (2010). *Tourism Highlights 2010 Edition*, https://www.e-unwto.org/doi/pdf/10.18111/9789284413720, acedido a 03-02-2021.

- As chegadas de turistas internacionais diminuíram 4,2% em 2009, para 880 milhões; a receita do turismo internacional atingiu 852 mil milhões de dólares (611 mil milhões de euros) em 2009, correspondendo a uma queda em termos reais de 5,7% face a 2008;
- Porém, o crescimento do turismo internacional voltou no último trimestre de 2009 após 14 meses em queda.

Uma crise, com o arrastamento do ciclo económico para valores decrescentes, acarreta sempre as suas sequelas e vítimas. Porém, apesar das suas consequências, esta foi para a maioria das empresas uma situação que pode ser considerada acomodável e ajustável, pois decorre da evolução do ciclo económico.

Existem, todavia, outros choques suscetíveis de forte impacto[235].

9.3 ALTERAÇÕES NA PERCEÇÃO DE SEGURANÇA

Referimo-nos neste caso a situações que provocam alterações graves na perceção de segurança (essa trave-mestre da atividade turística), como as guerras ou os ataques terroristas.

Pela sua visibilidade pública, os atentados que ocorreram em Nova Iorque em 2001 e em Paris em 2015, tiveram forte cobertura mediática e reação imediata nos fluxos turísticos.

- No primeiro caso, de 36,2 milhões de turistas recebidos em 2000, retrocedeu-se para 35,2 em 2001 e 35,3 em 2002;
- em França, dos 85 milhões em 2014 regrediu-se para 82,7 e 83 milhões nos dois anos seguintes[236].

Apesar do impacto, ao fim de três anos já se havia recuperado totalmente o fluxo de turistas. Para tal em muito contribuíram as medidas que as autoridades implementam no sentido de retomar na perceção de segurança, com promoções concertadas que são realizadas, apoiadas por campanhas de marketing[237].

[235] Deloitte (2015). *Hospitality 2015 — Game challenges or spactators?* https://pt.slideshare.net/rutgersmits/deloitte-hospitality-2015-game-changers-or-spectators, acedido a 03-07-2020.

[236] Oliveira, J. e Freitas, M. (2018). *Impactos do terrorismo no turismo em Paris e New York*, Revista de Turismo Contemporâneo, Natal, vol. 6, N.º 2, pp. 171-188.

[237] Baumert, T. (2016). *Terrorismo y turismo: una revisión de la literatura acerca de la repercusión de los atentados sobre el sector turístico.* ICE — Economía del Terrorismo, Noviembre-Deciembre, (893), pp. 51-70.

O sector da hotelaria ressentiu-se no imediato, nomeadamente aos fins de semana, pois a taxa de ocupação em Paris caiu 20,8 e 23,1 pontos nas noites de sábado e domingo, puxando com ela o indicador RevPAR para 21,1% no sábado e 28,5% no domingo[238]. Um ano depois, a taxa de ocupação mantinha-se inferior em 1,7 pontos, verificando-se uma redução de tarifas em consonância[239]. Todavia, o sector do turismo de negócios manteve-se forte e permitiu compensar em termos globais o período de menores receitas que se seguiu ao atentado. A qualidade do serviço prestado e uma adequada gestão do preço face ao produto oferecido permitiu retomar a rentabilidade hoteleira[240].

9.4 O FATOR IMPREVISÍVEL

As classes de eventos atrás referidas impactam com a procura nos destinos turísticos atingidos, pelo menos no curto prazo. Acrescem, entretanto, outros fenómenos imprevisíveis que podem ser catastróficos, podendo ser de origem natural (como a erupção de vulcões, as chuvas diluvianas ou os terramotos/tsunamis) ou de causas na saúde pública (que podem ter uma origem natural ou ser consequência da atividade humana).

Vejamos algumas destas situações.

A erupção do vulcão Eyjafjallajökull em 2010

Na primavera de 2010, um vulcão denominado Eyjafjallajökull, situado no sul da Islândia, expeliu para a atmosfera vários quilómetros de cinzas vulcânicas. Por motivos de segurança, a nuvem de cinzas obrigou ao fecho do espaço aéreo, cancelando quase 100 000 voos e interrompendo os planos de viagem de turistas e viajantes a negócios em toda Europa do Norte[241] (sendo

[238] Hospitality-On (2015). *Terrorist attacks in Paris: impact on the hotel industry*, https://hospitality-on.com/en/activites-hotelieres/paris-terrorist-attacks-continue-raise-concern-hotel-industry, acedido a 04-02-2021.

[239] Hospitality-On (2015). *Terrorist attacks in Paris: impact on the hotel industry*, https://hospitality-on.com/en/activites-hotelieres/terrorist-attacks-paris-impact-hotel-industry, acedido a 04-02-2021.

[240] Hao, Y. (2020). *Paris terrorist attacks and hotel word-of-mouth*, SciencsPo Master Thesis, file:///C:/Users/asus/Documents/Helder/Projeto%20livro%20hot/cap%207-8%20evento%20imprevisivel/atentados/master_thesis_Yulin_Hao.pdf, acedido a 04-02-2021.

[241] Troxler, S. (2018). *Eyjafjallajökull: The vulcan that erupted icelandic tourism*, EHL Insights, https://hospitalityinsights.ehl.edu/iceland-tourism-boom, acedido a 03-02-2021.

este um dos espaços aéreos mais congestionados do mundo em termos de tráfego).

Nesse ano, o sector turístico iniciou a recuperação do pós-crise económica com um crescimento global de 6,6% das chegadas internacionais de turistas. Porém, a Europa foi a grande região que menos cresceu (apenas 3%), em grande parte devido ao impacto do referido vulcão no primeiro semestre do ano[242].

Note-se que este acontecimento, do ponto de vista da Islândia e nomeadamente no sector turístico, teve uma repercussão contrária ao que seria espectável, em termos da imagem associada ao fenómeno. A Islândia já havia sido notícia nos média internacionais pela crise financeira de 2008/2010. Todavia, foi a erupção vulcânica que colocou o país na abertura dos serviços de notícias das televisões globais. Assim, aquilo que poderia contribuir para uma imagem nefasta do país para o turismo, redundou em sentido contrário, apoiada por uma campanha de marketing lançada na continuação, atestada pelos seguintes números: entre 2007 e 2010, o país recebia cerca de 500 000 turistas por ano; em 2014 chegou a um milhão; em 2017 ultrapassou os dois milhões. Um caso raro que é um bom exemplo de resiliência e de saber aproveitar a notoriedade de um acontecimento nefasto para capitalizar a sua oferta, nomeadamente património natural específico e catapultar a procura turística. A oferta de alojamento tem vindo a subir, pois a taxa de ocupação passou de 46,9% em 2010 para 72,1% em 2017. Nesta ocupação, 88,9% das dormidas foram de turistas e a estadia média era de 6,5 noites em 2017[243].

O que poderia ter sido interpretado como um desastre para a economia da Islândia, acabou sendo uma bênção disfarçada.

O Tsunami do Índico em 2004

Em 26 de dezembro de 2004, ocorreu no Oceano Índico um terremoto de magnitude 9,1 que originou um tsunami de proporções difíceis de imaginar até então. Um dos países fortemente atingidos foi a Tailândia, um conhecido destino turístico internacional, onde houve vários milhares de vítimas. As áreas de costa e as praias de conhecidos destinos de *resort* foram fortemente atingidas, contando muitos turistas entre as vítimas.

[242] UNWTO (2011). *Tourism Highlights 2011 Edition*, https://www.e-unwto.org/doi/pdf/10.18111/9789284413935, acedido a 03-02-2021.

[243] FMS (2018). *Tourism in Iceland in figures 2018*, https://www.ferdamalastofa.is/static/files/ferdamalastofa/talnaefni/tourism-in-iceland-2018_2.pdf, acedido a 03-02-2021.

O nefasto acontecimento, fortemente documentado em imagens, foi amplamente divulgado nas televisões a nível mundial, tendo como consequência uma retração dos fluxos de turismo. No ano seguinte registou-se uma quebra de 90% nas reservas de hotéis e uma redução do turismo em geral de 26%[244]. A taxa de ocupação hoteleira antes do tsunami era, em média, de 90% em alguns dos principais *resorts* de Puket e desceu para 40% após a catástrofe; apenas em 2007 voltou aos valores de 90%[245].

O turismo é um sector da maior importância para a Tailândia, pelo que o governo, além do esforço de recuperação de infraestruturas, investiu em sistemas de alerta de tsunami nas ilhas turísticas (ex. Phuket, Khao Lak e Ilhas Similan). Este facto ajudou a recuperar o fator-chave do sector, ou seja, a segurança, que induz confiança. Em 2013, a Tailândia registava resultados *record* com 26 milhões de visitantes e em 2017 já contabilizava 35 milhões de chegadas internacionais[246].

Foi grande o impacto do tsunami na indústria turística, mas a Tailândia é um bom exemplo da resiliência do sector e da capacidade de reagir a adversidades naturais de grande impacto[247].

As pandemias do SARS-CoV-1 em 2003 e do SARS-CoV-2 em 2019

As doenças causadas por vírus são recorrentes, a espaços, ao longo da história da humanidade. Porém, a relativa imobilidade das populações levava a que o disseminar dos vírus fosse, em regra, algo lento, o que contribuía para o seu controlo. Ao contrário da atualidade, em que a facilidade de transportes à escala global e o elevado número de populações em contínuo movimento (quer por motivos de lazer, quer por negócios e afins), fazem com que uma preocupação a nível local se transforme rapidamente num problema global, de grande dimensão.

[244] Maria Langill (2016) The 2004 Indian Ocean earthquake was one of the deadliest natural disasters in recorded history, https://cularthis.blogspot.com/2016/05/2004-indian-ocean--earthquake-was-one-of.html, acedido a 04-02-2021.

[245] Tang, J. , Leelawat, N. , Suppasri, A. e Imamura, F. (2019) An effect of tsunami to hotel occupancy: A case of Phuket, Thailand, *IOP Conference Series: Earth and Environmental Science* , 273 (1), 012033. IOP Publishing. https://doi.org/10.1088/1755-1315/273/1/012033.

[246] UNWTO (2017) Tourism Highlights 2017 Edition, https://www.e-unwto.org/doi/epdf/10.18111/9789284419876, acedido a 04-02-2021.

[247] Birkland, T., Herabat, P., Little, R., Wallace, W. (2006). *The Impact of the December 2004 Indian Ocean Tsunami on Tourism in Thailand,* Earthquake Spectra EERI, pp. 889-900.

A primeira pandemia do século XXI foi designada de SARS-CoV-1 (Síndrome Respiratória Aguda Grave), tendo a partir de fevereiro de 2003 afetado mais de 8000 pacientes e causado quase um milhar de mortes, em 26 países e cinco continentes. Alguns países asiáticos foram fortemente afetados; porém, com boas medidas de saúde pública (identificação precoce, isolamento, quarentena de contactos e um programa de medidas de proteção individual), assim como uma população cooperante, foi possível controlar a propagação, tendo a OMS declarado o fim da pandemia em julho de 2003[248].

As chegadas de turistas internacionais a nível global caíram 1,7% em 2003 (OMS). No Leste Asiático, as chegadas de turistas caíram 41% entre 10 de abril e 21 de abril em comparação com o mesmo período de 2002. Nos meses do surto, houve uma queda de 12 milhões nos desembarques na grande região da Ásia e do Pacífico, o que representa uma queda de 9% em relação ao ano anterior[249]. Nos primeiros cinco meses de 2003, as chegadas de turistas internacionais e domésticos a Pequim caíram 480 000 e 8,7 milhões, respetivamente, gerando perdas de até 11 mil milhões de yuans (1,3 mil milhões de dólares)[250].

A taxa de ocupação dos hotéis em Pequim (em abril) caiu 23% em comparação com o mesmo período do ano anterior, sendo que muitos hotéis de 4 e 5 estrelas passaram de 100% para 10% de ocupação. Os hotéis das principais cidades afetadas experimentaram então todo um processo de aprendizagem de procedimentos sanitários de higienização e limpeza. Alguns chegaram mesmo a implementar a figura do «condutor do elevador», um empregado que protegia os clientes de tocarem nos botões do elevador[251].

Como referimos, a primeira pandemia do século foi rapidamente debelada. O impacto nas atividades turísticas foi significativo e era espectável que se uma situação deste género ficasse em descontrolo, o seu efeito podia ser devastador para as atividades que compõem o sector turístico. A população asiática envolvida compreendeu rapidamente que

248 Wilder-Smith, A. (2006). *A síndrome respiratória aguda grave: impacto em viagens e turismo*, Travel Med Infect Dis, vol. 4, n.º 2, pp. 53–60.

249 UNWTO (2004). *Tourism Highlights 2014 Edition*, https://www.e-unwto.org/doi/epdf/10.18111/9789284407910, acedido a 04-02-2021.

250 Wilder-Smith, A. (2006). *A síndrome respiratória aguda grave: impacto em viagens e turismo*, Travel Med Infect Dis, vol. 4, n.º 2, pp. 53–60.

251 Dombey, O. (2003). *The effects of SARS on the Chinese tourism industry*, Journal of Vacation Marketing, vol. 10. N.º 1, pp. 4–10.

medidas sanitárias e a atitude de comportamento responsável que exige uma situação deste género. E a população do hemisfério norte do planeta, teria entendido?

No final de 2019 o mundo começou a observar com preocupação um problema com um vírus respiratório que assolava a região de Wuhan na China. Rapidamente o contágio se espalhou pelo mundo através das viagens internacionais. Estávamos em presença de um novo coronavírus, denominado SARS-CoV-2, provocando a infeção covid-19. Em 30 de janeiro de 2020, a Organização Mundial da Saúde (OMS) declarou uma emergência sanitária internacional. A 11 de março de 2020 a OMS declarou estarmos perante uma pandemia[252], com a presença do vírus em 114 países e mais de três continentes.

Em fevereiro de 2021, os números a nível global eram assustadores, com o número de infetados e vítimas na casa dos milhões. Os surtos mais violentos eram controlados com medidas de confinamento, o que atingia a livre circulação das pessoas e o funcionamento da economia. O sector do turismo era violentamente afetado: hotelaria, restauração, aviação, viagens e demais atividades conexas estavam em suspenso e apenas as fortes medidas de apoio dos vários governos iam impedindo que o cenário fosse de catástrofe. No contador internacional, a 7 de fevereiro de 2021 registavam-se 2306 milhões de mortos, 105 milhões de infetados e quase 60 milhões de recuperados[253].

No horizonte, a esperança que as vacinas trouxessem até ao final de 2021 um controlo da pandemia e o regresso possível à vida normal. Entretanto, vejamos algumas das consequências que se registavam, passados onze meses desde a declaração de pandemia.

No ano mais difícil da história do turismo, os destinos que apresentavam as maiores perdas em comparação com o ano anterior (em milhões de dólares): EUA (147 245); Espanha (46 707); França (42 036); Tailândia (37 505). No caso de Portugal registaram-se perdas de 13 857, sendo o 17.º país no *ranking* de perdas a nível global[254].

[252] LUSA (2020). *SNS-Nota à comunicação social, Pandemia*, https://www.sns.gov.pt/noticias/2020/03/11/covid-19-pandemia/, acedido a 07-02-2021.

[253] Público (2021). *Guia para entender o novo coronavírus, que já matou mais de dois milhões de pessoas*, https://www.publico.pt/2020/01/29/infografia/coronavirus-espalhar-virus-mundo-409, acedido a 07-02-2021.

[254] Canalis, X. (2021). *Os 50 destinos que mais perderam dinheiro em 2020*, Hosteltur, Los 50 destinos que más dinero han perdido en 2020 | Economía (hosteltur.com), acedido a 14-02-2021.

Em Espanha, um dos maiores mercados de turismo do mundo:

- A chegada de turistas internacionais caiu 78% (menos 65 milhões que em 2021) e as receitas desceram 77%[255].
- O governo injetou milhões no sector; os empréstimos viram os prazos de reembolso adiados por vários anos. Todavia, a indústria entrou nesta crise numa situação mais confortável do que na anterior, devido aos anos precedentes terem sido de boa rentabilidade[256].
- O investimento no sector hoteleiro caiu 60%[257].
- Meio milhão de trabalhadores perderam os seus empregos na hotelaria[258]. No final de dezembro, 100 000 trabalhadores estavam em *lay-off*[259].
- No início de janeiro, as reservas hoteleiras estavam entre 70% a 80% abaixo do ano de 2020, em período homólogo[260].
- No caso de as vacinas conseguirem fazer voltar a atividade até ao final do ano, a recuperação da atividade na hotelaria estava prevista para 2023[261].
- Os valores das propriedades hoteleiras desceram cerca de 10% a 15%; porém, abaixo dos 30% previstos. Para tal, em muito contribuíram os apoios do governo que permitiram manter a liquidez e os preços dos quartos na comercialização. Acresce que muitos dos hotéis em venda

[255] Nunez, C. (2021). *La aportación del turismo a la economía española cae del 12,4% al 4,3%*, Hosteltur, https://www.hosteltur.com/141764_la-aportacion-del-turismo-a-la-economia-espanola-cae-del-124-al-43.html, acedido a 07-02-2021.

[256] Gonzalez, T. e Santana, M. (2021). *Hotéis atingidos pela crise do COVID: em busca de liquidez*, Hosteltur, Hoteles golpeados por la crisis de la COVID: en busca de liquidez | Hoteles y Alojamientos (hosteltur.com), acedido a 07-02-2021.

[257] Hinojosa, V. (2021). *Oportunidades y retos del mercado de inversión hotelera ante 2021*, Hosteltur, Oportunidades y retos del mercado de inversión hotelera ante 2021 | Hoteles y Alojamientos (hosteltur.com), acedido a 11-02-2021.

[258] Canalis, X. (2021). *Meio milhão de trabalhadores da hotelaria desempregados*, Hosteltur, Medio millón de trabajadores de la hostelería se han quedado sin empleo | Economía (hosteltur.com), acedido a 08-02-2021.

[259] Hosteltur (2021). *Los hoteles de España tienen a 100.000 trabajadores en ERTE*, https://www.hosteltur.com/141372_los-hoteles-de-espana-tienen-a-100000-trabajadores-en-erte.html, acedido a 12-02-2021.

[260] Canalis, X. (2021). *Reservas de hotel: tendencias para el primer trimestre del año*, Hosteltur, Reservas de hotel: tendencias para el primer trimestre del año | Hoteles y Alojamientos (hosteltur.com), acedido a 06-02-2021.

[261] Phocusright (2021). *Travelers are eager to get back to business*, https://www.phocuswright.com/Free-Travel-Research/travelers-are-eager-to-get-back-to-business, acedido a 26-06-2021.

são de pequena dimensão (abaixo de 100 quartos) e, desde logo, com pouco interesse para as grandes cadeias[262].

- Num inquérito às cadeias hoteleiras de Portugal e Espanha, 48% referem manter os seus planos estratégicos de desenvolvimento. Porém, a maioria prefere esperar para ver como a situação evolui. Os principais condicionantes apontados são o financiamento e a mudança nas condições de negociação[263].
- Mantinha-se, todavia, o interesse dos grandes grupos. Na hotelaria independente, continuando o sector na Europa muito atomizado, a falta de procura era o dado comum a todos; em simultâneo, a competitividade do mercado, os desafios da digitalização e as dificuldades económicas inerentes à crise. As grandes cadeias mantinham as propostas de afiliação, nomeadamente em formatos de baixa intensidade em capital (*asset light*), através de *franchise, co-brand* e afins. Faziam valer o reconhecimento da marca, a base de dados de clientes e a capacidade na distribuição.
- Com a aviação em terra a passar por dificuldades nunca vividas, a companhia espanhola de bandeira, a Ibéria, adquiriu a companhia Air Europa, pertencente ao grupo Globália (até agora um conglomerado verticalmente integrado no sector turístico); porém, devido à pandemia, o negócio foi acordado por metade do inicialmente previsto, ou seja, 500 milhões de euros[264].
- Registe-se também que em dezembro de 2020 se concretizava através de fusão o nascimento do maior grupo de viagens (Avoris-Globalia), formado por agências, operadores turísticos, agências de recetivos e companhias aéreas, pelo que será líder na distribuição de viagens na Espanha[265].

[262] Gonzalez, T. (2021). *Operações de hotéis podem triplicar com um ajuste de preços*, Hosteltur, Las operaciones hoteleras podrían triplicarse con un ajuste de precios | Hoteles y Alojamientos (hosteltur.com), acedido a 12-02-2021.

[263] Cushman & Wakefield (2020). *Marketbeat*, https://www.cushmanwakefield.com/pt-pt/portugal/insights/marketbeat-portugal, acedido a 14-05-2021.

[264] Lusa (2021). Holding *da Iberia compra Air Europa por 500 milhões de euros*, Notícia LUSA a 15 jan, ECO, https://eco.sapo.pt/2021/01/19/holding-da-iberia-compra-air-europa-por-500-milhoes-de-euros/, acedido a 07-02-2021.

[265] Canalis, X. (2021). *Ávoris-Globalia, Infográfico: este é o novo gigante da distribuição turística*, Hosteltur, Infografía: así es el nuevo gigante de la distribución turística | Intermediación (hosteltur.com), acedido a 12-02-2021.

No sector turístico internacional é ainda de referir o maior operador turístico do mundo, a TUI AG, que necessitou de receber ajudas do estado alemão, bancos e acionistas, num valor estimado em 1,8 mil milhões de euros, visando garantir a sua sobrevivência, podendo o estado alemão tornar-se temporariamente acionista do grupo[266].

Do exposto, se constata que em 2020 o turismo e todas as suas atividades viveram o pior ano de sempre. Não fossem as ajudas estatais e a crise seria draconiana. Em fevereiro, vivia-se na esperança de que as vacinas ajudassem a repor a vida normal. Entretanto, e no caso do mercado espanhol que vimos mais de perto, notamos que o sector continua a preparar o futuro a nível estratégico, com as fusões e aquisições na aviação e nos conglomerados de viagens. A nível internacional foi anunciada em agosto de 2021 a aquisição do Apple Leisure Group (conglomerado de viagens cuja vertente hoteleira inclui 33 000 quartos e a prestigiada marca AM resorts), pelo gigante hoteleiro Hyatt[267], o que prefigura confiança no futuro, como já havíamos referido no capítulo de abertura.

A nível global será inevitável uma reconfiguração do sector em múltiplas das suas atividades e respetivos atores.

Em síntese:

O risco é um elemento inerente ao empreender, e quando acontece a nível internacional, aumenta. Acrescem eventos, que tendo em atenção a sua duração no tempo e efeitos que exercem sobre a procura, podem impactar fortemente com as empresas do sector turístico, arrastando-as para períodos de dificuldades. É, todavia, aconselhável ter consciência que existem e devem ser previstos nas avaliações estratégicas dos projetos a desenvolver.

Assim, realizar uma análise prospetiva é algo que não deve cingir-se a resultados de curto prazo, sendo aconselhável aos projetos em curso ou vindouros, para que possam contemplar uma margem de segurança, permitindo alguma resiliência face a situações imprevisíveis como as que referimos.

[266] Vargas, A. (2021). *Alemanha pode chegar a 25% em TUI convertendo ajuda em ações*, Hosteltur Alemania podría alcanzar el 25% en TUI convirtiendo ayudas en acciones | Intermediación (hosteltur.com), acedido a 12-02-2021.

[267] Marques, B (2021). *Grupo hoteleiro Hyatt compra Apple Leisure Group por 2,3 mil milhões de euros*, JE, https://jornaleconomico.sapo.pt/noticias/grupo-hoteleiro-hyatt-compra-apple-leisure-group-por-23-mil-milhoes-de-euros-774094, acedido a 23-08-2021.

Anexo 9.1

Acautelar riscos cambiais

Atendendo ao carácter pedagógico deste livro, não queremos terminar este capítulo sem passarmos pelo nível micro e discorrermos sobre um aspecto que não raras vezes impacta nas transações internacionais das empresas: o risco cambial, que se pode traduzir em perdas, que podem ser evitadas (ou minoradas).

A taxa de cambio é definida como o valor de uma moeda em função de outra (por exemplo, 1 € = 1,2365 $ ou 1 $ =0,8087 €). No longo prazo, o valor da moeda tende a estar relacionado com o poder económico da economia que representa; no curto prazo, depende da oferta e da procura, o que pode ser influenciado por vários outros fatores.

Quando as operações financeiras decorrem dentro do mesmo país ou numa zona monetária sujeita a uma única moeda, não se coloca a questão do risco cambial. Porém, quando ocorrem entre países com diferentes moedas, o valor da taxa de câmbio pode alterar-se e levar a ganhos ou perdas decorrentes desses movimentos. Logo, podemos concluir que o risco cambial está ligado à alteração do valor das moedas nas transações internacionais, nomeadamente em períodos de incerteza (sendo as alterações conhecidas como volatilidade das moedas).

Para melhor perceção iremos recorrer a alguns exemplos[268].

[268] Viana e Hortinha (1997). *Marketing Internacional*, Ed. Sílabo, Lisboa.

O caso de um investimento no exterior, em curso

Suponhamos que uma empresa hoteleira da zona Euro tem em curso um investimento num hotel noutro país, tendo de enviar dentro de 90 dias o montante de 2,5 milhões em dólares ($). Os serviços da empresa consultam a taxa de câmbio no presente e a que está prevista daqui a 90 dias, quando o pagamento se irá efetuar e chegam à seguinte conclusão:

- Hoje (data da análise): 1 $ = 1,2034 €;
  — logo 2 500 000 × 1,2034 = 3 008 500 €.
- 90 dias depois (data de pagamento): 1 $ = 1,2982 €;
  — então 2 500 000 × 1,2982 = 3 245 500 €.

Ou seja, a manter-se a situação prevista, a empresa irá incorrer num gasto suplementar de 237 000 € (3 245 500 – 3 008 500) quando fizer a aquisição dos dólares necessários para o pagamento. Tal ocorre porque se irá verificar uma desvalorização do Euro (note-se que é necessário no segundo momento despender mais quantidade do Euro para comprar um dólar).

Neste contexto, a empresa pode tomar algumas medidas efetuando a cobertura do risco cambial. Assim:

- faz um empréstimo no valor de 2 500 000 $ na data da análise e de imediato, deposita-os num banco a 90 dias;
- passados os 90 dias, os 2 500 000 $ ficam disponíveis para efetuar o pagamento.

O risco cambial fica assim anulado, pois na data do envio ficará com os dólares disponíveis para efetuar o pagamento. Todavia, esta operação tem custos, pois foi efetuado um empréstimo e este paga juros; acresce que durante 90 dias a empresa não necessita do dinheiro, pelo que pode efetuar um depósito, recebendo nesse caso o juro correspondente. Se o juro do empréstimo for de 5% e o do depósito 2%, o resultado final pode ser obtido executando a seguinte formula:

$$\left\{\lambda + \lambda \, x \left[\left(\alpha \, x \frac{x}{365}\right) - \left(\alpha \, x \frac{x}{365}\right)\right]\right\} x \, \beta = \Omega \qquad (1)$$

Sendo λ – valor em causa; α – taxa de juro; x – prazo; β – taxa de câmbio; Ω – valor final.

Então, os custos da operação com cobertura do risco cambial serão:

$$\left\{2\,500\,000 + 2\,500\,000 \times \left[\left(0{,}05 \times \frac{90}{365}\right) - \left(0{,}02 \times \frac{90}{365}\right)\right]\right\} \times 1{,}2034$$
$$= 3\,030\,754{,}7\ €$$

Assim, com a operação de cobertura do risco cambial a empresa evitou perder 214 745,3 € (3 245 500 – 3 030 754,7).

O caso de um recebimento provindo de lucros obtidos no exterior

Neste caso uma cadeia hoteleira com hotéis num determinado país conclui que irá fechar o ano com um resultado positivo e pretende transferir 1 500 000 $ para a zona Euro.

Os serviços da empresa consultam a taxa de câmbio no presente e a que está prevista daqui a 90 dias, quando a transferência se irá efetuar e chegam à seguinte conclusão:

- Hoje (data da análise): 1 $ = 1,2956 €;

logo 1 500 000 × 1,2956 = 1 943 400 €

- 90 dias depois (data da transferência): 1 $ = 1,1032 €;

então 2 500 000 × 1,2982 = 1 654 800 €.

Ou seja, a manter-se a situação prevista, a empresa irá incorrer numa perda de 288 600 € (1 943 400 – 1 654 800) quando fizer a transferência dos dólares para o país da zona Euro. Tal ocorre porque se irá verificar uma valorização do Euro (note-se que é necessário no segundo momento — data da transferência — despender menos quantidade de Euro para comprar um dólar).

Neste contexto, a empresa pode tomar medidas efetuando a cobertura do risco cambial no sentido de minimizar as perdas. Assim:

- faz um empréstimo (a 90 dias) no valor de 1 500 000 $ na data da análise; de imediato, efetua a troca para Euros, recebendo os 1 943 400 € (antecipa o recebimento através da cobertura do risco cambial).

- passados os 90 dias, recebe no país da zona Euro os 1 500 000 $ através da transferência esperada; entrega-os de imediato ao banco, pelo que liquida o empréstimo efetuado.

O risco cambial fica assim anulado. Todavia, esta operação tem custos, pois foi efetuado um empréstimo e este paga juros; note que neste caso a empresa não necessita fazer uma reserva dos 1 943 400 € recebidos pelo que pode utilizá-los nas suas despesas correntes se assim o entender.

Se o juro do empréstimo for de 6%, o custo dos juros pode ser obtido executando a seguinte formula:

$$\left[\lambda\left(\alpha \times \frac{x}{365}\right) = \delta_{i}\right] \times \beta = \delta_{ii} \qquad (2)$$

Sendo λ – valor em causa; α – taxa de juro; x – prazo; – δ_i valor dos juros em dólares; β – taxa de câmbio; δ_{ii}– valor dos juros em euros.

Então, os custos da operação no que concerne aos juros suportados serão:

$$\left[1\,500\,000\left(0{,}06 \times \frac{90}{365}\right) = 22\,191{,}78\,\$\right] \times 1{,}1032 = 24\,481{,}97\,€$$

Deduzindo os juros ao valor que a empresa recebeu, obtemos o resultado final com cobertura do risco cambial: 1 943 400 – 24 481,97 = 1 918 918 €.

Assim, com a operação de cobertura do risco cambial a empresa evitou perder 264 118 € (1 918 918 – 1 654 800).

Os dois exemplos apresentados partem do princípio que os analistas financeiros conseguem prever com relativa segurança a evolução da taxa de câmbio a prazo (neste caso a 90 dias). Porém, os mercados são imprevisíveis e em épocas de elevada volatilidade pode dar-se o caso de a taxa de câmbio evoluir em sentido contrário ao previsto. Neste contexto, a abordagem deve ser diferente, prevendo a inclusão de uma opção de não cumprimento do acordo, se a situação contrária for mais favorável para a empresa.

Cobertura do risco cambial com recurso a opção

Suponhamos que uma empresa hoteleira da zona Euro tem que efetuar um pagamento a um fornecedor noutro país, tendo de enviar dentro de 90 dias o montante de 900 000 dólares ($). Os serviços da empresa consultam a taxa de cambio no presente e a que está prevista daqui a 90 dias, quando o pagamento se irá efetuar e chegam à conclusão que o Euro deverá desvalorizar, mas o cenário é de grande volatilidade. Assim:

- acordam com um banco a compra dos 900 000$ à taxa de 1 $ = 0,942 € (900 000 × 0,942 = 847 800 €), mas mantêm em aberto a opção de não cumprir o contratado se a taxa de câmbio evoluir de forma contrário e ser mais favorável à empresa desistir do contrato.

O banco aceita esta modalidade, mas cobra um prémio de 1,5% para cobrir as suas despesas se a empresas optar por desistir do contato.

Assim:

- se na data do pagamento a taxa de câmbio se desvalorizou como previsto e for superior a 0,942 €, a empresa cumpre o que está contratado para a compra de 900 000 $ e limita assim o risco.

  — Exemplo: para 1 $ = 0,945 €, temos 900 000 × 0,945 = 850 500 $; Logo, cumpre o acordado e paga 847 800 $.

- Porém, se o Euro não se desvalorizar como previsto (por exemplo, 1 $ = 0,935 €), a empresa tenderá a ponderar a hipótese de exercer a opção de não efetuar a compra — o contratado — pois:
  900 000 × 0,935 = 841 500.
  Porém, neste caso terá de pagar o prémio exigido pelo banco.

  Neste contexto, é necessário calcular o valor do prémio, o que pode ser realizado operacionalizando a seguinte formula:

$$[(P \times \beta) \times \lambda] = \Omega \qquad (3)$$

Sendo P – valor da percentagem do prémio; β – taxa de câmbio; λ – valor em causa; Ω – valor do prémio.

$$[(0,015 \times 0,942) \times 900\,000 = 12\,717€$$

Então: 841 500 + 12 717 = 854 217 €. Ou seja, fica mais caro, pelo que não compensa desistir do que foi contratado.

- Coloca-se então à empresa a seguinte questão: a partir de que valor da taxa de câmbio do euro (valorização), acrescido do prémio, compensa não cumprir com o contratado? A resposta é obtida pelo cálculo da seguinte fórmula, que nos dá o limite do intervalo:

$$[\beta - (P \times \beta) = \Omega \qquad (4)$$

Sendo P – valor da percentagem do prémio; β – taxa de câmbio; Ω – valor do prémio.

$$[0,942 - (0,015 \times 0,942)] = 0,927\,870$$

Então: 900 000 × 0,927 870 = 835 083 + 12 717 = 847 800 €. Ou seja, é exatamente igual ao contratado inicialmente com o banco. Logo, para qualquer valor da taxa de câmbio em que o Euro se valorize acima de 1 $ = 0,927 € (para sermos mais exatos 0,927 870), compensa à empresa desistir do contratado, assumir a nova taxa de cambio e pagar o prémio.

Exemplo: para 1 $ = 0,920 €, temos 900 000 × 0,920 = 828 000 + 12 717 = 840 717 €.

Tendo a moeda evoluído no sentido contrário ao previsto, com uma valorização do euro, a empresa prefere desistir do contrato, paga o prémio e fica com a nova taxa de mercado que lhe é mais favorável; neste caso poupa 7083 € (847 800 – 840 717).
Os contratos de opção têm características de seguro de crédito.

Os exemplos aqui apresentados, de carácter pedagógico, procuram mostrar porque devem as empresas procurar cobrir o risco cambial em negócios internacionais. Focámo-nos em situações em que a situação evoluía para perdas por parte da empresa; porém, a situação cambial também pode evoluir a favor da empresa e gerar ganhos com a taxa de câmbio, por inércia. Entretanto, o melhor é não jogar com o acaso e tomar medidas preventivas.

No presente, quer o departamento financeiro das empresas quer os serviços da banca têm meios para apoiar as empresas com modelos mais sofisticados e eficazes para a cobertura do risco cambial (ex. modalidades designadas de Forward, Swap cambial, Opção de compra/call cambial ou opção de venda/put cambial)[269]. Devem, pois, as empresas que têm negócios internacionais conhecer estas modalidades e apoiarem-se junto dos especialistas da banca ou afins.

[269] *CGD, Cobertura do risco cambial,* https://www.cgd.pt/Empresas/Exportacao-Internacionalizacao/Pages/Cobertura-risco-cambial.aspx, acedido a 23-07-2021.

10
A Competitividade do Mercado

10.1 ENQUADRAMENTO

Procuramos neste capítulo efetuar uma análise à forma como os competidores se posicionam no mercado, assim como ponderar tendências de evolução. O puzzle é complexo tendo em atenção as evoluções registadas ao nível das grandes cadeias internacionais; os clientes estão cada vez mais conscientes do poder que detêm através da presença online proporcionada pelas novas tecnologias; tecnologias que proporcionaram uma verdadeira revolução ao nível da distribuição. É também de revolução que se fala quando vemos o potencial de novos concorrentes vindos das empresas plataforma. Assim como novos produtos complementares, necessariamente concorrentes, que vão sendo apresentados ao mercado, tendo em atenção o posicionamento dos segmentos de consumidores. Estes assuntos iremos apresentar de seguida, em jeito de síntese, que procuramos que não seja excessivamente longa.

A análise será enquadrada no esquema metodológico das cinco forças de M. Porter[270].

[270] Porter, M. (1979). *From competitive advantage to corporate strategy*, Harvard Business Review, 65(3) : pp. 43-49, May/June 1987.

10.2 ANÁLISE COMPETITIVA DA HOTELARIA INTERNACIONAL

Quadro 10-1. A competitividade na hotelaria internacional — modelo das cinco forças

<table>
<tr><td>Rivalidade entre concorrentes</td><td>São vários os aspectos que podemos referir como caracterizadores do posicionamento das cadeias no mercado e que, atendendo à forma como cada qual exerce o seu comportamento estratégico, se traduz em diferentes formas na rivalidade entre concorrentes. Assim:<ul>
<li>Progressivo crescimento do mercado entre 2009 e 2019, uma década que nasce da crise denominada do subprime e foi acelerando;</li>
<li>Competição pela dimensão, através de aquisições pelas principais companhias mundiais de outras companhias de significativa dimensão; predomínio das aquisições das companhias asiáticas que ganharam lugares no ranking global;</li>
<li>Progressiva venda da propriedade hoteleira a fundos de investimento, assumindo a separação entre gestão operacional e parte imobiliária; desenvolvimento do modelo asset light, possibilitando encaixes financeiros importantes visando a desalavancagem financeira ou capitalizar para manter a capacidade de expansão da cadeia.</li>
<li>Manutenção das marcas existentes quando das aquisições;</li>
<li>A presença em vários mercados permite uma maior resiliência face a crises e tende a reduzir os problemas de sazonalidade;</li>
<li>Diferenciação pela marca: segmentação generalizada da oferta por marcas ajustadas aos vários segmentos do mercado (de budget/economy a luxury, extended stay, business meeting, resort);</li>
<li>Diferenciação por conceitos hoteleiros: apresentação de formatos inovadores visando a personalização face ao cliente, mesmo em cadeias, como o boutique hotel ou life style).</li>
<li>Franchise e management continuam a ser os formatos contratuais mais usados na expansão internacional das grandes cadeias;</li>
<li>A crescente evolução da tecnologia tornou inevitável que as cadeias que se pretendem competitivas detenham ferramentas como: o Property Management System e Chanel Management, Booking Engine e a Central Reservation System;</li>
<li>Criação de bases de dados gigantescas ligadas ao programa de fidelização;</li>
<li>A utilização de KPI é decisivo para um bom controlo de gestão das unidades hoteleiras; a prática de políticas como o Revenue Management ou CRM, podem contribuir para um incremento das receitas e um melhor conhecimento dos clientes, suas motivações e necessidades.</li>
<li>Rentabilização de ativos intangíveis como a marca, o sistema de reservas e a base de dados de clientes, além do know-how de gestão acumulado;</li>
<li>Inserção de unidades hoteleiras de referência ou específicas em consórcios temáticos;</li>
<li>Desenvolvimento de parcerias com marcas complementares de prestígio na restauração, SPAS ou animação;</li>
<li>Peso da hotelaria na conta satélite do turismo — crescente capacidade negocial das cadeias face ao poder político.</li>
</ul></td></tr>
<tr><td>Poder negocial dos compradores</td><td>Este ponto é dedicado ao principal comprador, o cliente. Durante a segunda década do século XX assistiu-se a um crescendo de população com acesso a rendimento discricionário que permitiu fazer turismo e adquirir alojamento hoteleiro. A sua participação na imagem da indústria cresce à medida que os sistemas digitais se implementam. Assim:<ul>
<li>Clientes que têm o poder de comentar na net como foi a sua estadia, avaliando o hotel. Um número crescente tende a não reservar um hotel com comentários desfavoráveis;</li>
<li>A exposição do preço na net leva ao planeamento prévio antes da reserva, com avaliação das várias propostas e o valor que encerram, tendo em atenção as expectativas de cada consumidor;</li>
</ul></td></tr>
</table>

Poder negocial dos compradores (cont.)	• Clientes que jogam com a facilidade de cancelamento sem penalização, provocando descida na rentabilidade face às reservas efetuadas e não concretizadas. Tornam difícil a gestão da capacidade e da relação entre a taxa de ocupação expetável e a efetiva; • Beneficiam também da facilidade proporcionada pela reserva no *site* das cadeias para obter o desconto inerente ao «clube de amigos»; • Clientes pertencentes a diferentes segmentos, com exigências variadas, requerendo adaptação do hotel; • Clientes que vão tendo de forma crescente consciência ambiental, com peso na decisão de compra; • Clientes que usam a faculdade de reclamar para aceder a eventuais indemnizações, quando de facto nada de anormal aconteceu[271]. O consumidor tem vindo na atualidade a ver crescer as possibilidades de fazer exercer pressão sobre a oferta; na verdade, já não é valioso apenas pelo dinheiro que gasta, mas pela informação que gera. É, todavia, necessário ter capacidade para extrair informação dos dados, traduzindo-os em valor para o hotel. Note-se ainda que, para o hoteleiro, a distribuição online tem um valor adicional pois: • permite detetar pontos fortes/fracos do serviço, medir a satisfação dos clientes e comparar-se com os competidores diretos; • permite o diálogo com os clientes, aumentando a visibilidade do negócio.
Poder negocial dos fornecedores	Neste ponto iremos considerar nomeadamente os fornecedores de clientes, ou seja, os canais de distribuição do hotel. De facto, como referimos, por muito bom que seja um hotel, se não tiver clientes não será viável. A distribuição é o coração da indústria e nas últimas duas décadas sofreu profundas transformações com a evolução tecnológica. Assim: • Os canais de distribuição diretos estão a perder a liderança na hotelaria em geral, devendo ser ultrapassados pelos indiretos; • Os canais de reservas diretos tendem a ser mais rentáveis; são nomeadamente compostos pelo canal de voz/*call center, website, email, walk in*, entre outros. • Os canais indiretos cobram comissões, por vezes altas, e podem ser divididos em: — Clássicos (agências de viagens/GDS, OT e *bed banks*). Os OT nos destinos de sol e mar têm um poder de mercado significativo pelo volume de turistas que movimentam, sendo por vezes proprietários de hotéis concorrentes ou detentores de marcas chapéu, para agregarem a oferta hoteleira adequada; — Sobre a *Internet Distribution System* (OTA, Informadores/comparadores, Metabuscadores ou DMS). As OTA lideram o processo de reservas e cobram comissões elevadas; tendem a ser incontornáveis dado a visibilidade e disponibilidade que proporcionam. Os informadores focados na recolha de opinião dos clientes são muito relevantes na reputação online, que se traduz em influência sobre a rentabilidade do hotel. — Ainda sobre a rede IDS, são relevantes: consolidadores, DMS e redes sociais. Estas últimas carecem de acompanhamento de relações públicas pois podem ser simultaneamente, um veículo de boa publicidade (ex. fotos positivas da estadia) ou o inverso, o que deve ser rebatido ou justificado.

[271] Rifer, M. (2017). *Fraude: agências britânicas ensinam turistas a apresentar queixas falsas em Portugal*, https://jornaleconomico.sapo.pt/noticias/fraude-agencias-britanicas-ensinam-turistas-a-apresentar-queixas-falsas-em-portugal-177223, acedido a 21 julho 2020.

<table>
<tr><td>Poder negocial dos fornecedores (cont.)</td><td>

- A distribuição é hoje um mundo complexo, em formidável transformação. Logo, o hotel deve analisar quais os canais em que deve estar presente e a sua rentabilidade, estabelecendo o *mix* que mais lhe convém.
- Como a evolução tecnológica é galopante, o peso dos motores de busca no mercado pode levar à afirmação de propostas que alterem novamente os protagonistas. Neste movimento, a hotelaria pode vir a ser beneficiada se as reservas forem canalizadas diretamente para o seu *website*. Entretanto caiu o mito de que a Internet permitiria ao hotel dirigir-se diretamente aos clientes, prescindindo da intermediação. A realidade é bem diferente, continuando a maioria dos hotéis a depender dos intermediários para captar a maioria dos clientes, sendo que:
  — Os algoritmos comandam as pesquisas na *net*, apresentando as ofertas e ajustando em função da capacidade de investimento do hotel e da sua história/pegada na rede; a inteligência artificial comanda a otimização dos resultados da pesquisa.

Um outro tipo de fornecedor que entendemos destacar é a mão-de-obra. Não lhe é dada nem metade da importância, quando comparada com a tecnologia, na atualidade. Porém, na prestação do serviço em hotelaria assume um papel decisivo. O rápido crescimento da indústria tem-se deparado com a escassez de trabalhadores qualificados[272]. Acresce que devido à sazonalidade, muitos hotéis trabalham com recurso significativo a trabalhadores de empresas de trabalho temporário, o que pode ser acertado do ponto de vista da gestão corrente, mas ser discutível do ponto de vista da qualidade do serviço e dos valores da empresa. Acresce a recorrente referência aos baixos salários praticados que afastam candidatos a uma carreira em hotelaria[273], muito exigente em termos de disponibilidade.
</td></tr>
<tr><td>Entrada de novos concorrentes</td><td>

Há cerca de dez anos, o mercado da oferta de alojamento parecia relativamente estabilizado. O aparecimento de novos concorrentes, face aos *players* já estabelecidos, decorria dos movimentos de poder de mercado ou da ascensão das companhias asiáticas. Porém, a implementação da rede 3G veio possibilitar o aparecimento das empresas plataforma, e com elas extraordinárias propostas disruptivas na área dos serviços.
Na hotelaria é incontornável referir o projeto Airbnb:

- Nascido da ideia simples, mas genial, de proporcionar o encontro entre quem tem uma casa, um quarto ou parte de casa, e se disponibilize a receber quem procura alojar-se nos locais da oferta, obteve um *matching* perfeito com uma geração mais informal, que gosta de viajar, mesmo que não disponha de rendimento discricionário significativo, como era apanágio da geração *millennials*.
- Uma dúzia de anos após o seu início, a empresa é sinónimo de presença em praticamente todos os países do planeta e o número de quartos oferecidos supera a oferta das cinco maiores cadeias do mundo.

Neste cenário, uma empresa plataforma, não proprietária de alojamentos físicos, torna-se um operador de alojamento a nível global. Indubitavelmente, é um concorrente da hotelaria tradicional. Num cenário de crescimento dos fluxos turísticos, todo o alojamento disponível tem potencialmente clientes; num cenário de contração, com esta nova oferta, qual será o impacte sobre a indústria tradicional?
</td></tr>
</table>

[272] Deloitte (2017). *2019 US Travel and hospitality outlook*, https://www2.deloitte.com/content/dam/Deloitte/us/Documents/consumer-business/us-consumer-2019-us-travel-and-hospitality-outlook.pdf, acedido a 21-07-2020.

[273] Simão, R. (2019). *Olhar para dentro de casa: porque faltam trabalhadores na hotelaria?* https://www.publiturishotelaria.pt/2019/10/01/olhar-para-dentro-de-casa-porque-faltam-trabalhadores-na-hotelaria/, acedido a 21-07-2020.

Produtos substitutos	A proposta de produtos que desempenham funções equivalentes, concorrendo com a oferta hoteleira clássica, podem reduzir a procura e os proveitos. Nas últimas duas décadas têm vindo a afirmar-se no mercado algumas propostas que procuram responder a duas grandes tendências da procura: a já referida como inerente à geração *millennials*; a dos turistas que procuram viver experiências únicas e genuínas. Neste contexto, identificamos produtos substitutos de carácter concorrencial, como: • O alojamento local sofreu um desenvolvimento exponencial, nomeadamente nas cidades. Amplificado pela distribuição das empresas plataforma, evoluiu do conceito inicial baseado na iniciativa de renda adicional de locais, especialmente nos centros das cidades, para oferta agregada por empresas de gestão especializadas. • O alojamento complementar desenvolvido por quintas agrícolas, aldeias históricas, rotas gastronómicas e outras, cujo ênfase é o conceito de viver experiências. Existe um número crescente de oferta neste campo, virada para um turista com capacidade financeira. O crescimento do turismo à volta da gastronomia, ecoturismo e bem-estar, triplicou entre 2014 e 2017[274]. • Os *hostels* proporcionam uma oferta virada para o alojamento de tipo informal e intercultural, apreciado pelas novas gerações. Tendem a concorrer com a hotelaria *budget* ou *economy*. Estes são exemplos de oferta que podemos considerar como concorrente e substituta da oferta tradicional. Parte dela faz apelo à denominada «economia da partilha», um conceito que está em evolução e que num cenário de inovação e desenvolvimento tecnológico pode vir a dar contributos significativos em termos de produtos substitutos. • Turismo de cruzeiros: em 2017 o número de turistas em cruzeiros foi de 12,4 milhões. Apresentam a mais-valia decorrente de percorrerem largas distâncias, visitarem múltiplos países e culturas distintas e promoverem a vivencia a bordo[275]. Num cenário de envelhecimento populacional, a indústria apresenta boas perspetivas de crescimento. Em 2020 a CLIA — Cruize Lines International Association, anunciava que os seus associados detinham 268 navios oceânicos, estando mais 24 em construção[276]. Em síntese, muito do que aqui procuramos sintetizar tem como enquadramento a evolução nas últimas duas décadas. Os futuros desenvolvimentos na economia mundial e outros eventos que mexam no mercado do ponto de vista da confiança, condicionando os fluxos de turismo, também ditarão o ambiente de concorrência entre os vários intervenientes.

Fonte: Elaboração própria.

[274] Global Wellness Institute (2018). *Global wellness tourism economy*, https://globalwellnessinstitute.org/press-room/press-releases/wellness-now-a-4-2-trillion-global-industry/, acedido a 21-07-2020.

[275] Cruise Lines International Association, Inc (2018). *Cruise trends and industry outlook 2019*, https://cruising.org/-/media/research-updates/research/clia-2019-state-of-the-industry-presentation-(1).pdf, acedido a 21-07-2020.

[276] *Número de navios membros da CLIA* (2020). Expresso Economia, 11 julho 2020.

10.3 HOTELARIA INDEPENDENTE — RESISTIR NUM MERCADO DE CRESCENTE COMPETITIVIDADE

Numa época em que as cadeias hoteleiras têm vindo a ganhar um crescente reconhecimento, os hotéis independentes continuam no mercado, procurando resistir e manter a sua viabilidade. Na Europa, estão em maioria com dois terços das propriedades e mesmo nos EUA, onde a consolidação tem sido mais acentuada, representam um terço[277]. Logo, são um universo não negligenciável, mas se estiverem/atuarem isolados, podem ter problemas de atualização, visibilidade e representatividade.

Do ponto de vista da gestão podemos dividi-los em dois grandes ramos: hotéis administrados pelo proprietário, podendo envolver outros familiares, mas que contrata trabalhadores e delega a gestão operacional; e hotéis em que o proprietário não tem funções de gestão ou operacionais, pelo que há diretores que têm essas funções, ou seja, são os responsáveis pela gestão, prestando contas.

Naturalmente, há também a opção de entregar a gestão a especialistas. Como já foi referido, tendo o hotel dimensão e potencial de rentabilidade (ou localização privilegiada) pode ser estabelecido um contrato de gestão com uma cadeia hoteleira, passando a operar debaixo de uma marca e beneficiar do programa de reservas e fidelização. Esta parceria reduz riscos e pode abrir portas em termos de financiamentos, mas o hoteleiro tem de abdicar das suas decisões, passando a cumprir as regras da cadeia. Uma opção alternativa é o contrato de gestão com uma empresa independente, especialista em gestão hoteleira, que tende a ser menos oneroso do que com uma cadeia. Esta opção pode ter agregado um acordo com uma marca hoteleira de *franchise* no sentido de obter reconhecimento no mercado, melhores comissões de negociação na distribuição e facilidades de reservas/programa de fidelidade[278].

Outra alternativa para evitar o isolamento é aderir ao contrato de *franchise* do qual faz parte aceder ao *know-how* e ter assistência comercial do franchisador, sendo o proprietário responsável pela operação, respeitando as normas da cadeia hoteleira. Neste modelo, o hoteleiro quebra o isolamento, mantém alguma autonomia e se o aumento de notoriedade for

[277] Robb, K. (2016). *Unique Challenges and Opportunities for Independent Hotels*, https://www.hospitalitynet.org/opinion/4076390.html, acedido a 30-07-2020.

[278] Lenoir, A. (2014). *Hôtelier, quel modele d'exploitation choisir?* https://veilletourisme.ca/2014/05/26/hotelier-quel-modele-dexploitation-choisir/, acedido a 02-07-2020.

rentável pode dar-se ao luxo de aumentar os preços. Nos mercados em que o modelo está bem oleado e ambas as partes se entendem, pode ser uma boa opção.

A realidade, porém, é que muitos hoteleiros continuam independentes, gerindo unidades isoladas ou pequenas cadeias, mantendo a sua própria identidade.

10.3.1 ALGUNS DESAFIOS PARA OS HOTELEIROS INDEPENDENTES

Podemos elencar um conjunto de dificuldades ou desafios que os hoteleiros independentes enfrentam na atualidade.

- Desenvolvimento tecnológico — Tem vindo a alterar substancialmente a gestão do hotel e o seu funcionamento. Coloca desafios importantes pois não é possível ignorá-la e, por outro lado, há que tentar perceber o que é relevante e útil em cada momento. Tem custos implícitos de aquisição, manutenção, operação, rentabilidade e obsolescência.

  No presente tem um papel principal nas reservas e gestão de hóspedes, contribuindo para uma melhoria da experiência de estadia, que se traduza em avaliações positivas. Está associada a novas propostas como o *chek-in* móvel, chaves dos quartos inteligentes ou *concierge* de Inteligência Artificial (atendimento digital). Os novos conceitos de marketing digital requerem capacidade de armazenar e tratar dados, segmentação de clientes e ação da inteligência artificial, por oposição à clássica folha de cálculo para gestão dos clientes. Depois, as ferramentas tecnológicas têm de estar integradas para que tudo funcione devidamente. Numa cadeia hoteleira há técnicos de informática e/ou assessoria de *outsourcing* especializada.

  Para o hoteleiro independente, eis uma encruzilhada com vários caminhos e os custos inerentes às opções que forem tomadas. À medida que a tecnologia se desenvolve, o *gap* entre os independentes e as cadeias tem vindo a crescer. Parece, todavia, ser avisado ponderar o retorno que o investimento em cada opção trará ao invés de se entrar em modas e sugestões apresentadas como infalíveis. A inovação tecnológica e os seus custos vêm concorrer na alocação do orçamento não operacional com a necessidade de renovação do hotel.

- Mão-de-obra — Optamos por colocar este item nesta posição. A gestão do pessoal tem vindo a tornar-se um quebra-cabeças, nomeadamente em tempos de crescimento do turismo, com múltiplas oportunidades de emprego em crescendo, como aconteceu até ao final de 2019. A hotelaria é uma atividade que proporciona aos clientes a possibilidade de desfrutarem do seu lazer (férias e fins de semana, por exemplo) e pressupõe que o serviço inerente da estadia está ativo e disponível. Logo, para os clientes descansarem e usufruírem, outros estão a trabalhar, muitas vezes a horas pouco compatíveis com a família, amigos e planos próprios. Por outro lado, as remunerações não são, por vezes, as mais atrativas, quando comparadas com outros sectores e planos de vida.

  Não é, pois, por acaso que num estudo efetuado no início de 2020[279], «75% dos empregados de hotelaria e turismo procuravam mudar de trabalho e 54% afirmaram sentirem-se desmotivados». Há aqui um problema de ajustamento entre as necessidades do sector, a forma de retribuição (eventualmente também de qualificação) e a (in)satisfação dos colaboradores.

  Um outro estudo[280], referia que «os profissionais de hotelaria sentiam que a sua profissão não era reconhecida como moderna (...), sendo pouco valorizada». É ainda identificada uma clivagem geracional. De facto, fala-se muito sobre a geração dos *millennials* como clientes, mas não estará também ela dentro de portas, entre os colaboradores? As novas gerações valorizam a qualidade de vida (família, férias, tempos livres); são menos fiéis a um empregador ou não se comprometem por períodos longos, procurando experiências variadas; prezam valores (convicções ecológicas/opção *vegan*), estilo de grupo (tatuagens/barba), entre outros. Logo, não admira que procurem engajar-se com projetos que envolvam causas e que os mobilizem.

  É um grande desafio das empresas atrair e reter talento neste contexto. Transponha-se agora o problema para um hoteleiro independente,

[279] Profesional Horeca (2020). *La rotación de personal, el gran reto de la hostelería y turismo*, citando o relatório Guía Laboral Hays 2020, https://www.profesionalhoreca.com/2020/02/16/la-rotacion-de-personal-el-gran-reto-de-la-hosteleria-y-turismo/, acedido a 02-08-2020.

[280] FAFIH (2018). *Quel futur pour le secteur de l'hôtellerie et de la restauration? Diagnostic et pistes d'action*, file:///C:/Users/Helder%20Carrasqueira/Documents/Helder/Projeto%20livro%20hot/Cap%208/Hot%20independente/10.2%20imp0rt%20fafih-quel-futur-pour-le-secteur-hotellerie-restauration-2018-06.pdf, acedido a 03-08-2020.

com marca indiferenciada e menor capacidade financeira. Como se gere este problema quando uma das vantagens que é apontada aos independentes é a possibilidade de apresentarem um serviço personalizado? Tal implica pessoal que «veste a camisola» e relações estáveis. Não é seguramente fácil a resposta.

Entretanto, parece prudente começar a tratar os colaboradores também como clientes, desta vez internos, e a encontrar formatos que conciliem o trabalho, a vida pessoal, uma remuneração adequada e um projeto mobilizador.

- Distribuição — É comum referir-se os custos mais elevados que os independentes tendem a suportar; porém, deve reconhecer-se que no presente, com a evolução da Internet e das redes sociais, aumentaram as possibilidades de distribuição/marketing podendo atingir um número de potenciais clientes de forma mais vasta e abrangente do que no passado.

  Para muitos independentes, a prioridade é melhorar o *website* para facilitar a reserva direta pelos clientes; ou investir em marketing digital para atrair clientes para a reserva direta[281]. Todavia estar presente nas OTA é indispensável, apesar das comissões serem mais elevadas (por exemplo, se o hotel atrair clientes entre 18 e 34 anos, estar nas OTA é decisivo, pois este tende a ser o canal de reservas preferido). Acresce que a concorrência entre empresas plataforma de reserva de alojamento e os motores de busca, podem levar a que as condições se alterem a favor dos independentes, com estratégias de canalização de reservas para o *website* dos hoteleiros. Um movimento a acompanhar pois os independentes e as pequenas cadeias são o grande mercado em disputa (dadas as opções mais diversificadas e a autonomia das grandes cadeias). Os outros canais de distribuição também devem ser ponderados no sentido de minimizar o inventário não comercializado.

  Entretanto, é importante conhecer os hóspedes, conseguir segmentá-los e acompanhar o comportamento do consumidor.

- Concorrência — Além de concorrerem com as cadeias hoteleiras de âmbito nacional e internacional, os hotéis independentes concorrem entre si (podendo alguns estar inseridos em consórcios; ou em

[281] MonK, Z. (2019). *INSIGHT: How independent hoteliers are investing in tech*, https://www.boutiquehotelier.com/insight-how-independent-hoteliers-are-investing-in-tech/, acedido a 31-07-2020.

softbrand com cadeias); e viram nascer, de forma organizada, o alojamento local (e a economia colaborativa no alojamento) distribuído nas empresas plataforma da especialidade, como referimos. Este é um problema adicional pois não estão submetidos às mesmas exigências que um hotel e beneficiam de regimes de impostos tidos como menos exigentes. Ao nível das cadeias hoteleiras, a oferta *standard* nos segmentos *economy* e *mid-scale* é a que mais impacta com o negócio dos independentes no mesmo posicionamento.

- Outros desafios — Custos da operação e financiamento tendem a ser uma preocupação recorrente. Refira-se que os custos dos salários e alimentos tendem a subir (com novas exigências dos consumidores como alimentos sem glúten e dietas várias); os impostos tendem a aumentar (basta ver como a dívida pública dos países tem vindo a crescer e o facto deter como contrapartida o aumento dos impostos); o acesso ao financiamento é complicado nomeadamente para os de pequena dimensão e de rentabilidade mais difícil, pois a banca exige garantias na concessão de empréstimos para renovação; muitos hoteleiros têm a seu cargo a complexa gestão de ter que supervisionar a receção, a limpeza, o restaurante, o pessoal, os pagamentos, o *concierge*, etc., com processos de negócios cada vez mais complexos. Logo, por vezes há falta de conhecimentos e de formação para acompanhar a atualidade e a evolução, dificultando o controlo de custos, os preços e as práticas empresariais na vertente financeira.

10.3.2 VANTAGENS ATRIBUÍDAS AOS INDEPENDENTES

Podemos também elencar algumas das vantagens que são apontadas aos hoteleiros independentes.

- A paixão pela hotelaria faz com que muitos hoteleiros tenham o gosto de receber os seus hóspedes de forma cordial e de proporcionar uma estadia agradável e fiável. Quando se consegue passar esta atitude para o pessoal, naturalmente temos um potencial de sucesso elevado.
- A autonomia e o controlo de gestão sobre o estabelecimento; decisões mais rápidas que nas cadeias.
- A flexibilidade dos procedimentos e normas facilita a personalização dos serviços oferecidos aos clientes. Como os recursos humanos são

limitados e menos hierárquicos, as decisões são tomadas rapidamente, seja para questões operacionais ou financeiras[282].

- A experiência personalizada — a estadia-padrão implica passar na receção, recolher a chave, quarto (duche/tv/wi-fi/dormir), pequeno-almoço, sair. Se tudo correr dentro do espectável, provavelmente o cliente vai esquecer o hotel. As coisas podem ser diferentes se pudermos ajustar a estadia do cliente aos seus hábitos e preferências, aumentando o nível de satisfação.
- Uma vantagem face às cadeias é a capacidade de oferecer uma experiência com mais autenticidade e ligação ao destino. Por não estarem presos a *standards* de serviços e produtos como os que as cadeias hoteleiras exigem, no sentido de o nível do serviço ser transversal entre as várias unidades, os independentes podem adaptar-se e oferecer serviços e experiências diversificadas, autênticas e adaptadas às necessidades dos clientes.

Para tal, no presente, é cada vez mais necessário ter dados e tratá-los, no sentido de conhecermos bem o cliente e podermos personalizar a estadia. O retorno estará nos clientes lembrarem-se do hotel, reconhecerem o valor que acrescenta e repetirem com outras estadias.

10.3.3 OPORTUNIDADES

A este nível, podemos elencar as seguintes opções:

- Parcerias — A opção por um consórcio é uma forma de continuar independente, mas evitar o isolamento. Como já referimos no Capítulo 4, o consórcio permite manter a autonomia de gestão e a personalidade jurídica dentro de uma organização centralizada que lhes fornece o acesso a uma central de reservas, ligada aos GDS, *site* centralizado de Internet, serviços de marketing/vendas, central de compras e apoio à formação, entre outros. Acresce o cumprimento do regulamento de adesão e a manutenção das regras de qualidade do consórcio, podendo inclusive ocorrer a certificação do produto.

[282] Trilyo (2018). *Major differences between chain and independent hotels*, https://www.trilyo.com/blog/what-are-the-major-differences-between-chain-and-independent-hotels/, acedido a 07-08-2020.

- Foco no cliente — Procurar entender os clientes e suas necessidades. Vai longe o tempo dos turistas catalogados de forma simplista em negócios, lazer e grupos. Hoje é muito importante segmentar os clientes e perceber as necessidades e aspirações de cada segmento e verificar como o hotel pode responder às potenciais expectativas.
- Cuidar da sustentabilidade — A adoção de medidas de eficiência é desde logo uma opção inteligente na ótica da redução de custos; porém, publicitar estas medidas é também um fator de promoção da unidade hoteleira, dada a sensibilidade potencial dos clientes a este posicionamento, sentindo-se confortáveis em se alojarem num hotel que cuida em contribuir para a questão da sensibilidade ambiental.
- Visão estratégica — Acompanhar a evolução do sector e procurar entender as mudanças, nomeadamente nas áreas da tecnologia e distribuição; saber ler a concorrência e quais as respetivas mais-valias do hotel, no sentido de definir um correto posicionamento face ao mercado; investir no treino e formação do pessoal.

Apesar de vivermos num mundo em que predomina a informação relativa às grandes cadeias e marcas, e serem grandes as transformações nas últimas duas décadas, muitos hotéis têm mostrado resiliência e capacidade de adaptação. A hotelaria independente continuará a ter o seu lugar e a preferência de milhões de clientes.

11
Conclusão

Com o presente livro procurámos efetuar uma caracterização do sector hoteleiro em termos internacionais.

Nas últimas duas décadas, até à eclosão da crise da covid-19, o seu crescimento foi estonteante, marcado pelo aparecimento de novas companhias, pela fusão de outras já existentes e nomeadamente pela atração de novos investidores, que realizaram fortes aquisições. O número de marcas no mercado cresceu de forma significativa, à boleia da segmentação e promoção das experiências únicas. Com o advento das redes de comunicação digital, a economia colaborativa vem desafiando o *status quo*, em empresas plataforma e na distribuição, coração da indústria, desafiando-nos a imaginação com tamanha dinâmica de inovação. Perguntamos: o que irá acontecer no sector com o aparecimento da rede 5G e progressiva implantação do modelo digital?

Destes e outros assuntos tratamos neste livro, tendo como objetivo melhorar o conhecimento, as competências e a capacidade crítica de quem se interessa, estuda e trabalha na área.

De facto, não há dúvida sobre a vocação de Portugal como país de turismo, atestado por inúmeros prémios de reconhecimento. Além da generosa natureza e património, há esse ponto alto que é a qualidade do serviço e o gosto por receber. Porém, se nos quedarmos no desenvolvimento do mercado interno, não seremos capazes de manter as vantagens competitivas a prazo.

Por este motivo, incluímos um capítulo sobre as empresas hoteleiras ibéricas, no sentido de percecionarmos a desigual relação de forças com o país vizinho e como estamos, em termos de internacionalização, aquém do desejável. Complementamos com um breve estudo de caso da nossa maior companhia hoteleira, que constitui um exemplo de determinação, no sentido de construir uma multinacional de raiz portuguesa. Precisamos de outras.

Este é, pois, o desafio que este livro coloca aos atuais empresários, investidores, diretores hoteleiros, técnicos especializados e estudantes: é necessário empreender, ter ambição de sair do conforto do nosso país e apostar na internacionalização. Estar presente em vários mercados, em hotelaria é, desde logo, uma forma de ter resistência para as crises e flutuações, que sempre irão existir (sejam de carácter económico, fenómenos naturais ou sanitários). O nosso posicionamento interno será melhor defendido se tivermos empresas com presença internacional, sujeitas à concorrência, e forças competitivas em outros mercados. E profissionais qualificados que passem pela experiência internacional e a possam depois operacionalizar no nosso país e nas nossas empresas. Estas vivências fornecem resiliência e curva de aprendizagem, que se traduzem em competitividade no mercado interno e capacidade de acompanhamento de modas e tendências. Será por este caminho, estamos crentes, que se defende o sector a nível interno, a sua competitividade e o crescente fluxo de emprego que gera.

Os tempos não são, todavia, para amadorismos. É preciso ter capacidade de medida e, por esse motivo, integramos um capítulo sobre indicadores de desempenho, com vista a sensibilizar para a questão. Internacionalizar comporta riscos que devem ser devidamente medidos e ponderados, incluindo os custos de o investimento não correr como previsto. Note-se, porém, que não é possível estar no mercado internacional sem cometer alguns erros. O erro é um aliado no processo de aprendizagem. E o mercado externo nunca foi tão transparente, nem tão fácil de ser comandado à distância, como na atualidade.

Na hotelaria internacional não haverá apenas cadeias hoteleiras. Haverá sempre lugar para amadores, agora no sentido daqueles que amam a atividade hoteleira e o(s) seu(s) hotel(eis). Para eles, em muito se aplica o capítulo sobre o desempenho, a necessidade de perceber a evolução da distribuição, entre tantos outros desafios. E porque haverá sempre independentes, deixamos no último capítulo uma análise relativa aos desafios que na nossa perspetiva enfrentam.

Enfim, fica aqui este nosso contributo para uma melhor compreensão da hotelaria internacional e dos desafios que envolve no sentido de uma crescente participação no exterior, seja como empreendedor, seja como participantes na indústria, aos mais variados níveis profissionais.

Para si, caro leitor, fico grato com o tempo que despendeu na leitura deste livro, que será sempre o maior agradecimento para o esforço de o ter realizado.

Helder Manuel Brito Carrasqueira